"十二五"职业教育国家规划教材
经全国职业教育教材审定委员会审定

服装贸易单证实务
（第2版）

张芝萍　编著

中国纺织出版社

内 容 提 要

本书在对服装外贸单证员岗位职业技能分析的基础上,以一票服装贸易单证操作的工作过程为主线,设计了九个学习情境,内容包括信用证的审核与修改、商业单证的缮制、官方单证的缮制、保险单证的缮制、运输单证的缮制、资金单证的缮制、其他单证的缮制、进口单证的缮制、单证的审核,在每个学习情境下设定若干个工作任务,将从事外贸单证工作需要掌握的知识和技能隐含在一个或几个有代表性的任务过程中,使读者在完成一个个具体的工作任务过程中,掌握相关的知识和技能。在九个学习情境后,还编排了不同结算方式下的综合制单训练,以提高学生的综合操作能力。

本书具有很强的针对性、实践性和可操作性,既可以作为高等职业院校、高等专科院校、成人高校等院校国际商贸类专业的教学用书,也可作为五年制中等职业院校相关专业教材,还可作为社会从业人员自学及培训用书。

图书在版编目(CIP)数据

服装贸易单证实务 / 张芝萍编著. ——2版. ——北京:
中国纺织出版社,2015.6
"十二五"职业教育国家规划教材
ISBN 978-7-5180-1597-9

Ⅰ. ①服… Ⅱ. ①张… Ⅲ. ①服装—对外贸易—票据
—中国—高等职业教育—教材 Ⅳ. ①F752.658.3

中国版本图书馆CIP数据核字(2015)第093004号

策划编辑:张思思 张晓芳 责任编辑:张思思 责任校对:王花妮
责任设计:何 建 责任印制:储志伟

中国纺织出版社出版发行
地址:北京市朝阳区百子湾东里A407号楼 邮政编码:100124
销售电话:010—67004422 传真:010—87155801
http://www.c-textilep.com
E-mail:faxing@c-textilep.com
官方微博http://weibo.com/2119887771
北京通天印刷有限责任公司印刷 各地新华书店经销
2008年1月第1版 2015年6月第2版第2次印刷
开本:787×1092 1/16 印张:18.25
字数:377千字 定价:39.80元

凡购本书,如有缺页、倒页、脱页,由本社图书营销中心调换

出版者的话

百年大计，教育为本。教育是民族振兴、社会进步的基石，是提高国民素质、促进人的全面发展的根本途径，寄托着亿万家庭对美好生活的期盼。强国必先强教。优先发展教育、提高教育现代化水平，对实现全面建设小康社会奋斗目标、建设富强民主文明和谐的社会主义现代化国家具有决定性意义。教材建设作为教学的重要组成部分，如何适应新形势下我国教学改革要求，与时俱进，编写出高质量的教材，在人才培养中发挥作用，成为院校和出版人共同努力的目标。2012年12月，教育部颁发了教职成司函[2012]237号文件《关于开展"十二五"职业教育国家规划教材选题立项工作的通知》（以下简称《通知》），明确指出我国"十二五"职业教育教材立项要体现锤炼精品，突出重点，强化衔接，产教结合，体现标准和创新形式的原则。《通知》指出全国职业教育教材审定委员会负责教材审定，审定通过并经教育部审核批准的立项教材，作为"十二五"职业教育国家规划教材发布。

2014年6月，根据《教育部关于"十二五"职业教育教材建设的若干意见》（教职成[2012]9号）和《关于开展"十二五"职业教育国家规划教材选题立项工作的通知》（教职成司函[2012]237号）要求，经出版单位申报，专家会议评审立项，组织编写（修订）和专家会议审定，全国共有4742种教材拟入选第一批"十二五"职业教育国家规划教材书目，我社共有40种教材被纳入第一批"十二五"职业教育国家规划。为在"十二五"期间切实做好教材出版工作，我社主动进行了教材创新型模式的深入策划，力求使教材出版与教学改革和课程建设发展相适应，充分体现教材的适用性、科学性、系统性和新颖性，使教材内容具有以下几个特点：

（1）坚持一个目标——服务人才培养。"十二五"职业教育教材建设，要坚持育人为本，充分发挥教材在提高人才培养质量中的基础性作用，充分体现我国改革开放30多年来经济、政治、文化、社会、科技等方面取得的成就，适应不同类型高等学校需要和不同教学对象需要，编写推介一大批符合教育规律和人才成长规律的具有科学性、先进性、适用性的优秀教材，进一步完善具有中国特色的普通高等教育本科教材体系。

（2）围绕一个核心——提高教材质量。根据教育规律和课程设置特点，从提高学生分析问题、解决问题的能力入手，教材附有课程设置指导，并于章首介绍本章知识点、重点、难点及专业技能，增加相关学科的最新研究理论、研究热点或历史背景，章后附形式多样的习题等，提高教材的可读性，增加学生学习兴趣和自学能力，提升学生科技素养和人文素养。

（3）突出一个环节——内容实践环节。教材出版突出应用性学科的特点，注重理论与生产实践的结合，有针对性地设置教材内容，增加实践、实验内容。

（4）实现一个立体——多元化教材建设。鼓励编写、出版适应不同类型高等学校教学需要的不同风格和特色教材；积极推进高等学校与行业合作编写实践教材；鼓励编写、出版不同载体和不同形式的教材，包括纸质教材和数字化教材，授课型教材和辅助型教材；鼓励开发中外文双语教材、汉语与少数民族语言双语教材；探索与国外或境外合作编写或改编优秀教材。

教材出版是教育发展中的重要组成部分，为出版高质量的教材，出版社严格甄选作者，组织专家评审，并对出版全过程进行过程跟踪，及时了解教材编写进度、编写质量，力求做到作者权威，编辑专业，审读严格，精品出版。我们愿与院校一起，共同探讨、完善教材出版，不断推出精品教材，以适应我国职业教育的发展要求。

中国纺织出版社
教材出版中心

第2版前言

我国是世界上最大的服装生产国和出口国，服装出口占世界服装出口额的20%以上，占全国商品出口总值的10%以上，纺织品服装出口企业达3万多家，因此，需要大批懂服装贸易单证实际操作的人才。服装贸易因服装产品的特性决定，在单证操作过程中，与其他产品的贸易有许多不同之处，为了让读者正确掌握服装贸易单证的操作技能和方法，达到安全收汇、实现企业经济效益的目的，有必要编写一本专门针对服装贸易的单证操作教材，以满足读者的需要，本教材正是根据这一现实需要而编写的。

《服装贸易单证实务》作为教育部普通高等教育"十一五"国家级规划教材（高职高专），自从2008年1月出版以来，承蒙广大读者的厚爱，得到了读者、企业从业人员和同行专家的充分肯定，反响良好。但随着时间的推移，一是企业的操作方法在不断变化、更新；二是有关国际贸易方面的国际惯例、法律法规在不断地做出调整；三是作为高职教材，要充分体现实用性和可操作性的特色。基于上述理由，编者认为有必要进行重新修订。

本教材的修订，打破了以知识体系为线索的传统编写模式，以一票服装贸易单证操作的工作流程为主线，以培养职业核心能力为目标，以工作任务为引领进行内容的设计和编排，充分体现了工学结合、任务驱动、工作过程导向的编写模式，注重对服装贸易单证操作能力的训练，紧紧围绕工作任务的需要来选取知识，并通过综合训练和课外拓展等形式，体现对读者可持续发展的能力与职业迁移能力的培养，具有鲜明的高职特色。

本教材的修订体现了以下三个特点：一是前瞻性，本教材修订是在对服装外贸企业进行充分调研的基础上，把服装外贸企业在单证操作过程中的最新做法和最新案例吸收进来；二是实用性，本教材的修订做到了教材内容与企业操作内容相衔接，训练题均来自服装外贸企业的操作实例；三是可操作性，本教材的修订，打破了以知识体系为线索的传统编写模式，以一票服装贸易单证操作的工作过程为主线进行编写，先提出任务，让读者带着任务去学习，学完后再做，所有内容学完了，一票单证业务也就掌握了，学习的过程就如在做服装单证，具有很强的可操作性。

本书由浙江纺织服装职业技术学院雅戈尔商学院的张芝萍教授任主编，负责全书的统稿，并负责学习情境一和综合制单训练部分的编写；浙江纺织服装职业技术学院雅戈尔商学院的纪淑军老师负责编写学习情境六、学习情境七和学习情境八；浙江纺织服装职业技术学院雅戈尔商学院的卢素梅老师负责编写学习情境三、学习情境四和学习情境九；浙江纺织服装职业技术学院雅戈尔商学院的樊斐婕老师负责编写学习情境二和学习情境五。

本书在编写过程中，参考了同类教材，并得到了服装外贸企业专家和银行国际结算专家的精心指导和帮助，在此一并表示真诚的感谢。书中存在的不足之处，敬请各位专家、读者批评指正。

编著者
2015年5月

第1版前言

我国是世界上最大的服装生产国和出口国，服装出口占世界服装出口额的20%左右，占全国商品出口总值的10%以上。随着我国外贸进出口经营权的放开，越来越多的服装企业拥有了自营进出口权，因而急需大批的服装外贸人才。单证工作是服装外贸企业的一项重要工作，其工作效果直接关系到服装外贸企业的经济效益，因为在对外贸易中，单证就是外汇。因此，服装外贸公司及拥有自营进出口经营权的服装企业，对从事单证工作的人才需求尤为迫切。本书正是根据这一现实需要，针对高职服装院校相关专业的教学需要而编写的。

本书在编写过程中，突出了以下几个特点：

1. 时代性。本书紧跟服装外贸单证的发展形势，体现当前服装外贸单证的最新做法。如把电子单证的操作、2007年7月1日起施行的《跟单信用证统一惯例》第600号出版物的有关规定、区域性优惠原产地证等最新知识融入到书中。

2. 针对性。本书主要针对国际服装贸易过程中所涉及的各种单证作详细的讲解。如纺织品出口许可证等，使所学的知识能直接应用于服装外贸实践。

3. 实用性、可操作性。针对高职院校培养高素质技能型专门人才的特点，理论"以必须够用"为尺度，在讲清基本知识的基础上，重点突出单证实际操作能力和知识应用能力的培养。因此，在每章内容后面都附有操作训练题供学生练习，答案在书后所配的电子光盘中。我们还专门设计了综合制单训练题供学生在学完所有内容后进行综合练习，以便更好地掌握单证的操作技能。

本书共11章，由浙江纺织服装职业技术学院张芝萍老师负责编写第二章、第三章、第五章、第七章、第九章、第十章、第十一章、综合制单训练及附样、附录的选编；该校的李滨老师负责编写第四章，田琦老师负责编写第八章，樊斐婕老师负责编写第一章、第六章。

在本书的编写过程中，我们参考了同类教材，在此，表示真诚的谢意。书中存在的不妥之处，敬请各位专家、学者批评指正。

编著者

2007年8月

教学内容及课时安排

项目/课时	课程性质	项目/任务	课程内容
情境一 (6课时)	专业知识及 专业技能		• 信用证的审核与修改
		一	信用证的审核
		二	信用证的修改
		三	信用证欺诈与防范
情境二 (8课时)			• 商业单证的缮制
		一	发票填制
		二	包装单证填制
情境三 (6课时)			• 官方单证的缮制
		一	原产地证
		二	检验检疫证书
情境四 (4课时)			• 保险单证的缮制
		一	服装运输保险基础知识
		二	服装运输保险条款
		三	出口货物投保手续
		四	保险单据
情境五 (6课时)			• 运输单证的缮制
		一	运输单证概述
		二	海洋货物运输单证
		三	航空运单
		四	铁路、公路、内河运输单证
		五	快递及邮局收据
情境六 (6课时)			• 资金单证的缮制
		一	汇票
		二	本票
		三	支票
情境七 (6课时)			• 其他单证的缮制
		一	受益人证明和装船通知
		二	船公司证明
		三	有关费用方面的证明

项目/课时	课程性质	项目/任务	课程内容
情境八 （6课时）	专业知识及 专业技能		• 单证的审核
		一	单证的审核
		二	单证不符的处理方法
		三	结汇
		四	单证管理
情境九 （4课时）			• 进口单证的缮制
		一	申请开证的手续
		二	进口人申请开证时应注意的问题
综合制单 训练 （8课时）			• 综合制单训练
		一	服装贸易采用汇付方式下的制单
		二	服装贸易采用托收方式下的制单
		三	服装贸易采用信用证方式下的制单

注 各院校可根据自身的教学特点和教学计划对课程时数进行调整。

目 录

学习情境一　信用证的审核与修改 ·· 001
【学习目标】 ·· 001
【工作情景】 ·· 001
【任务描述】 ·· 003
【知识准备】 ·· 003
　一、信用证的审核 ··· 003
　二、信用证的修改 ··· 008
　三、信用证欺诈与防范 ··· 010
【操作示范】 ·· 015
【跟学训练】 ·· 017
【课外拓展】 ·· 021

学习情境二　商业单证的缮制 ·· 028
【学习目标】 ·· 028
【工作情景】 ·· 028
【任务描述】 ·· 029
【知识准备】 ·· 030
　一、发票填制 ·· 030
　二、包装单证填制 ··· 038
【操作示范】 ·· 041
【跟学训练】 ·· 043
【课外拓展】 ·· 044

学习情境三　官方单证的制作 ·· 045
【学习目标】 ·· 045
【工作情景】 ·· 045

【任务描述】 045
【知识准备】 045
　一、原产地证 045
　二、检验检疫证书 055
【操作示范】 058
【跟学训练】 060
【课外拓展】 061

学习情境四　保险单证的缮制 062
【学习目标】 062
【工作情景】 062
【任务描述】 062
【知识准备】 062
　一、服装运输保险基础知识 063
　二、服装运输保险条款 064
　三、出口货物投保手续 068
　四、保险单据 070
【操作示范】 074
【跟学训练】 075
【课外拓展】 076

学习情境五　运输单证的缮制 077
【学习目标】 077
【工作情景】 077
【任务描述】 077
【知识准备】 077
　一、运输单证概述 078
　二、海洋货物运输单证 080
　三、航空运单 092
　四、铁路、公路、内河运输单证 096
　五、快递及邮局收据 099
【操作示范】 099
【跟学训练】 101

【课外拓展】 ··· 102

学习情境六　资金单证的缮制 ··· 103
【学习目标】 ··· 103
【工作情景】 ··· 103
【任务描述】 ··· 103
【知识准备】 ··· 103
　　一、汇票 ··· 104
　　二、本票 ··· 111
　　三、支票 ··· 113
【操作示范】 ··· 116
【跟学训练】 ··· 117
【课外拓展】 ··· 118

学习情境七　其他单证的缮制 ··· 119
【学习目标】 ··· 119
【工作情景】 ··· 119
【任务描述】 ··· 119
【知识准备】 ··· 120
　　一、受益人证明和装船通知 ··· 120
　　二、船公司证明 ··· 122
　　三、有关费用方面的证明 ·· 124
【操作示范】 ··· 127
【跟学训练】 ··· 128
【课外拓展】 ··· 130

学习情境八　单证的审核 ··· 131
【学习目标】 ··· 131
【工作情景】 ··· 131
【任务描述】 ··· 131
【知识准备】 ··· 136
　　一、单证的审核 ··· 136
　　二、单证不符的处理方法 ·· 148

三、结汇 ··· 151
　　四、单证管理 ··· 153
【操作示范】 ·· 154
【跟学训练】 ·· 155
【课外拓展】 ·· 163

学习情境九　进口单证的缮制 ·· 164
【学习目标】 ·· 164
【工作情景】 ·· 164
【任务描述】 ·· 164
【知识准备】 ·· 164
　　一、申请开证的手续 ··· 165
　　二、进口人申请开证时应注意的问题 ································ 169
【操作示范】 ·· 170
【跟学训练】 ·· 173
【课外拓展】 ·· 173

综合制单训练 ·· 176
第一部分　服装贸易采用汇付方式下的制单 ··························· 176
第二部分　服装贸易采用托收方式下的制单 ··························· 179
第三部分　服装贸易采用信用证方式下的制单 ······················· 183

附件一　操作训练案例库 ·· 192
附件二　空白单据 ·· 197

参考文献 ··· 217

附录一　跟单信用证统一惯例(UCP600) ································ 218
附录二　信用证常见条款及短语(英汉对照) ··························· 237
附录三　外贸单证常用(缩)语和词汇 ······································ 257

学习情境一　信用证的审核与修改

【学习目标】

1. 知识目标

(1) 掌握信用证的审核方法及修改程序。

(2) 熟悉信用证的各项条款。

(3) 了解信用证欺诈的常见方式及防范措施。

2. 能力目标

(1) 能根据合同审核信用证。

(2) 能正确识别信用证的软条款。

(3) 能根据实际需要提出信用证的修改意见。

【工作情景】

雅丽服装公司是一家以生产各类羊毛衫为主、有自营进出口权的工贸企业,年出口额达到 500 万美元以上,目前公司贸易规模正日益扩大,客户遍及世界各地,以良好的信誉获得了国内外客户的信赖。在 2013 年春季广交会上,英国 TAD 贸易有限公司的 STEVEN 对宁波雅丽服装公司的出口产品表现出极大的兴趣,并与雅丽服装公司的王经理进行了初步洽谈。后经多次沟通交流后,双方于 7 月 20 日就羊毛衫进出口事宜达成一致协议,并签订了正式合同(表 1-1),随后,英国 TAD 贸易有限公司按合同要求开出信用证(表 1-2)。

表 1-1　销售合同

SALES CONFIRMATION

S/C NO:YG899
Date:JULY 20,2013

The Seller:YALI FASHION CORP.　　　　　　The Buyer:TAD TRADE CO. LTD
Add:99 FUQIN ROAD,NINGBO,CHINA　　　Add:NO. 555,W. N STREET,LONDON,BRITISH

The Sellers Agree to Sell And The Buyers Agree to Buy The Undermentioned Goods According to The Terms And Conditions as Stipulated Below:

Name of Commodity, Specification, Packing	Quantity	Unit Price	Total Amount
100% WOOLEN SWEATER ART. 768 ART. 769 PACKING: ONE PIECE TO A POLY BAG AND 80PCS TO ONE CARTON.	2000PCS 1600PCS	CIF LONDON USD12.00/PC USD10.00/PC	USD24000.00 USD16000.00
Total Value(In Words): SAY U.S. DOLLARS FORTY THOUSAND ONLY.			

Shipment: Within 45days of receipt of letter of credit and not later than the month of October 2013 With partial shipments and transshipment allowed. from any Chinese port to London, British.

Insurance: to be effected by seller for 110% of CIF invoice value covering all risks only as per China Insurance Clause.

Payment: By 100% confirmed Irrevocable Letter of Credit of 45 days after B/L opened by the Buyer

Confirmed by:

The Seller: YALI FASHION CORP   The Buyer: TAD TRADE CO. LTD

陈志伟   *Steven*

General Manager   Dept. Manager

表 1-2 信用证

DOCUMENTARY LETTER OF CREDIT

FROM: BRITISH LOYAL BANK, LONDON, BRITISH

SEQUENCE OF TOTAL   27: 1/1
L/C NO.   20: LC222
DATE OF ISSUE: 31C: SEP 10, 2013
EXPIRY DATE AND PLACE   31D: NOV 15, 2013, LONDON
APPLICANT   50: TAD TRADE CO. LTD
                                                NO. 555, W. N STREET, LONDON, BRITISH
BENEFICIARY   59: YALI FASHION TRADE CORP.
                                                99 FUQIN ROAD, NINGBO, CHINA
CURRENCY CODE, AMOUNT 32B: USD40000, 00
AVAIABLE WITH/BY   41D: WITH ANY BANK BY NEGOTIATION IN CHINA
DRAFT AT   42C: AT 45 DAYS AFTER SIGHT
DRAWEE(PAYING BANK)   42D: OURSELVES
PARTIAL SHIPMENT   43P: NOT ALLOWED
TRANSHIPMENT   43T: NOT ALLOWED
LOADING AT/FROM   44A: NINGBO
FOR TRANSPORTATION TO   44B: LONDON, BRITISH
THE LATEST DATE OF SHIPMENT 44C: OCT 1, 2013
DESCRIPTION OF GOODS   45A:
100% WOOLEN SWEATER AS PER S/C NO. YG899 DD. JULY 20, 2013

续表

```
STYLE 768    2000 PCS    USD12.00/PC
STYLE 769    1600 PCS    USD10.00/PC
TERMS OF DELIVERY: CIF LONDON
DOCUMENTS REQUIRED                 46A:
1. SIGNED COMMERCIAL INVOICE IN 4 COPIES CERTIFYING THAT THE QUALITY OF SHIPMENT IS IN ACCORDANCE
WITH THE STIPULATION OF S/C AND SHOWING FREIGHT CHARGES AND FOB VALUE.
2. PACKING LIST IN 3 COPIES
3. 2/3 OF CLEAN ON BOARD MARINE BILLS OF LADING MADE OUT OT ORDER AND ENDORED IN BLANK SHOWING
FREIGHT PREPAID AND NOTIFYING APPLICANT.
4. FORM A ISSUED BY CHINESE GOVERNMENTAL ORGANIZATION.
5. BENEFICIARY'S CERTIFICATE CERTIFYING THAT 1/3 ORIGINAL B/L AND ONE SET OF NON-NEGOTIABLE DOCU-
MENTS HAVE BEEN SENT TO APPLICANT AFTER SHIPMENT IMMEDIATELY.
6. INSURANCE POLICY IN DUPLICATE FOR 120% OF INVOICE VALUE COVERING ALL RISKS AND WAR RISK SUB-
JECT TO CIC DATED JAN. 1ST, 1981.
7. QUALITY INSPECTION CERTIFICATE SIGNED BY REPRESENTATIVE DESIGNATED BY BUYER SHOWING SHRINK-
AGE RATE IS UNDER 6%.
8. SHIPPING ADVICE
ADDITIONAL CONDITIONS              47A:
+ALL DOCUMENTS MUST SHOW THIS L/C NO.
+PLS NOTE IF DOCS PRESENTED CONTAIN DISCREPANCY, A FEE OF USD30 WILL BE DEDUCTED.
PERIOD FOR PRESENTATION:           48:
DOCUMENTS MUST BE PRESENTED WITHIN 15 DAYS AFTER SHIPMENT DATE BUT WITHIN L/C VALIDITY.
CONFIRMATION INSTRUCTIONS          49: WITHOUT
CHARGES                            71B: ALL BANKING COMMERCIAL CHARGES OUTSIDE OF NEW YORK ARE FOR THE
BENEFICIARY'S ACCOUNT.
BANK TO BANK INFORMATION           *72: THIS CREDIT IS SUBJECT TO THE UNIFORM CUSTOMS AND PRACTICE
FOR DOCUMENTARY CREDITS, 2007 REVISION, ICC PUBLICATION NO. 600
                     ------------------END----------------------
```

【任务描述】

1. 根据上述背景资料,请以雅丽服装公司外贸单证员小李身份审核信用证。
2. 根据信用证审核结果,提出修改意见。

【知识准备】

小李想要完成上述任务,必须先了解信用证审核和修改的相关知识。

一、信用证的审核

在服装国际贸易中,使用信用证方式结算货款时,因信用证特点决定信用证项下有关各方的权利与义务仅以信用证条款为依据,不受贸易合同的约束,即使信用证中援引了相关合同,开证银行的付款与拒付也仅以单据为唯一依据,而不管单据之外的事实。因此,信用证的有关当事人在收到信用证后,应对信用证条款进行严格审核,发现问题后及时提出修改,否则将直接影响处理信用证项下单证的主动权与日后出口货款的安全收汇。信用证的审核由服装外贸企业和银行共同进行,下面分别加以介绍。

(一)通知行对信用证的审核

按照《跟单信用证统一惯例》(简称 UCP600)规定,通知行只负责鉴别信用证的真实性并及时将信用证通知给受益人,并无审核信用证条款和内容的义务。但是国内的通知行为了受益人的利益,仍会对信用证中的一些重要内容进行审核并在信用证上作相应批注。受益人对银行的批注必须重视并采取相应的措施。在实践中,通知行主要审核以下几方面内容。

1. 审核信用证的真实性

信用证的开证方式分电开和信开两种。电开信用证分 TELEX(电传)和 SWIFT 两种,其中用 TELEX 方式开立的信用证必须加密押,通知行通过确认密押是否相符来判定信用证的真实性;用 SWIFT 方式开立的信用证安全性较好,该系统能自动核对密押。对信开信用证,通知行在收到邮寄的信用证后,通过确认其印鉴是否系开证行有权签字人所为,并确认与通知行留存的签字样本是否相符来判定其真实性。

如果信用证的印鉴或密押不相符,通知行会在给受益人的信用证面函上批注并及时与开证行取得联系,请求开证行确认、证实。待确认后,通知行再出一份通知函给受益人,告知其信用证的真实性。该通知函必须随附于正本信用证,作为信用证的一部分。受益人在未收到印鉴和密押相符的通知前,不宜备货和出运。遇到国外客户直接将信用证交给受益人的情况时,更应引起注意,必须首先请银行确认信用证的真实性。

2. 审核开证行的资信

信用证业务中,开证行承担第一性的付款责任。因此,开证行的资信如何是受益人能否安全收汇的关键所在。

开证行的资信主要取决于其资产规模的大小。一般说来,银行按每个信用证金额不超过开证行总资产 15‰ 的标准掌握。如果信用证金额超过此比例,通知行会建议出口商采取分批出运等安全措施以减少或降低风险。同时银行还会考虑开证行的分支机构多寡、历史的长短以及往来记录的情况等因素。

开证行的资信不仅指它的资产情况,而且还指开证行的信用与作风。银行一直在国际贸易结算中扮演着重要的信用中介角色。在人们的心目中,银行的信用似乎永远毋庸置疑。然而近几年来,全球的金融经济环境发生了很大的变化,海外的一些银行越来越多地出现了信用危机,做出违背国际惯例的事情。如国外某银行开出一份信用证,受益人凭以装运货物并通过出口地银行向开证行提交单据后,开证行总以单证不相符为由拒付。事实是,开证行在未履行付款义务的情况下将单据无条件地放给了进口商,进口商早已将货物提走并转卖。开证行的这一做法严重违背了国际惯例。在证据确凿和出口地银行不断施加压力的情况下,开证行无奈向出口地银行支付了全部货款和迟付利息。之后,出口地银行遂与该开证行断绝了代理行关系。

对于开证行的资信情况,应根据不同的情况区别对待。如对开证行的资信不清楚,应委托权威的资信调查机构进行调查,在仔细查清其资信并确认无误后才能使用其信用证;开证行所在国与出口商所在国无外交往来的,一般不予接受;对于资信欠佳的银行或政治局势紧张或外汇汇率动荡的国家开来的信用证,应建议受益人尽量分散风险,或要求国际一流银行对信用证作保兑,使该信用证成为保兑信用证。

(二)受益人对信用证的审核

受益人收到信用证后,在通知行审核的基础上,应对照买卖合同逐条审核信用证条款,包括所有的修改书(如有的话),与合同不符的要争取修改。如有受益人办不到的或含有损害受益人利益的条款,应要求取消,否则受益人会因难以履约而处于被动的地位,安全收汇也没有保证。

受益人审核信用证主要有以下几方面内容。

1. 审查信用证与合同的一致性

信用证依据买卖合同开立,其内容应完全与合同相符。但在实务中,受益人收到的信用证条款经常会与买卖合同的条款不一致,此时的出口商就会处于比较尴尬的境地:如按合同规定行事,则势必会与信用证的条款相违背,得不到开证行的付款保证;如按信用证条款行事,则又违反了合同的规定,有可能遭致进口商的索赔。

下面的内容是受益人特别应当注意的。

(1)开证申请人、受益人的名称。

(2)货物的描述。除商品名称外,还应包括买卖合同号、货物的型号、尺寸、成分等。

(3)装运地和目的地。

(4)单价、数量和总金额。有时信用证中规定的单价乘以数量与信用证总金额不符,或某一项与合同不符,很可能是信用证开错;有时信用证规定的商品数量与总金额不匹配,使受益人在操作时会遇到困难。根据UCP600,当信用证规定的数量前有"大约"字样时,则数量有10%的增减幅度,这时信用证总金额也应有"大约"字样;反过来,如果信用证总金额前有"大约"字样时,则总金额有10%的增减幅度,这时数量也可有"大约"字样;而对不能以个数来计量的商品可以有5%的增减幅度,此时信用证总金额也应当有增减幅度。

2. 审查信用证条款的可操作性和可接受性

有些信用证中会出现一些受益人难以办到的条款或难以满足的条件,受益人因而无法做到单单相符、单证相符。

主要表现在以下几种情况。

(1)是否为不可撤销信用证,信用证是否生效。可撤销信用证因为随时可以被撤销,所以对受益人是绝对不利的,因此受益人只接受不可撤销信用证。有些信用证虽名为不可撤销信用证。但其中声明:"本证尚未生效",此时受益人必须等信用证生效后才能办理出运。

(2)到期日、装运期、交单期。有时,受益人收到信用证的时间离最后装运日、交单日、信用证到期日太近,很难做到按期装运货物和向银行交单;如果信用证只有最迟装运期或只有信用证有效期,则视为装运期和有效期为同一天,即为"双到期",此时受益人应提前办理托运,使装运、制单工作有足够回旋的时间;如果信用证规定:受益人向银行交单的日期不得迟于装运日期后若干天,要注意该期限是否合理、能否办到;遇到在国外到期的信用证,则更易发生因单据传递延误而造成过期交单遭致开证行或付款行拒付的情况。

(3)对运输条款(包括运输方式、运输工具、运输路线,或规定承运人出具船龄证明等,或规定不许转运等条款),受益人应明确是否可行。

(4)分批装运条款。如果信用证规定分批装运不允许,受益人应根据不同的商品确认是否能做到。有时,虽然信用证允许分批出运,但又附带"货物出运必须以一个集装箱为单位"的限制条款。

(5)价格条款。如用 FOB 和 CFR 贸易术语,信用证中应说明"保险由进口商负责办理",其中 FOB 术语下运输单据应注明"运费到付",CFR 价格术语下运输单据应注明"运费已付",而 CIF 术语下除运输单据应注明"运费已付"外,还应包括保险单据条款。

(6)信用证的保险条款是否能满足。

(7)信用证的条款是否自相矛盾或意思模棱两可。如:某信用证要求受益人提供一整套从起运港上海至目的地芝加哥的港至港海运提单,而目的地芝加哥不是海港,受益人只能提供多式联运提单。所以这种信用证条款是自相矛盾的,应予修改。

(8)信用证要求的单据是否都能提供。譬如:有的信用证中要求发票、产地证等单据须由进口国的大使馆或领事馆认证,而当地却没有该国大使馆或领事馆。

(9)信用证指定的货运代理公司是否可接受。在 FOB 价格条件下,通常由进口方指定货运代理公司,如货运代理公司信誉不佳,出口商就有风险。出口商一般应争取以 CIF 术语成交,由自己安排运输并应委托信誉好的货运机构,管好自己的货物,避免造成财货两空的惨剧。

(10)信用证指定的唛头是否可以接受。唛头是最重要的包装标志,用于识别和方便交付、储存货物。唛头通常包括客户名称、订单号码、信用证号码、目的港名称和包装件数等信息。单据中的唛头必须与实际包装外的唛头一致。根据国际惯例,如果信用证规定唛头标志,但没有明确表明只能接受这样的标志,出口商得以将唛头做成载有该规定标志,还可适当增加其他内容,如箱号、件号、目的港等。如果信用证中限制唛头,则出口商必须完全按照信用证规定的唛头刷在包装上并制作单据。

(11)信用证中是否有"软条款"。"软条款"(Soft Clause)是指置出口方于不利地位的弹性条款,即信用证中所有无法由受益人自主控制的条款。

虽然国际商会始终不赞成在信用证中加注"软条款",但"软条款"依然以不同形式出现或隐匿于信用证条款中,一旦受益人对此认识不清或处理不当,将会引发收汇风险甚而导致出口损失,因此受益人务必要提高对"软条款"的认识及防范,把好审证环节,及时通知改证以消除隐患。

信用证中常见的"软条款"列举如下。

①信用证要求一份开证申请人或其指定人签发的检验检疫证,且其签字须和留存开证行的签字样本相符。

②信用证尚未生效,待进口商取得进口许可证或其他有关进口文件后,开证行将以信用证修改形式通知信用证生效。

③所装船只和出运日期由进口商通知开证行,开证行将以信用证修改形式通知受益人。

④货物运抵目的港后,开证行将待进口地检验检疫部门对进口商品检验合格并出具相关证书或待进口商通知后才履行付款义务。

3. 审查收汇保障

开证行在信用证中应有保证付款的明确表示。按 UCP600 的规定,在受益人将符合信用证条款的单据全部提交指定银行或开证行时,便构成了开证行的确定承诺——对即期付款信用证,进行即期付款;对延期付款信用证,按信用证规定的到期日付款;对承兑信用证,如规定由开证行承兑,则承兑受益人出具的以开证行为付款人的汇票并到期支付,如规定由另一家付款行承兑,而该付款行不承兑向其开具的汇票,或承兑了汇票而到期不支付,开证行须承兑受益人出具的以开证行为付款人的汇票,并到期支付;如信用证规定为议付,则支付受益人开具的汇票及/或信用证项下提交的单据,并在支付后对出票人及/或善意持票人无追索权。所以,凡是按照 UCP600 开立的信用证一般都有明确的保付条款,其中最常见的是:"凡根据本证开立和议付的汇票,只要严格符合本证条款的规定并经合理提示,我行保证对出票人和善意持票人在到期日承担付款责任。"如遇信用证无保付条款,但明确规定该证按 UCP600 开立或受其约束的字样,受益人也可接受,UCP600 已对开证行的责任有明确规定。

4. 审核货权的控制情况

在向出口地银行交单后至开证行付款以前这段时间,出口人应设法保持对货物的控制权,以便在遇到进口商或开证行拒付时能够控制货物,保护自己的权益。

出口商在收到信用证时有下列情况的必须引起注意。

(1)信用证规定提单应以进口商作为收货人。

(2)信用证要求空运单或邮包收据,并以进口商为收货人。

(3)信用证规定出口商在货物装运后将部分提单或全套提单直接寄给进口商。此种情形在实务中较为常见,而且有较大风险。

5. 审核费用情况

信用证项下的银行费用种类繁多,又分国内银行费用和国外银行费用两部分。按 UCP600 的规定:指示另一方服务的一方,有责任负担被指示方为其服务而产生的与其指示有关的任何费用,包括手续费、成本费或其他开支。同时还规定:如果信用证规定这些费用由指示方之外的一方负担,而这些费用不能被收取,指示方最终仍须承担支付此类费用的责任。信用证业务中,开证申请人是指示方,因此银行费用应由进口商负担。在实务中,有较少的信用证规定所有的银行费用由进口商负担,更多的是规定所有银行费用由受益人负担,由双方共同承担银行费用也比较常见,即:进口商承担开证行的费用,出口商承担议付行和第三国银行的费用。

总之,在出口业务中,对于无疑义的信用证,外贸企业可立即按其规定办理货运、制单;对于不能接受的条款,则应尽快地通知开证申请人做必要的修改,从而保护自己的利益,避免在货物装运后发现问题而处于被动的境地。应特别注意的是,修改信用证是需要一定时间的,为了保证及时装运,一般应在收到信用证后尽快审核完毕。此外,信用证的内容、形式各不相同,且总的趋势日趋复杂化,尤其是特别条款、单证的种类和要求等越来越多,需要有关人员在审证时有足够的耐心,逐字逐句地审核,找出所有的问题以便尽快解决,否则,不仅会影响货物装运,更影响安全收汇。值得一提的是,审证应包括信用证项下的所有修改书,因为修改书也是信用证的一部分。

为保护自身权益,受益人应对收到的信用证进行全面审查。如发现任何与货物买卖合同不符而又不能接受或无法做到的条款和规定,必须通知进口商进行必要的修改。审证工作的主要职责是及时发现问题并将问题解决于货物出运之前,为顺利出口和安全及时收汇铺平道路。忽视审证会使本来可以避免的不符点变为既成事实,而造成无法弥补的损失。这种教训是深刻的,譬如,某银行开出一信用证,其中规定:受益人必须在装船后24小时内将装船信息由议付行以电文的形式告知开证行,而且此电文须附在其他单据中一起交开证行。由于受益人收到信用证后没有审证,直至装运完毕将单据交议付行时,才由议付行发现没有发送装船通知电文,但此时早已过了信用证规定的时间,单据交开证行后遭到了拒付,最后受益人不得不接受进口商的减价要求。

二、信用证的修改

修改信用证(Amendment to Credit)是指对已开立的信用证中的某些条款进行修改的行为。审证中,如发现信用证某些条款不能接受、或有与买卖合同不一致之处、或含有不完整及无法办到的条款,受益人必须向开证申请人提出修改信用证,从而保护自己的利益。有时,开证申请人也可能由于形势的变化而要求修改信用证。

(一)修改信用证的原则

在任何情况下,不可撤销信用证的修改应由开证申请人向开证行提出,由开证行修改,并经开证行、保兑行(如已保兑)和受益人的同意,才能生效。

(二)修改信用证的程序

信用证修改的一般程序是:开证申请人提出→开证行→通知行→受益人。各方都同意接受该修改书后,方能有效。若由受益人提出修改,首先应征得开证申请人的同意,再按上述程序办理。

(1)开证申请人向开证行发出修改信用证的指示,该指示必须完整、明确。

(2)开证行同意后,通过通知行向受益人发出信用证的修改书。如开证行利用通知行的服务将原信用证通知受益人,则它须仍利用同一银行的服务通知修改书。

(3)通知行收到修改书,应先鉴别其真实性,再通知受益人。

(4)受益人收到修改书后,如果同意接受,则信用证项下的修改自此生效。如果受益人拒绝接受修改,将修改通知书退回通知行,并附表示拒绝接受修改的书面文件,则信用证项下的修改视为无效。

(三)修改信用证的注意事项

(1)根据 UCP600 第 10 条 b 款规定,自发出修改之时起,开证行即不可撤销地受该修改的约束。对保兑行而言,可将其保兑扩展至修改,并应自通知修改之时起不可撤销地受该修改的约束。但是,保兑行可自行选择仅将修改通知受益人而不对其加具保兑,但其必须毫不延误地将此告知开证行和受益人。

(2)根据 UCP600 第 10 条 c 款规定:在受益人将接受修改的意见告知通知行之前,原信用证的条款对受益人依然有效。受益人应对接受或拒绝接受该修改的通知做出表态,但也可不表态。如未作表态,信用证原条款仍有效。如果受益人向指定银行或开证行提交的单据符合信用证和修改,即视为受益人接受该修改的通知,并于此时起信用证已被修改,以后交单便须与该修改一致。据此,受益人是否接受修改可以有两种表示方法,其一是在收到修改书后立即做出接受或拒绝接受修改的通知;其二是用交单表示,如受益人所交单据与修改书的内容相符,则认为其接受了该修改,并于此时起信用证已被修改;如受益人所交单据不符合修改书的内容,则视为其不接受修改,修改书对受益人无效。

(3)UCP600 与 UCP500 相同,关于修改的规定对开证行加以最大限度的约束,而对受益人给予最大限度的自由。受益人接到修改后,如果对自己明显有利,如延长装运期;或对自己明显不利,如临近装运期却要修改货物规格,则会很快判断接受与拒绝。但如果不能马上判断对自己是否有利,则受益人可选择不予表态,因为不表态比表态更主动,交单时可左右逢源,立于不败之地。但是,如受益人对修改不及时表态,开证行和开证申请人将陷于被动。为此,一些开证行纷纷采取措施,在修改书中加注"修改的沉默接受"条款,如:"若本修改书自发出后 5 个工作日未被受益人书面拒绝,则将自动生效"。国际商会在其 UCP600 第 10 条 f 款规定:"修改中关于除非受益人在某一时间内拒绝修改否则修改生效的规定应被不予理会。"

(4)受益人对同一修改书部分内容接受,部分内容不接受是不允许的。例如,信用证修改书第一条内容是分别将装运期和有效期延长一个月,第二条内容是允许将分批出运改成不允许分批出运。受益人要么两条内容都接受,要么两条都不接受,不能只接受其中一条。即便各方都同意部分接受,也属无效,除非开证行另作新的修改。

(5)在转让信用证的使用中,根据 UCP600 第 38 条第 e 款的规定,第一受益人必须在要求转让而未转让前不可撤销地指示转让行:第一受益人是否保留不允许转让行将信用证的修改通知给第二受益人的权利。转让行如同意在这些条件下办理转让,它必须在转让时将第一受益人有关修改的指示告知给第二受益人;同时第 38 条第 f 款的还规定:"如果信用证转让给数名第二受益人,其中一名或多名第二受益人对信用证修改的拒绝并不影响其他第二受益人接受修改。对接受者而言,该已转让信用证即被相应修改,而对拒绝修改的第二受益人而言,该信用证未被修改。"

(6)在单据制作中,常常会遇到信用证中的一些小问题有与合同不一致的情况,受益人可以视情况决定是否修改信用证。比如:信用证中的合约编号为 2006—MX,而合同上为 2006/MX,受益人在确保海关、商检等环节没有问题的前提下,可以采用将错就错的办法,避免修改信用证引起的费用和麻烦。又如:信用证上的货物尺码 Large 误拼成 Lareg 等,也没有必要一定修改信用证。再如合同中规定"可以分批装运"而信用证中则规定"不允许分批装运",若实际业务中可以不分批装运,则不须修改该条款。

(四)修改费的收取

信用证一旦修改了,就会产生开证行的修改费和通知行的修改通知费。信用证修改费的收取通常视具体情形而定,从理论上讲:若信用证修改是由开证行开证时的失误引起的,则由开证行自负所有修改费;若修改是受益人提出的,则由受益人与进口商协商;若信用证修改是因为开证申请人在申请开证时未按照合同填写开证申请书而导致的,则由开证申请人承担所有修改费。

值得一提的是,如果由于信用证与合同不符,使得受益人不能接受信用证,受益人有权在通知开证申请人后单方面撤销合同,拒绝接受信用证,并可向进口商提出索赔。

三、信用证欺诈与防范

根据一般法律条文,欺诈是指以不公平或不正常的途径获取实质上的利益。在外贸实践中,利用信用证欺诈的案件日趋增多。人们往往在案件发生后才想到通过法律途径寻求解决,这种亡羊补牢的办法须付出很高的代价。因此,防范信用证欺诈已成为我国外贸企业和商业银行日常经营管理中的重要任务。从一定程度上讲,能否预控信用证欺诈风险直接关系到企业的经营和生存。

信用证方式自产生以来一直被认为是解决和避免国际贸易中买卖双方间商业信用危机的一种较为有效的安排,信用证的银行承担第一性付款责任、独立的自足文件及纯单据业务的三大特点更使信用证方式长盛不衰,并成为进出口商人的首选。然而,信用证有其天然的局限性。信用证的上述特点特别是独立抽象性原则如今成了信用证的最大弱点,被不法分子用来骗取资金和货物,信用证结算方式不再使人高枕无忧。

因此,我们有必要对信用证欺诈进行分析,从更广阔、更深入的视角来认识、分析欺诈的方式、特点、性质,以更有效、更科学的手段去遏制与防范欺诈的发生。

(一)信用证诈骗的常见方式及其特征

1. 假冒或伪造印鉴(签字)诈骗

所谓"假冒或伪造印鉴(签字)诈骗",是指诈骗分子在以打字机打出并将通过邮寄方式传递的信用证上,假冒或伪造开证行有权对信用证签字人员的印鉴(签字),企图以假冒信用证欺骗受益人(出口商)盲目发货,最终达到骗取出口货物的目的。这种诈骗一般有如下特征。

(1)信用证不经通知,而直达受益人手中,且信封无寄件人详细地址,邮戳模糊。

(2)所用信用证格式为陈旧或过时格式。

(3)信用证签字笔画不流畅,或采用印刷体签名。

(4)信用证条款自相矛盾,或违背常规。

(5)信用证要求货物空运,或提单做成申请人(进口商)为受货人。

例如,某服装外贸公司曾收到一份以英国标准麦加利银行伯明翰分行名义开立的跟单信用证,金额为6.5万美元,通知行为伦敦国民西敏寺银行。因该证没有像往常一样经受益人当地银行专业人员审核,有如下几点可疑之处。

①信用证的格式很陈旧,信封无寄件人地址,且邮戳模糊不清,无法辨认是否从当地寄出。

②信用证限制通知行——伦敦国民西敏寺银行议付,有违常规。

③该行的详情在银行年鉴上查不到。

④信用证的签名为印刷体而非手签,且无法核对。

⑤信用证要求货物运至尼日利亚,而该国为诈骗案多发地。

根据以上几点,银行初步判定该证为伪造信用证。后经开证行总行联系查实,确实如此,从而避免了一起伪造信用证件诈骗。

2. 盗用或借用他行密押(密码)诈骗

所谓"盗用或借用他行密押(密码)诈骗",是指诈骗分子在电开信用证中伪称使用第三家银行密押,而该第三家银行的确认电却无加押证实,企图瞒天过海,骗取出口货物。这种诈骗通常有如下特征。

(1)来证无密押,而声称由第三家银行来电证实。

(2)来证装运期或有效期较短,以诱使受益人仓促发货。

(3)来证规定装船后由受益人寄交一份正本提单给申请人。

(4)开立远期付款信用证,并许以优厚利率。

(5)证中申请人与受货人分别在不同的国家或地区。

例如,某中行曾收到一份由加拿大 AC 银行 ALERTA 分行电开的信用证,金额约为100万美元,受益人为浙江某进出口公司。银行审证员发现该证存在以下疑点。

①该证没有加押,而仅在来证中注明:"本证将由××行来电证实"。

②该证装运期和有效期在同一天,且距装运日不足一星期。

③来证要求受益人发货后,速将一套副本单据随同一份正本提单用特快方式邮寄给申请人。

④该证为见票45天付款,且规定受益人可按年利率11%索取利息。

⑤该证申请人在加拿大,而收货人却在新加坡。

⑥来证电传号不合常理。

针对这几个疑点,中行一方面告诫公司"此证密押未符,请暂缓出运",另一方面赶紧向总行国际部查询,回答:"查无此行"。稍后,却收到署名"美洲银行"的确认电,但该电文没有加押证实,于是该中行设法与美州银行驻京代表处联系,请示协助查询,最后得到答复,该行从未发过确认电,且与开证行无任何往来。至此,终于证实这是一起盗用第三家银行密押案。

又如,浙江某中行曾收到一份署名印尼国民商业银行万隆分行电开的信用证,金额约80万美元,来证使用开证行与渣打银行上海分行的密押。后来,该中行去渣打银行核实,得到复电:"本行不为第三家非其集团成员银行核实,且不负任何责任",中行只好转查开证行总行,但被告知:开证行从未开出此证,且申请人未在当地注册,无业务往来记录。显然,这是一份利用他行密押并伪造印尼国民商业银行的假信用证。

3. "软条款(陷阱条款)"诈骗

利用"软条款(陷阱条款)"进行诈骗主要有以下特征。

(1)来证金额较大,往往在50万美元以上。

(2)来证含有制约受益人权利的"软条款"或"陷阱条款",如规定申请人或其指定代表签发检验证书,或由申请人指定运输船名、装运日期、航行航线或声称"本证无效"等。

(3)诈骗分子要求出口企业按合同金额或开证金额的5%~15%预付履约金;佣金给买方指定代表或中介人。

(4)买方获得履约金、佣金或质保金后,即借故刁难,拒绝签发检验证书或不派船,使出口企业无法取得全套单据议付,白白遭受损失。

例如,某中行曾收到一份由香港KP银行开出的金额为18万美元的信用证,受益人为浙江某进出口公司。该证有如下"软条款":"本证尚未生效,除非运输船名已被申请人认可并由开证行以修证书形式通知受益人"(THIS CREDIT IS NON-OPERATIVE UNLESS THE NAME OF CARRYING VESSEL HAS BEEN APPROVED BY APPLICANT AND TO BE ADVISED BY L/C OPENING BANK A LETTER OF AN L/C ANENDMENT TO BENEFICIARY)。

中行在将来证通知受益人时提醒其注意这一"软条款",并建议其修改信用证,注意可能出现的风险。后来,经磋商,申请人撤销该信用证,另由香港IB银行开出同一金额、同一货物、同一受益人的信用证,但证中仍有这样的"软条款":"装运只有在收到本证修证书所指定的运输船名和装运日期时,才能实施"(SHIPMENT CAN ONLY BE EFFECTED ON RECEIPT OF AN AMENDMENT OF THIS CREDIT ADVISING NAME OF CARRING VESSEL/ AND SHIPMENT DATE)。可谓"换汤不换药",主动权仍掌握在申请人手中。受益人却面临若申请人拒发装运通知,则无法提交全套单据给银行议付的风险,此时中行了解到与该进出口公司联营的某工贸公司已将40万元人民币质保金汇往申请人在我方的代表,而且该进出口公司正计划向某申请人打包贷款200万元作订货之用。于是,该行果断地采取措施,一方面暂停向其贷款,另一方面敦促其设法协助工贸公司追回质保金。双方配合,才免遭损失。

4. 利用伪造修改书诈骗

这种诈骗主要有以下特征。

(1)原证虽是真实、合法的,但含有某些制约受益人权利的条款,亟待修改。

(2)修改书以电报或电传方式发出,且盗用他行密押或借用原证密码。

(3)修改书不通过开证行开出,而直接发给通知行或受益人。

(4)证内规定装运后邮寄一份正本提单给申请人。

(5)来证装运期或有效期较短,以迫使受益人仓促发货。

如有一金额为109.2万美元的信用证,受益人为宁波某外贸公司。来证含有这样一个"软条款":"只有在收到我行加押电报修改书通知行通知的买方装运指示、指定运输船名、装运日期时才可装;而且该修改书必须在每套单据中议付"(SHIPMENT CAN ONLY BE EFFECTED UPON RECEIPT OF BUYER'S SHIPMENT INSTRUCTIONS MONINATIONNAME OF CARRYING VESSSEL AND DATE OF SHIPMENT IN THE FORM OF YOUR AUTHENICATED CABLE AMENDMENT THRU ADVISING BANK AND COPY OF SUCH AMENDMENT MUST BE INCLUDED IN EACH SET OF DOCUMENTS FOR NEGOTIATION)。同时规定:"正本提单装船后用特快方式邮寄给申请人。"该中行在将来证通知受益人时,提请其关注这些条款,并做好防范。稍后,该中行又收到原证项下电文修改书一份,修改书指定船名、船期,并将原证"允许分批装运"改为"禁止分批装运",但其密押却是沿用原证密码。该中行马上警惕起来,并迅速查询开证行,在确认该电文为伪造修改书后立即通知受益人停止发货。而此时受益人的出口货物正整装待发,其风险不言而喻。

5. 假检验证书诈骗

所谓"假检验证书诈骗",是指诈骗分子以申请人代表名义在受益人出货地签发检验证书,但其签名与开证行留底印鉴式样不符,致使受益人单据遭到拒付,而货物却被骗走。这种诈骗通常有以下特征。

(1)来证含有检验证书由申请人代表签署的"软条款"。

(2)来证规定申请人代表签名必须与开证行留底印鉴式样相符。

(3)来证要求一份正本提单交给申请人代表。

(4)申请人将大额支票给受益人作抵押或担保。

(5)申请人通过指定代表操纵整个交易过程。

例如,某中行收到香港某金融公司开出的以宁波某服装外贸公司为受益人的信用证,金额为15万美元,出口货物是6万件运动服。信用证要求发货前由申请人指定代表出具货物检验证书,其签字必须由开证行证实,且规定1/2的正本提单在装运后交予申请人代表。在装运时申请人代表来到出货地,提供了检验证书,并以一张大额支票为抵押并从出口人手中拿走了其中一份正本提单,后来,受益人将有关支票委托当地银行议付,但被告知:"托收支票为空头支票,而申请人代表出具的检验证书签名不符,纯属伪造。"可是,货物已被全部提走,下落不明。受益人蒙受重大损失,有苦难言。

6. 涂改信用证诈骗

所谓"涂改信用证诈骗",是指诈骗分子将过期失效的信用证刻意涂改,变更金额、装效期和受益人名称,并直接邮寄或面交受益人,以骗取出口货物,或诱使出口商要求银行开出对开信用证,骗取银行融资。这种诈骗往往有以下特征。

(1)原信用证为信开方式,以便于涂改。

(2)涂改内容为信用证金额、装效期及受益人名称。

(3)信用证涂改之处无开证行签章证实。

(4)信用证不经通知行通知,而直交受益人。

(5)金额巨大,以诈取暴利。

例如,浙江某外贸公司曾收到一份由日本客商面交的信开信用证,金额为20万美元,当地中行审核后,发觉该证金额、装效期及受益人名称均有明显涂改痕迹,于是提醒受益人注意,并立即向开证行查询,最后查明此证是经客商涂改,交给外贸公司。事实上,这是一份过期失效的旧信用证。幸亏我方银行警惕性高,才及时制止了这一起巨额信用证诈骗。

7. 伪造保兑信用证诈骗

所谓"伪造保兑信用证诈骗",是指诈骗分子在提供假信用证的基础上,为获得我方的信任,蓄意伪造国际大银行的保兑函,以达到骗取我方出口货物的目的。这种诈骗常常有以下特征。

(1)信用证的开证行为假冒或根本无法查实之银行。

(2)保兑行为国际著名银行,以增加欺骗性。

(3)保兑函另开寄来,其签名为伪冒签字。

(4)贸易双方事先并不了解,仅通过中介人相识。

(5)来证金额较大,且装效期较短。

例如,某中行曾收到一份由印尼亚欧美银行(Asian Euro-American Bank Of Indonesia)发出的要求纽约瑞士联合银行保兑的电开信用证,金额为30万美元,出口人为浙江某外贸公司,出口货物是6万件羊绒大衣。但查银行年鉴,没有该开证行。稍后,又收到苏黎世瑞士联合银行的保兑函,但其两个签字中,仅有一个相似,另一个无法核对。此时,受益人称货已备妥,亟待装运,以免误了装船期。为慎重起见,该中行劝阻受益人暂不出运,另一方面抓紧与纽约瑞士联合银行和苏黎世瑞士联合银行联系,先后得到签复:从没听说过开证行情况,也从未保兑过这一信用证,请提供更详细情况。此事至此,可以确定,该证为伪造保兑信用证,诈骗分子企图凭此骗取我方出口货物。

(二)信用证诈骗的防范

从上述信用证诈骗的各种情况来看,诈骗分子的行骗对象主要是我方出口企业,受害者还涉及出口方银行和工贸公司,各方均应密切配合,采取切实有效的措施,以避免或减少上述诈骗案的发生,具体可实施以下防范对策。

(1)出口方银行(指通知行)必须认真负责地核验信用证的真实性,并掌握开证行的资信情况,对于信开信用证,应全面细致核对印鉴是否相符,大额来证还应要求开证行加押证实;对于电开信用证及其修改书,应及时查核密押相符与否,以防假冒和伪造。同时,还应对开证行的名称、地址和资信情况与银行年鉴进行比较分析,发现疑点,立即向开证行查询,以确保来证的真实性、合法性和开证行的可靠性。

(2)出口企业必须慎重选择贸易伙伴。在寻找贸易伙伴和贸易机会时,应尽可能通过正式途径(如参加广交会和实地考察)来接触和了解客户,不要与资信不明或资信不好的客户做生意。在签订合同前,应设法委托有关咨询机构对客户进行资信调查,以便心中有数,做出正确的选择,以避免错选贸易伙伴,自食苦果。

(3)银行和出口企业均须对信用证进行认真审核。银行审证侧重来证,还应注意来证的有效性和风险性。一经发现来证含有主动权不在自己手中的"软条款"(陷阱条款)及其他不利条款,必须坚决和迅速地与客商联系修改,或采取相应的防范措施,以防患于未然。

(4)出口企业或工贸公司在与外商签约时,应平等、合理、谨慎地确立合同条款。以国家和集体利益为重,彻底杜绝一切有损国家和集体利益的不平等、不合理条款,如预付履约金、质保金、佣金和中介费条款等,以免误中对方圈套,破财耗神,耻笑于人。

除此之外,银企双方还应携手协作,一致对外。要树立整体观念,互相配合增强防诈信心。一旦发觉诈骗分子的蛛丝马迹,立刻跟踪追击,并严惩不贷,以维护跟单信用证业务的正常履行,确保我国服装对外贸易的顺利进行。

【操作示范】

第一步:根据任务1的要求,受益人对信用证进行了认真地审核,审核结果见表1-3。

表1-3 信用证审核结果

信用证分析单				
1. 信用证文本格式	☐ 信开	☐ 电开	☑ SWIFT	
2. 信用证号码		LC222		☑ 未注明
3. 通知银行编号				
4. 开证日		2013年9月10日		
5. 到期日		2013年11月15日		
6. 到期地点		伦敦		☐ 未注明
7. 付款方式	☐ 付款	☐ 承兑	☑ 议付	

续表

8. 货币	美元		
9. 金额(具体数额)	4万美元		
10. 最高限额(具体数额)		☑	未注明
11. 金额允许增减幅度		☑	未注明
12. 交单期(中文)	15天		
13. 开证人(名称)	TAD TRADE CO. LTD		
14. 受益人(名称)	雅丽服装公司		
15. 开证银行(名称)	BRITISH LOYAL BANK,LONDON,BRITISH		
16. 通知银行(名称)		☑	未注明
17. 议付银行(名称)	任何银行	☐	未注明
18. 付款/偿付银行(名称)	开证行	☐	未注明
19. 货物名称	100 纯羊毛衫		
20. 合同/订单/形式发票号码	YG899	☐	未注明
21. 合同/订单/形式发票日期	2013年7月20日	☐	未注明
22. 价格/交货/贸易术语	CIF	☐	未注明
23. 最迟装运日	2013年10月1日		
24. 装运港	宁波		
25. 目的港	伦敦		
26. 分批装运	☐ 允许　　☑ 不允许		
27. 转运	☐ 允许　　☑ 不允许		
28. 运输标志		☑	未注明
29. 运输方式	☑ 海运　　☐ 空运　　☐ 陆运		

30. 向银行提交单据列表(用阿拉伯数字表示)

名称	汇票	发票	装箱单	重量单	尺码单	承运人证明	船公司证明	航程证明	受益人证明	寄单证明	装船通知
份数	2	4	3	无	无	无	无	无	1	无	1
名称	海运提单	空运提单	产地证	贸促会产地证	普惠制产地证	商检证	官方商检证	商会商检证	保险单	投保通知	寄单快件收据
份数	2	无	无	无	1	1	无	无	2	无	无

第二步:按照任务2的要求,小李根据审核结果提出了修改意见,修改意见详见表1-4。

表1-4　信用证修改意见

序号	合同规定	信用证条款 (信用证不符点)	信用证修改意见
1	卖方:YALI FASHION CORP.	受益人:YALI FASHION TRADE CORP.	改为:YALI FASHION CORP.
2		到期地点为伦敦	改为:中国(CHINA)
3	付款:提单日后45天(45 DAYS AFTER B/L)	付款:见票后45天(45 DAYS AFTER SIGHT)	改为:提单日后45天付款(45 DAYS AFTER B/L)

续表

序号	合同规定	信用证条款（信用证不符点）	信用证修改意见
4	分批:允许(ALLOWED)	分批:不允许(NOT ALLOWED)	改为:允许分批(ALLOWED)
5	转船:允许(ALLOWED)	转船:不允许(NOT ALLOWED)	改为:允许转船(ALLOWED)
6	装运港:任何港口(ANY CHINESE PORT)	装运港:宁波(NINGBO)	改为:装运港为任何港口(ANY CHINESE PORT)
7	最迟装船日期:not later than the month of October 2013	最迟装船日期:2013年10月1日(OCT.1,2013)	改为:最迟装船日期为2013年10月31日(OCT.31,2013)
8	保险金额:CIF值的110%(110% of CIF invoice value)	保险金额:发票值的120%(120% OF INVOICE VALUE)	改为:保险金额是发票值的110%(110% OF INVOICE VALUE)
9		品质检验证书由买方指定代表签署(SIGNED BY REPRESENTATIVE DESIGNATED BY BUYER)	改为:品质检验证书由政府机构或第三方民间机构签署(SIGNED BY GOVERNMENTAL ORGANIZATION)
10	合同要求开保兑信用证	非保兑信用证(WITHOUT)	改为:保兑信用证(CONFIRMED)
11		三分之二清洁已装船提单交银行议付(2/3 OF CLEAN ON BOARD MARINE BILLS OF LADING)	改为:全套清洁已装船提单交银行议付(FULL SET)

【跟学训练】

请根据以下背景资料,以受益人身份审核信用证并根据审核结果,提出修改意见。

1. 销售合同

上海宇达进出口贸易公司

SHANGHAI YUDA IMP. AND EXP. CORP.

NO. 888 HUNAN ROAD ,SHANGHAI, CHINA

SALES CONTRACT

TEL:021—87213136   S/C NO:YD12006

FAX:021—87213138   DATE:Jan 11,2012

TO MESSSRE:KOLLEN INTERNATIONAL INC. 129 HAYWARD WAY,U. S. A

Dear Sirs.

We hereby confirm having sold to you the following goods on terms and conditions as specified below:

DESCRIPTIONS OF GOODS	QUANTITY	U/PRICE	AMOUNT
COTTON MEN'S TROUSERS ART NO. H666 ART NO. HX88 ART N0. HZ21 Packed in 250 cartons	 1500 PCS 1000 PCS 2000 PCS 4500 PCS	CIFC3 HOUSTON USD 5.50 USD 4.50 USD 4.80	 USD8250 USD4500 USD9600 USD22350

LOADING PORT:CHINA

DESTINATION:HOUSTON

PARTIAL SHIPMENT:ALLOWED

TRANSHIPMENT:PROHIBITED

PAYMENT:L/C AT SIGHT

INSURANCE:FOR 110 PERCENT OF THE INVOICE VALUE COVERING ALL RISKS AND WAR RISK.

TIME OF SHIPMENT:LATEST DATE OF SHIPMENT MAR. 30,2012

THE SELLER:	THE BUYER:
SHANGHAI YUDA IMP. AND EXP. CORP.	KOLLEN INTERNATIONAL INC.
胡左明	ALLEDY

2. 信用证

DOCUMENTARY LETTER OF CREDIT

MT:700   ISSUE OF A DOCUMENTARY CREDIT

FROM: CITI-BANKHOUSTON ,U S A.

SEQUENCE OF TOTAL:	*27:	1/1
FORM OF L/C	*40A:	TRANSFERABLE
L/C NO.	*20:	PY123
DATE OF ISSUE	*31C:	20120210
EXPIRY DATE AND PLACE	*31D:	20120415 CHINA
APPLICANT	*50:	KOLLEN INTERNATIONAL INC.
		129 HAYWARD WAY,U.S.A
BENEFICIARY	*59:	SHANGHAI YUDA IMP. AND EXP. CORP.
		NO.12 XIZANG ROAD ,SHANGHAI, CHINA
AMOUNT	*32B	USD22350,00
AVAILABLE WITH BY	*41D:	WITH BANK OF CHINA BY NEGOTIATION
DRAFTS AT	*42C:	AT 30 DAYS AFTER SIGHT
DRAWEE	*42D:	CATHAY BANK,NEW YORK,U.S.A
PARTIAL SHIPMENT	*43P:	NOT ALLOWED
TRANSHIPMENT	*43T:	ALLOWED
LOADING FROM	*44A:	CHINA
FOR TRANSPORTATION TO	*44B:	HOUSTON PORT, USA

LATEST DATE OF SHIPMENT	*44C:20120315
DESCRIPTION OF GOODS/SERVICES	*45A:

COTTON MEN'S TROUSERS AS PER S/C NO. YD12006

DELIVERY CONDITION:CIF HOUSTON

ART NO. H666 1500PCS	USD5.50/PC
ART NO. HX88 1000PCS	USD4.50/PC
ART NO. HZ21 2000PCS	USD4.80/PC
DOCUMENTS REQUIRED	*46A:

+SIGNED COMMERCIAL INVOICE IN 3 ORIGINAL AND 2 COPIES SHOWING FREIGHT CHARGES ,PREMIUM AND FOB VALUE AND INDICATING THE GOODS IS ORIGIN OF CHINA.

+PACKING LIST IN 3 FOLDS.

+FULL SET OF CLEAN ON BOARD OCEAN BILLS OF LADING MADE OUT TO ORDER AND BLANK ENDORSED ,MARKED "FREIGHT PREPAID" AND NOTIFYING APPLICANT.

+INSURANCE POLICY IN DUPLICATE FOR 110% OF INVOICE VALUE COVERING ALL RISKS AND WAR RISK SUBJECT TO CIC DATED JAN. 1ST,1981.

+BENEFICIARY'S CERTIFICATE STATING THAT ONE SET OF NON-NEGOTIABLE SHIPPING DOCUMENTS HAVE BEEN SENT TO APPLICANT AFTER SHIPMENT.

+INSPECTION CERTIFICATE OF QUANTITY AND QUALITY ISSUED BY THE REPRESENTATIVE DESIGNATED BY APPLICANT.

ADDITIONAL CONDITIONS: *47A:

+ALL DOCUMENTS MUST SHOW THIS L/C NO.

+A DISCREPANCY FEE OF USD 40.00 OR EQUIVALENT WILL BE DEDUCTED FROM THE PROCEEDS PAID UNDER ANY DRAWING WHERE DOCUMENTS PRESENTED ARE FOUND NOT TO BE IN STRICT CONFORMITY WITH THE TERMS OF THIS CREDIT.

CHARGES   *71B:ALL BANKING CHARGES OUTSIDE OF OUR COUNTERARE FOR ACCOUNT OF THE BENEFICIARY

PERIOD FOR PRESENTATION   *48:WITHIN 15 DAYS FROM THE DATE OF B/L BUT NOT LATER THAN L/C EXPIRY DATE.

CONFIRMATION: *49:ADVISING BANK

ADVICE THROUGH   *57D:YOUR BANK OF CHINA NINGBO BRANCH

BANK TO BANK INFORMATION   *72:THIS CREDIT IS SUBJECT TO THE UNIFORM CUSTOMSAND PRACTICE FOR DOCUMENTARY CREDITS,2007 REVISION,ICC PUBLICATION NO. 600

3. 信用证审核结果

信用证审核表见表 1-5 所示。

表 1-5　信用证审核表

信用证分析单

1. 信用证文本格式　　　☐ 信开　　　☐ 电开　　　☐ SWIFT
2. 信用证号码　_____ ☐ 未注明
3. 通知银行编号　_____
4. 开证日　_____
5. 到期日　_____
6. 到期地点　_____ ☐ 未注明
7. 付款方式　　　☐ 付款　　　☐ 承兑　　　☐ 议付
8. 货币　_____
9. 金额(具体数额)　_____ ☐ 未注明
10. 最高限额(具体数额)　_____
11. 金额允许增减幅度　_____ ☐ 未注明
12. 交单期(中文)　_____
13. 开证人(名称)　_____
14. 受益人(名称)　_____
15. 开证银行(名称)　_____
16. 通知银行(名称)　_____ ☐ 未注明
17. 议付银行(名称)　_____ ☐ 未注明
18. 付款/偿付银行(名称)　_____ ☐ 未注明
19. 货物名称　_____
20. 合同/订单/形式发票号码　_____ ☐ 未注明
21. 合同/订单/形式发票日期　_____ ☐ 未注明
22. 价格/交货/贸易术语　_____ ☐ 未注明
23. 最迟装运日　_____
24. 装运港　_____
25. 目的港　_____
26. 分批装运　　　☐ 允许　　　☐ 不允许
27. 转运　　　　　☐ 允许　　　☐ 不允许
28. 运输标志　_____ ☐ 未注明
29. 运输方式　　　☐ 海运　　　☐ 空运　　　☐ 陆运
30. 向银行提交单据列表(用阿拉伯数字表示)

名称	汇票	发票	装箱单	重量单	尺码单	承运人证明	船公司证明	航程证明	受益人证明	寄单证明	装船通知
份数											
名称	海运提单	空运提单	产地证	贸促会产地证	普惠制产地证	商检证	官方商检证	商会商检证	保险单	投保通知	寄单快件收据
份数											

【课外拓展】

一、思考题

1. 汇付方式下买卖双方单据如何交接？
2. 托收方式下买卖双方单据如何交接？
3. 通知行和受益人分别从哪些方面审核信用证？
4. 修改信用证的程序是什么？提出修改信用证时应注意什么问题？
5. 信用证诈骗的常见方式有哪些？如何进行防范？

二、操作训练题

1. 根据以下销售合同（表1-6）审核国外开来的信用证（表1-7），指出信用证中存在的问题并说明应如何修改。

表1-6　销售合同

SALES CONFIRMATION
NO:0003916 DATE:SEP 30,2012 SELLER:NINGBO HUADU TEXTILE INTERNATIONAL TRADE CORP. BUYER:SUNNY MEN CORPORATION,P. O. BOX NO. 6789 TORONTO,CANADA. COMMODITY AND SPECIFICATIONS:POLO BRAND FULL COTTON MEN'S SHIRT 15,000PCS ,5% MORE OR LESS AT SELLER'S OPTION PACKING:IN CARTONS OF 20PCS EACH,CONTAINERIZED UNIT PRICE:US＄2.40 PER PIECE CFR TORONTO TOTAL VALUE:US＄36,000.00(U. S. DOLLARS EIGHTEEN THOUSAND ONLY) TIME OF SHIPMENT:DURING NOV./DEC. 2012 IN TWO EQUAL MONTHLY LOTS,FROM CHINA TO TORONTO,ALLOWING TRANSSHIPMENT. INSURANCE:TO BE COVERED BY THE BUYER TERMS OF PAYMENT:BY IRREVOCABLE SIGHT LETTER OF CREDIT TO REACH THE SELLER 15 DAYS BEFORE THE MONTH OF SHIPMENT AND REMAINED VALID FOR NEGOTIATION IN CHINA UNTIL THE 15TH DAYS AFTER DATE OF SHIPMENT.

表1-7　信用证

IRREVOCABLE DOCUMENTARY CREDIT
L/C NO.:120086 DATE:OCT 12,2012 FROM:THE ROYAL BANK OF CANADA TO:BANK OF CHINA, NINGBO,CHINA WE OPEN IRREVOCABLE DOCUMENTARY CREDIT NO. 120086 BENEFICIARY:NINGBO HUADU TEXTILE IMP. AND EXP. CO. LTD. JIEFANG SOUTH ROAD 111,NINGBO,CHINA APPLICANT:SUNNY MEN CORPORATION P. O. BOX NO. 6789TORONTO,CANADA AMOUNT:US ＄36000.00(US DOLLARS THIRTY-SIX THOUSAND ONLY) THIS CREDIT IS AVAILABLE BY BENEFICIARY'S DRAFT AT 30 DAYS AFTER SIGHT FOR 100% OF INVOICE VALUE DRAWN ON THE ROYAL BANK OF CANADA

ACCOMPANIED BY THE FOLLOWING DOCUMENTS:
1. SIGNED COMMERCIAL INVOICE IN 3 COPIES.
2. FULL SET OF CLEAN ON BOARD BILL OF LADING MADE OUT TO ORDER AND BLANK ENDORSED MARKED FREIGHT PREPAID AND NOTIFY APPLICANT.
3. INSURANCE POLICY IN DUPLICATE COPIES FOR 110% OF INVOICE VALUE.
COVERING ALL RISKS AND WAR RISK SUBJECT TO CIC DATED JAN. 1ST, 1981.
4. CERTIFICATE OF ORIGIN IN DUPLICATE ISSUED BY CHINA INTERNATIONAL CHAMBER OF COMMERCE OR OTHER GOVERNMENT AUTHORITIES.
5. INSPECTION CERTIFICATE OF QUALITY ISSUED BY APPLICANT.
COVERING:
POLO BRAND FULL COTTON MEN'S SHIRT 15,000PCS AT US $2.40 PER PIECE CFRC3%TORONTO AS PER S/C NO. 0003916 DATED SEP 30,2012.
LATEST SHIPMENT: NOV 30,2012 FROM NINGBO TO TORONTO.
PARTIAL SHIPMENTS: ALLOWED
TRANSHIPMENT: PROHIBITED
THE GOODS SHALL BE CONTAINERIZED.
DOCUMENTS MUST BE PRESENTED WITHIN 8DAYS AFTER THE DATE OF THE B/L, BUT WITHIN THE VALIDITY OF THE CREDIT.

THE ROYAL BANK OF CANADA

2. 根据以下销售合同审核国外开来的信用证,并回答题后10个问题。

(1) 销售合同

售 货 合 同
SALES CONTRACT

1. 卖方:宁波新世纪进出口公司　　　　　　　合同编号
   THE SELLSES:NINGBO XINGSHIJI IMP. AND EXP. CORP　S/C NO. XSH12008

2. 地址:中国上海江苏路19号　　　　　　　　合同日期
   ADDRESS:58 YAOGA ROAD, NINGBO CHINA　　DATE:MAY 27,2012
   TEL:0086-574-×××××　　FAX:0086-574-×××××
   E-MAIL:LZHONGCHEN@163. COM

3. 买方:THE BUYERS:CLOTHES CARE CO. LTD

4. 地址:ADDRESS:290 BOTANY ROAD ALEXANDRIA NSW 2015 AUSTRALIA
   E-MAIL:jacky@ www. yahoo. com

买卖双方同意按下列条件购进、售出下列商品:
THE SELLERS AGREE TO SELL AND THE BUYERS AGREE TO BUY THE UNDER-MENTIONED GOODS ACCORDING TO THE TERMS AND CONDITIONS AS STIPULATED BELOW:

28,000PCS 210GRAM/M2, POLO BRAND POLY COTTON SHIRT IN ROYAL BLUE

SIZE	S	M	L	XL	XXL
RATIO	1PC	2PC	5PC	5PC	1PC
UNIT PRICE	USD1.2/PC	USD1.2/PC	USD1.2/PC	USD1.3/PC	USD1.3/PC

5. 包装：PACKING：PACKED IN CARTONS OF 40PCS

6. 唛头：SHIPPING MARKS：C.C.C/ XSH12008/SYDNEY/NO.1-UP

7. 装船港口：PORT OF SHIPMENT：ANY CHINESE PORT

8. 目的港口：PORT OF DESTIMATION：SYDNEY, AUSTRALIA

9. 装船期限：TIME OF SHIPMENT：NOT LATER THAN OCT 31, 2012.

10. 付款条件：TERMS OF PAYMENT：L/C AT 30 DAYS AFTER SIGHT WITH ACCPTANCE

11. 不可抗力：因人力不可抗拒事故，使卖方不能在合同规定期限内交货或不能交货，卖方不负责任，但是卖方必须立即以电报通知买方。如果买方提出要求，卖方应以挂号函向买方提供由中国国际贸易促进会或有关机构出具的证明，证明事故的存在。

FORCE MAJEURE：The Sellers shall not be held responsible if they, owing to Force Majeure causes, fail to make delivery with- in the time stipulated in the contract or can't deliver the goods. However. in such a case the sellers shall inform the Buyers immediately by cable. The Sellers shall send to the Buyers by registered letter at the request of the Buyers a certificate attesting the existence of such a cause or causes issued by China Council for the Promotion of International Trade or by a competent Authority.

12. 异议索赔：品质异议须于货到目的口岸之日起30天内提出，数量异议须于货到目的口岸之日起15天内提出，买方须同时提供双方同意的公证行的检验证明。卖方将根据具体情况解决异议。由自然原因或船方、保险商责任造成的损失，卖方将不予考虑任何索赔。信用证未在合同指定日期内到达卖方，或FOB条款下，买方未按时派船到指定港口，或信用证与合同条款不符，买方未在接到卖方通知所规定的期限内电改有关条款时，卖方有权撤销合同或延迟交货，并有权提出索赔。

DISCREPANCY AND CLAIM：In case discrepancy on the quality of the goods is found by the Buyers after arrival of the goods at the port of destination, claim may be lodged within 30 days after arrival of the goods at the port of destination. while for quantity discrepancy, claim may be lodged within 15 days after arrival of the goods at the port of destination, being supported by Inspection Certificate issued by a reputable public surveyor agreed upon by both party. The Sellers shall, then consider the claim in the light of actual circumstances. For the losses due to natural cause or causes falling within the responsibilities of the Ship-owners or the Underwriters. the Sellers shall not consider any claim for compensation. In case the Letter of Credit does not reach the Sellers within the time stipulated in the Contract, or under FOB price terms Buyers do not send vessel to appointed ports or the Letter of Credit opened by the Buyers does not correspond to the Contract terms and the Buyers fail to amend thereafter its terms by telegraph within the time limit after receipt of notification by the Sellers, the Sellers shall have right to cancel the contract or to delay the delivery of the goods and shall have also the right to lodge claims for compensation of losses.

13. 仲裁：凡因执行本合同所发生的或与合同有关的一切争议，双方应友好协商解决。如果协商不能解决，应提交中国国际经济贸易仲裁委员会，根据该委员会的有关仲裁程序暂行规则在中国进行仲裁的，仲裁裁决是终局的，对双方都有约束力。仲裁费用除另有裁决外由败诉一方承担。

ARBITRATION: All disputes in connection with the contract or the execution there of, shall be settled articable by negotiation. In case no settlement can be reached, the case under dispute may then be submitted to the "China International Economic and Trade Arbitration Commission" for arbitration. The arbitration shall take place in China and shall be executed in accordance with the provisional rules of Procedure of the said Commission and the decision made by the Commission shall be accepted as final and binding upon both parties for setting the disputes. The fees, for arbitration shall be borne by the losing party unless otherwise awarded.

卖方：	买方：
THE SELLERS:	THE BUYERS:
NINGBO XINSHIJI IMP. AND EXP. CO.	CLOTHES CARE CO. LTD
NINGBO CHINA	SYDNEY AUSTRALIA
陈林中	JACKY

（2）信用证

DOCUMENTARY LETTER OF CREDIT

FROM: OVERSEAS CHINESE BANKING CORPORATION, SINGAPORE
ADVISING BANK: CHINA EVERBRIGHT BANK, SHANGHAI
IRREVOCABLE DOCUMENTARY CREDIT NO. 666888 DATED: 26 MAY 2012
DATE AND PLACE OF EXPIRY: 10TH JULY 2012 IN BENEFICIARY'S COUNTRY
BENEFICIARY: SHANGHAI JINHAI IMP. & EXP. GROUP GARMENTS BRANCH
　　　　　　　NO. 50 LANE 424 YAOHUA ROAD
　　　　　　　SHANGHIA CHINA
APPLICANT: ANTAK DEVELOPMENT PTE LTD

101 KIT CHENER ROAD JALAN PLA2A SINGAPORE
TEL NO:3423457
FAX NO:4723456
AMOUNT:USD56,300.00 CIF SINGAPORE
(UNITED STATES DOLLARS FIFTY SIX THOUSAND AND THREE HUNDRED ONLY)
PARTIAL SHIPMENT NOT ALLOWED
TRANSHIPMENT NOT ALLOWED
SHIPMENT FROM CHINA PORT TO SINGAPORE
LATEST SHIPMENT DATE:26 JUNE 2012
THIS CREDIT IS AVAILBLE WITH THE ADVISING BANK BY NEGOTIATION AGAINST PRESENTATION OF THE DOCUMENTS DETAILED HEREIN AND BENEFICIARY'S DRAFT(S)AT SIGHT DRAWN ON ISSUING BANK FOR FULL INVOICE VALUE.
DOCUMENTS REQUIRED(IN TWO—FOLD UNLESS OTHERWISE STIPULATED):
SIGNED COMMERCIAL INVOICE
SIGNED WEIGHT/PACKING LIST
CERTIFICATE OF CHINESE ORIGIN
INSURANCE POLICY/CERTIFICATE ENDORSED IN BLANK FOR 110%CIF VALUE COVERING:WAR RISK AND ALL RISKS
FULL SET PLUS ONE PHOTOCOPY OF CLEAN ON BOARD OCEAN BILLS OF LADING MADE OUT TO ORDER OF BANK OF CHINA,SINAPORE MARKED FREIGHT PREPAID AND NOTIFY APPLICANT EVIDENCING SHIPMENT OF:
1094L :700 DOZEN MEN'S COTTON WOVEN LABOURER SHIRTS(USD19,180.00)
286G :800 DOZEN MEN'S COTTON WOVEN SHIRTS(USD31,680.00)
678X:160 DOZEN MEN'S COTTON WOVEN SHIRTS(USD15,440.00)
S/C NO. HOSH3178B CIF SINGAPORE
SHIPPING MARKS:
ANTAK
HOSH3178B
SINGAPORE
NO. 1~190
OTHER TERMS AND CONDITIONS:
1. ALL BANK CHARGES,INCLUDING REIMBURSEMENT CHARGES,OUTSIDE SINGAPORE ARE FOR ACCOUNT OF BENEFICIARY.
2. THE NUMBER AND DATE OF THIS CREDIT,AND THE NAME OF ISSUING BANK

MUST BE QUOTED ON ALL DOCUMENTS.

3. A FEE OF USD40(OR ITS EQUIVALENT)TO BE DEDUCTED FROM THE PROCEEDS UPON EACH PRESENTATION OF DISCREPANT DOCUMENTS EVEN IF THE CREDIT INDICATES THAT ALL BANKING CHARGES ARE FOR THE ACCOUNT OF APPLICANT AND ACCEPTANCE OF SUCH DOCUMENTS DOES NOT IN ANY WAY ALTER THE OTERH TERMS AND CONDITIONS OF THIS CREDIT.

4. THE WHOLE CONSIGNMENT TO BE UNDER ONE BILLS OF LADING.

5. BENEFICIARY'S CERTIFICATE TO CERTIFY THE FOLLOWINGS ARE REQUIRED:

(A) INVOICE/WEIGHT/PACKING LIST AND NON—NEGOTIABLE BILL OF LADING MUST BE AIRMAILED TO THE APPLICANT IMMEDIATELY AFTER SHIPMENT.

(B) COPIES OF INVOICE AND BILLS OF LADING HAVE BEEN FAXED TO APPLICANT IMMEDIATELY AFTER SHIPMENT.

6. INSURANCE POLICY OR CERTIFICATE MUST SHOW CLAIMS SETTLING AGENT AS: "CHINA INSURANCE CO. LTD SINGAPORE".

7. BILLS OF LADING TO EVIDENCE THE FOLLOWINGS:

(A) SHIPMENT EFFECTED INTO 20 FEET CONTAINER LOAD(CY—CY).

(B) SHIPMENT EFFECTED BY CONTAINERISED VESSEL ONLY.

(C) SHOWING APPLICANT'S ADDRESS, TELEPHONE NOS. AND FAX NO.

(D) SHOWING CARRIER/CARRIER'S AGENT AS: "CHINA OCEAN SHIPPING (GROUP) CO."

(E) SHOWING CONTAINER NUMBER.

8. SHIPMENT OF THE WHOLE CONSIGNMENT EFFECTED INTO LOOSE CARGO LOAD IS NOT ACCEPTABLE.

9. PACKING: GOODS MUST BE PACKED IN STRONG CARTONS AND STRAPPED WITH STRONG NYLON STRAPS. WEIGHT/PACKING LIST TO SHOW THIS EFFECT IS REQUIRED.

10. ALLOWED TO INCREASE OR DECREASE THE QUANTITY AND AMOUNT BY 5%.

INSTRUCTIONS TO THE NEGOTIATING BANK:

THE AMOUNT AND DATE OF EACH NEGOTIATION MUST BE ENDORSED ON THE REVERSE OF THE ORIGINAL CREDIT BY THE NEGOTIATING BANK.

ALL DOCUMENTS ARE TO BE SENT TO ISSUING BANK IN ONE LOT.

UPON RECEIPT OF DOCUMENTS IN CONFORMITY WITH THE TERMS AND CONDITIONS OF THIS CREDIT, WE SHALL CREDIT OUR HEAD OFFICE ACCOUNT WITH US.

THIS CREDIT IS ISSUED SUBJECT TO UNIFORM CUSTOMS AND PRACTICE FOR DOCUMENTARY CREDITS(2007 REVISION)ICC PUBLICATION NO. 600

BANK OF CHINA, SINGAPORE

AUTHORISED SIGNATURE：

（3）请回答以下问题
①这份信用证是什么类型的信用证？
②这份信用证的兑付方式是什么？是否需要汇票？若需要汇票,要求提供什么汇票？
③这份信用证的开证日期、到期日、到期地点、最迟装船日期、交单期各是何时？
④这份信用证的申请人、受益人、开证行、通知行、保兑行、付款行各是谁？
⑤这份信用证要求提供哪些单据？各几份？
⑥这份信用证的价格条款是什么？保险应由谁办理？
⑦若将来受益人提交的单据有3个不符点,开证行将收取多少不符点处理费？
⑧这份信用证的特殊条款中要求受益人在所有单据中显示什么内容？
⑨这份信用证是否允许分批与转船？装运港与目的港分别是什么地方？
⑩这份信用证有没有软条款？若有,应如何修改？

学习情境二 商业单证的缮制

【学习目标】

1. 知识目标

(1) 掌握商业单证的缮制方法。
(2) 熟悉商业单证的内容。
(3) 了解商业单证的种类。

2. 能力目标

(1) 能根据信用证内容找出商业单证的相关条款。
(2) 能识别具体业务下所需商业单证的种类和份数。
(3) 能正确缮制商业单证。

【工作情景】

　　2013年9月18日，英国TAD贸易有限公司按照雅丽服装公司的要求向开证行申请修改信用证，拿到修改后的信用证(表2-1)，雅丽服装公司即按照合同(和信用证)要求组织生产，在货物生产结束后，于2013年10月20日将货物装于体积为40cm×60cm×80cm，毛重为35kgs，净重为33kgs的纸箱中，每箱内装同一规格的产品，共装了45箱，并在纸箱外刷上了以下唛头：TAD/LONDON /YG899/NO.1-UP，等待出运。小李得知货物已准备完毕，便根据信用证对商业发票和装箱单的要求，于2013年10月22日开始缮制商业发票和装箱单。

表2-1　修改后的信用证

DOCUMENTARY LETTER OF CREDIT	
FROM:BRITISH LOYAL BANK,LONDON,BRITISH	
SEQUENCE OF TOTAL	27： 1/1
L/C NO.	20： LC222
DATE OF ISSUE：	31C： SEP 10,2013
EXPIRY DATE AND PLACE	31D： NOV 15,2013,CHINA
APPLICANT	50： TAD TRADE CO. LTD
	NO. 555,W. N STREET,LONDON,BRITISH
BENEFICIARY	59： YALI FASHION CORP.
	99 FUQIN ROAD,NINGBO,CHINA
CURRENCY CODE,AMOUNT	32B： USD40000,00

续表

AVAIABLE WITH/BY	41D：WITH ANY BANK BY NEGOTIATION IN CHINA
DRAFT AT	42C：AT 45 DAYS AFTER B/L
DRAWEE(PAYING BANK)	42D：OURSELVES
PARTIAL SHIPMENT	43P：ALLOWED
TRANSHIPMENT	43T：ALLOWED
LOADING AT/FROM	44A：ANY CHINESE PORT
FOR TRANSPORTATION TO	44B：LONDON,BRITISH
THE LATEST DATE OF SHIPMENT	44C：OCT. 31,2013
DESCRIPTION OF GOODS	45A：

100% WOOLEN SWEATER AS PER S/C NO. YG899 DD. JULY 20,2013
STYLE 768　2000 PCS　USD12.00/PC
STYLE 769　1600 PCS　USD10.00/PC
TERMS OF DELIVERY：CIFLONDON
DOCUMENTS REQUIRED　　　46A：
1. SIGNED COMMERCIAL INVOICE IN 4 COPIES CERTIFYING THAT THE QUALITY OF SHIPMENT IS IN ACCORDANCE WITH THE STIPULATION OF S/C AND SHOWING FREIGHT CHARGES AND FOB VALUE.
2. PACKING LIST IN 3 COPIES
3. FULL SET OF CLEAN ON BOARD MARINE BILLS OF LADING MADE OUT OT ORDER AND ENDORED IN BLANK SHOWING FREIGHT PREPAID AND NOTIFYING APPLICANT.
4. FORM A ISSUED BY CHINESE GOVERNMENTAL ORGANIZATION.
5. BENEFICIARY'S CERTIFICATE CERTIFYING THAT ONE SET OF NON-NEGOTIABLE DOCUMENTS HAVE BEEN SENT TO APPLICANT AFTER SHIPMENT IMMEDIATELY.
6. INSURANCE POLICY IN DUPLICATE FOR 110% OF INVOICE VALUE COVERING ALL RISKS AND WAR RISK SUBJECT TO CIC DATED JAN. 1ST,1981.
7. QUALITY INSPECTION CERTIFICATE SIGNED BY GOVERNMENTAL ORGANIZATION SHOWING SHRINKAGE RATE IS UNDER 6%.
8. SHIPPING ADVICE
ADDITIONAL CONDITIONS　　　47A：
+ALL DOCUMENTS MUST SHOW THIS L/C NO.
+PLS NOTE IF DOCS PRESENTED CONTAIN DISCREPANCY, A FEE OF USD30 WILL BE DEDUCETED.
PERIOD FOR PRESENTATION：　48：
DOCUMENTS MUST BE PRESENTED WITHIN 15 DAYS AFTER SHIPMENT DATE BUT WITHIN L/C VALIDITY.
CONFIRMATION INSTRUCTIONS　49：CONFIRMED BY ADVISING BANK.
CHARGES　　　71B：ALL BANKING COMMERCIAL CHARGES OUTSIDE OF NEW YORK ARE FOR THE BENEFICIARY'S ACCOUNT.
BANK TO BANK INFORMATION　＊72：THIS CREDIT IS SUBJECT TO THE UNIFORM CUSTOMS AND PRACTICE FOR DOCUMENTARY CREDITS,2007 REVISION,ICC PUBLICATION NO. 600
-------------------END--------------------

【任务描述】

1. 根据上述背景资料，请以外贸单证员小李的身份找出并审核信用证商业单据条款。
2. 根据以下资料及信用证对商业发票和装箱单的要求，正确缮制商业发票和装箱单。

资料：

(1)发票号码：YL131008-TD

(2)船名航次：VD TARUS V.37W

(3)海运费：USD 480.00

(4) 保险费：USD 44.00

【知识准备】

一、发票填制

在服装国际贸易中，发票根据不同的需要可分为不同种类，如商业发票（Commercial Invoice）、海关发票（Customs Invoice）、形式发票（Proforma Invoice）、领事发票（Consular Invoice）、厂商发票（Manufacturer's Invoice）等。其中最常见的是商业发票，本节将着重对商业发票的内容及缮制方法作详细的说明。

（一）商业发票

1. 商业发票的含义和作用

商业发票（Commercial Invoice）简称发票，是服装出口商向进口商开立的发货价目清单，是装运货物的总说明。商业发票是出口交易中最重要的单据之一，是全套出口单据的核心，其他单据都是以商业发票为中心缮制的。其作用主要体现在以下几个方面。

（1）交接货物的依据。商业发票是一张详细记载货物情况的清单，上面列明了货物的名称、规格、数量、单价和总值等内容。卖方提交商业发票凭以说明实际交付货物的情况，买方据此审核并与合同相核对，以确认货物是否符合要求。

（2）登记入账的依据。商业发票是卖方销售货物、买方购买货物的凭证，双方均须根据商业发票的内容登记入账。卖方通过商业发票了解该批货物的销售收入，进行成本核算，掌握盈亏情况。买方则通过商业发票的入账了解购货成本，支付货款。

（3）报关纳税的依据。商业发票是买卖双方办理进出口报关、申请货物出入境必不可少的一张单据。商业发票中载明的货物价值和有关货物的说明，也是海关确定税金、征收关税的重要依据。

（4）替代汇票作为付款的依据。在有些交易中，买方不要求卖方提供汇票结算货款，此时，商业发票取代了汇票而作为支付货款的凭证。

另外，商业发票还常常成为卖方陈述、申明、证明和提示某些事宜的书面文件。

2. 商业发票的格式和内容

商业发票没有统一的格式，由出口企业自行拟制，但基本内容大致相同，主要包括以下几个方面内容。

（1）单据的名称。即"商业发票"（Commercial Invoice）或"发票"（Invoice）字样。发票的名称应与信用证规定的一致。如果信用证要求是"Certified Invoice"或"Detailed Invoice"，则发票的名称也应这样显示。另外在发票的名称中不能有"临时发票"（Provisional Invoice）或"形式发票"（Proforma Invoice）等字样出现。

（2）出票人的名称。即出口商的名称和详细地址、电话、传真等。

(3)发票接受方的名称。即发票的抬头人,发票上必须明确显示发票抬头人即付款人的名称、地址,通常情况下抬头人设置成进口商,信用证方式下为开证申请人。

(4)制单的日期及制单的基础信息。包括发票的制单日期、发票号码、合约号等。

(5)货物描述。注明货物的名称、品质、规格及包装状况等内容。

(6)货物的起运地、目的地。如有转运,则可标明转运地。

(7)唛头。唛头是货物的识别标志,运输企业在装卸、搬运时,根据唛头来识别货物,作为交货清单的发票,必须正确显示这一装运标志。唛头一般包括收货人简称、合同号、目的港、件号等。

(8)数量和金额。在出口发票上必须明确显示数量、单价、总值和贸易术语(价格条款),包括数量及数量单位、计价货币名称、具体价格。有时还须列出佣金、折扣、运费、保费等。

(9)出票方企业的名称、签发人盖章或签字。一般将这些内容打在发票的右下方。

(10)其他内容。包括与该笔业务相关的特定号码、证明句等。如在发票商品描述下方空白处注明买方的参考号、进口证号、信用证号以及货物产地、出口商关于货物制造、包装、运输等方面的证明。

3. 商业发票的缮制

下面以附件二中的商业发票为例,介绍商业发票的缮制方法及注意事项。

(1)Exporter:该栏填写服装出口商的全名、详细地址。如是采用信用证方式收汇,必须与信用证上受益人的名称、地址等完全一致。同时要注意与其他单据上显示的出口商的名称地址的一致性。如果信用证已被转让,银行也可接受由第二受益人出具的发票。

发票的出具有两种表示方法:一是发票的信头直接显示受益人名称;二是由受益人在发票上进行签署。在实务中,如果发票的出具人是受益人下属的某个部门(如 ABC Co. Ltd.、Export Dept.),根据国际商会专家小组的意见,这是不允许的。

(2)To:该栏为商业发票的"抬头人",在托收业务下,商业发票一般作成国外进口商抬头,并列明其详细地址。在信用证方式下,除非信用证另有规定,商业发票必须作成开证申请人抬头;如果信用证指定其他抬头人的,按来证规定制单。如果该信用证已被转让,则银行也可接受由第二受益人提交的以第一受益人为抬头的发票。

(3)Invoice No. and Date:填写商业发票号码和制作日期。商业发票号码通常由卖方统一编制,一般采用字符加顺序号,便于查对。发票作为中心票据,其他票据的号码均可与此号码相一致,如:汇票号码、装箱单号码及附属单据号码等一般均与发票号码一致。

商业发票的制作日期是所有单据中出单日期最早的,通常在签订合同或收到信用证货物备妥后开立。根据 UCP600,若无相反规定,银行可以接受出单日期早于信用证开证日期的单据。

(4)Contract No. and Date:合同号码和合同订立的日期。如果发票的货物涉及不止一个合同的,发票上显示合同号必须包括全部合同。

（5）L/C No. and Date：参照信用证填写信用证的号码和开证日期。

（6）Issued by：参照信用证填写开证行的名称和地点。

（7）From、To：装运港（地）和目的港（地）名称，如货物系转运，转运地点也应明确表示。如 from Ningbo to London with transhipment at(W/T) HK。填写时应注意以下几点。

①装运地和目的地应明确、具体，不能笼统表示。例如：信用证规定：From China/Any Chinese Port to London，而实际装运将从宁波运往伦敦。填写时应打上具体的中国港口/内陆城市的名称，即 From Ningbo, China to London, British。目的港也如此，需要填具体港口名称。

②发票上的起讫地应与提单上的一致。

③有重名的港口，根据来证规定加打国名。

（8）Shipped by：按实际情况填写运输工具的名称和航次。

（9）Terms of Price and Payment：价格条件和付款条件。

①Term of Price：价格条件，即合同所采用的贸易术语，后面注明地点。发票中的价格条件十分重要，因为它涉及买卖双方责任的承担、费用的负担和风险的划分问题，另外，也是进口地海关核定关税的依据。

来证价格条件如与合同中规定的有出入，应及时修改信用证，如事先没有修改，还是应该照信用证规定制单，否则会造成单证不符。

②Term of Payment：付款条件，填写具体的付款方式，如 L/C，D/P，D/A，T/T，D/D 等。

（10）Shipping Mark：填写卖方自行设计的或买方规定的运输标志，即唛头。填写时应注意以下几点。

①凡是信用证有指定唛头的，必须逐字按照规定制唛，以免造成单证不符。

a. 如果信用证规定了具体唛头，而且带有"唛头仅限于……(Mark is restricted to…)"或"只有这样的唛头才能接受(Only such mark is acceptable)"或"唛头应包括……(Mark should include…)"等类似语句时，则唛头中的每一个字母、数字、排列顺序、位置、图形和特殊标注等都应按信用证规定的原样显示在发票上。

b. 如果信用证规定了具体唛头，例如："QTY, G.W."等，但没有"仅限于"等类似字样，则唛头可以按文字要求加注实际内容，如"QTY 100 SETS, GW 1000KGS"等。

c. 如果信用证规定的唛头用英文表示图形，例如："In Diamond"或"In Triangle"等，则发票应将菱形或三角形等具体图形表示出来。

②如信用证中没有规定唛头，出口商可自行设计唛头，唛头一般以简明、易于识别为原则。唛头内容包括进口商名称的缩写、合同号（或发票号）、目的港、件号几部分组成。如货物运至目的港后还要转运到内陆城市的，可在目的港下面加打"IN TRANSIT TO×××"或"IN TRANSIT"字样。

③如果信用证中没有规定唛头，则发票既可以显示具体唛头，也可以用"No Mark"或"N/M"来表示无唛头，但此栏不得留空。

（11）Description of Goods：该栏列出货物的具体名称和规格。如属汇付和托收方式的，发票对货物描述内容可参照合同的规定结合实际情况进行填制。如属信用证方式，则根据UCP600的规定，商业发票中对货物的描述必须与信用证的货物描述完全一致。而所有其他单据中，货物的描述可使用统称或简称，但不得与信用证中货物的描述有抵触。

在实务中通常有以下几种情况。

①信用证只规定了货物的总称，发票除应照样显示外，还可加列详细的货名，但不得与总称矛盾；例如：信用证规定"blue cotton wears"，而发票却显示"colored cotton wears"，这就造成单证不符。

②信用证未规定货物的总称，但列举的货名很详细，则发票除显示详细的货名以外，还可加注总称。

③信用证规定的货名并非英文文字，这时发票也应照原文显示出来。

④信用证规定了多种货名，应根据实际发货情况注明其中的一种或几种，不可盲目照抄。

⑤除了信用证规定的货物外，发票不能再显示其他货物或免费样品等。

货物的规格是货物品质、特征的标志，如一定的大小、长短、轻重、型号、颜色等，一般信用证开列了对规格的要求和条件，所制发票必须和信用证规定完全一致。

（12）Quantity：填上货物本身的数量。

凡"约""大概""大约"或类似的词语，用于信用证数量时，应理解为有关数量不超过10%的增减幅度。

如果信用证规定的货物是以重量、长度、面积或体积等作为数量单位的，而不是按包装单位或个数记数的，在信用证对货物数量没有不得增减要求和所支取的金额未超过信用证金额的前提下，允许货物数量有5%的增减幅度。

（13）Unit Price：对外贸易单价是由四个部分组成，即计价货币、单位金额、计量单位和贸易术语，因此单价要正确填写不得遗漏。

（14）Amount：货物的总值是发票的重要项目，必须准确计算，正确缮制，并认真复核，特别要注意小数点的位置是否正确，金额和数量的横乘、竖加是否有矛盾。当总金额为整数时，小数点后面仍要保留两位小数。如果信用证规定发票金额要扣除佣金列出净额的，或者在CIF条件下，分别列明运费、保险费和FOB价的，则应按规定填写。

需要注意的有以下几点。

①在信用证方式下，根据UCP600的规定，除非信用证另有规定，银行可拒绝接受其金额超过信用证允许金额的商业发票。

②凡"约""大概""大约"或类似的词语，用于信用证金额时，应理解为有关金额可有不超过10%的增减幅度。

③当信用证规定的金额和数量允许加减乘除上下增减时，该信用证项下不同颜色、规格的货物，分别可以满足该增减幅度。但是如果其中有单独一项货物数量或金额超过规定，即

使总金额和总数量在规定的范围之内,亦是不允许的。

(15)Total Amount in words:对发票总值大写,用英文字母表示。描述时先写货币名称再写数字。如总值为 USD50200.30,则大写应表示为:Say U.S. Dollars fifty thousand two hundred and cents thirty only.

(16)Special conditions:国外来证有时要求在发票上加注各种费用金额、特定号码、有关证明句,一般可将这些内容打在发票商品栏以下的空白处,大致有以下几种。

①注明特定号码。如进口证号、配额许可证号码等。

②注明货物的原产地及包装细节等。

③注明运费、保险费等。

④缮打证明句。如澳大利亚来证要求加注原料来源证明句,有些国家来证要求加注非以色列证明句等。

(17)Issued by and Signature:本栏为发票的签署。根据 UCP600 的规定,商业发票无需签署。但如果信用证要求提交"已签署的商业发票"(Signed Commercial Invoice),这时发票就需要签署。

而要求"手签的商业发票"(Manually/Hand Signed Commercial Invoice),则该商业发票必须手签。如果发票上有证明的字句如"We certify(declare) that…",则此类发票也必须签署。

在缮制发票时,还应注意以下几个问题。

①如果以影印、自动或电脑处理或复写方法制作的发票,作为正本者,应在发票上注明"正本"(ORIGINAL)字样,并由出单人签字。UCP600 规定商业发票可不必签字,但有时来证规定发票需要签字的,正本还是要签字,如"SIGNED COMMERCIAL INVOICE…",这样的正本发票必须签字。

②提交的份数应与信用证规定的一致,如果信用证中没有特殊要求,其中一份必须是正本。例如信用证要求"In duplicate"或"In two copies"时,所提供的发票中必须有一份是正本。

③发票的更正处应盖有签发人的更正章。如果该发票是经领事等签证的,则在更正处一定还要有领事的签字或小签。

4. UCP600 对商业发票的要求

UCP600 对商业发票作了如下的规定。

(1)发票必须看似由信用证中指定的受益人出具(可转让信用证除外)。

(2)发票必须出具成以开证申请人为抬头(可转让信用证或信用证另有规定除外)。

(3)发票必须与信用证的货币相同,且发票无需签名(除非信用证另有规定),但是如信用证要求的证明文句是在未要求签字的发票上表示的,则该证明文句应签字且加注日期。

(4)商业发票上的货物描述,应该与信用证中的描述一致。

(二) 海关发票

1. 海关发票的含义及作用

海关发票(Customs Invoice)是进口国海关规定的一种特殊格式的发票,由出口商填制,供进口商凭以进口报关使用。

其作用为以下几点。

(1)进口国海关确定进口货物完税价格的依据。

(2)进口国海关核定进口货物原产地,征收差别待遇关税的依据。

(3)进口国家海关审核进口货物有无低价倾销或接受出口补贴,据以确定征收反倾销或反补贴税的依据。

(4)进口国家海关作为编制统计资料的依据。

2. 海关发票的缮制

海关发票格式及其内容因国而异有许多种。有些地区称其为"Combined Certificate of Value and Origin"(价值与原产地联合证明书)或"Certified Invoice"(证实发票)。但主要包括商品的价值和商品的原产地两大内容。由于形势发展的需要,许多国家已逐渐废除了海关发票,因此现仅就常见的加拿大海关发票(见附件二)作详细介绍。

加拿大海关发票(Canada Customs Invoice——CCI),是指销往加拿大的出口货物(食品除外)所使用的海关发票。其栏目用英、法两种文字对照,内容繁多,要求每个栏目都要填写,不得空白,若不适用或无该项内容,则必须在该栏内填写"N/A"(Not Applicable)或"N/L"。

加拿大海关发票的主要栏目及其缮制方法如下。

(1)Vendor(Name and Address)[卖方(名称和地址)]。填实际出口的卖方名称和地址,包括城市和国家名称。信用证支付条件下此栏即填受益人名称和地址。

(2)Date of Direct Shipment to Canada(直接运往加拿大的装运日期)。填实际装运日期,并必须与提单日期一致。

(3)Other Reference,Include Purchaser's Order No.[其他参考项目(包括买方订单号)]。填有关的合同、订单号码或信用证及商业发票号码。

(4)Consignee(Name and Address)[收货人(名称和地址)]。填实际收货人的名称和详细地址。信用证项下一般为信用证申请人。

(5)Purchaser's Name and Address(买方名称和地址)。若合同签订的买方与上述第4栏的收货人并非同一人,则本栏填入买方的详细名址。若两者为同一人,则可填"The seller as No. 4,Consignee."。

(6)Country of Transshipment(转运国家)。填中途转运的国家名称,如系直运,可填"N/A"。

(7)Country of Origin of Goods(原产地国别)。填"China"。若非单一的国产货物,则应

在第 12 栏中详细逐项列明各自的原产地国名。

（8）Transportation：Give Mode and Place of Direct Shipment to Canada（运输说明——提供直接运至加拿大的运输方式和起运地点）。此栏填列运输方式和直运（指非在中途其他国家加工者）的起讫地点。譬如"From Shanghai to Vancouver by s. s. 'WHITE' Voy. No. 133"。

（9）Conditions of Sale and Terms of Payment. (i. e. Sale, Consignment Shipment, Leased Goods, etc.)[销售条件和支付方式（如销售、委托发运、租赁商品等）]。填入价格术语及支付方式。

（10）Currency of Settlement（结算货币名称）。即付款使用的货币名称，应与商业发票使用的货币一致。

（11）No. of Packages（件数）。填列该批货物外包装的总件数。

（12）Specification of Commodities（Kind of Packages, Marks and Numbers, General Description and Characteristics, i. e. Grade, Quality）[商品详细说明（包装种类、唛头、品名和特性，即等级、品质）]。可按商业发票同项目所描述的内容填列。

（13）Quantity (State Unit)[数量（表明单位）]。填该批货物具体的单位数量，不同于外包装的件数。

（14）Unit Price（单价）。按商业发票所记载的每项单价填写，使用的货币也应与信用证和商业发票一致。

（15）Total（总值）。即商业发票项下货物的总金额。

（16）Total Weight（总重量）。分别列出货物的净重、毛重，应与提单、商业发票、包装单、重量证等有关单据保持一致。

（17）Invoice Total（发票总值）。即第 15 栏的总值。

（18）If any of fields 1 to 17 are included on an attached Commercial Invoice, check this box□。

Commercial Invoice No. ____

第 1~17 栏的内容若已包括在所附的商业发票中，则在此方格内打上"×"记号，再在横线上填入该商业发票的号码。

（19）Exporter's Name and Address (If other than Vendor)[出口商名称和地址（如并非买方）]。如出口商与第 1 栏的卖方不是同一名称，则列入实际出口商名称；而若出口商与第 1 栏的卖方为同一者，则在本栏填入"The same as No. 1, Vendor"。

（20）Originator (Name and Address)（负责人名称及地址）。将签发商业发票的出口单位和负责人的名称及地址填上。

（21）Departmental Ruling (If Applicable)[当局规定（如适用者）]。指加拿大海关对该批货物的有关进口规定。如有，则按要求填列；如无，则填"N/A"。

（22）If field 23 to 25 are not applicable, check this box□。如第 23~25 栏不适用，则在此方格内打上"×"记号。

(23) If Included in field 17 indicate amount。若第17栏已包括下列项目,则注明其金额。

①Transportation charges, expense and insurance from the place of direct shipment to Canada. (从起运地直接运往加拿大的运费和保险费):可填运费和保险费的总和,允许以支付的原币填列。若不适用则填"N/A"。

②Costs for construction, erection and assembly incurred after importation into Canada. (货到加拿大后因建造、安置和组装而产生的费用):按实际情况填列;若不适用则填"N/A"。

③Export Packing(出口包装费):有则按实际情况填列,无则填"N/A"。

(24) If not included in field 17 indicate amount。若第17栏不包括,则注明金额:①、②、③三项(见附件2.1.2第24栏)一般填"N/A"。如果在FOB等价格条件下,卖方又替买方租船订舱时,其运费于货到时支付,则①栏可填实际运费额。

(25) Check(If applicable)。若适用,在方格内打上"×"记号(见附样25栏)。本栏系补偿贸易、来件、来料加工、装配等贸易方式专用;一般贸易不适用,可在方格内填"N/A"。

(三)领事发票

领事发票(Consular Invoice)又称签证发票,是按某些国家法令规定,出口商对其国家输入货物时必须取得进口国在出口国或其邻近地区的领事签证的、作为装运单据一部分和货物进口报关的前提条件之一的特殊发票。有些国家法令规定,进口货物必须要领取进口国在出口国领事签证的发票,作为有关货物征收进口关税的前提条件之一。

领事发票(见附件二)和商业发票是平行的单据,领事发票是一份官方的单证,有些国家规定了领事发票的固定格式,这种格式可以从领事馆获得。在实际工作中,比较多的情况是有些国家来证规定由其领事在商业发票上认证,认证的目的是证实商品的确实产地,收取认证费。对此,在计算出口价格时,应将这笔费用考虑进去。

目前,已很少使用领事发票。

(四)形式发票

形式发票(Proforma Invoice)也称预开发票或估价发票,通常在未成交之前,为进口商向其本国当局申请进口许可证或请求核批外汇之用。出口商有时应进口商的要求,发出一份列有出售货物的名称、规格、单价等非正式参考性发票,供进口商向其本国贸易管理当局或外汇管理当局等申请进口许可证或批准给予外汇等之用,有时用于报盘,作为交易前的发盘,这种发票叫作形式发票。形式发票不是一种正式发票,不能用于托收和议付,它所列的单价等,也仅仅是出口商根据当时情况所做出的估计,对双方都无最终的约束力,所以说形式发票只是一种估计单,正式成交后还要另外重新缮制商业发票。

形式发票与商业发票的关系密切,信用证在货物描述后常有"按照某月某日之形式发票"等条款,对此援引,只要在商业发票上打明"AS PER PROFORMA INVOICE NO…DATED

…"即可。假如来证附有形式发票,则形式发票构成信用证的组成部分,制单时要按形式发票内容全部打上。形式发票样张见附件二中所示。

(五)厂商发票

厂商发票(Manufacturer's Invoice)是厂方出具给出口商的销售货物的凭证。来证要求提供厂商发票,其目的是检查是否有削价倾销行为,以便确定应否征收"反倾销税"。

厂商发票的基本制作要求如下。

(1)在单据上部要印有醒目粗体字"厂商发票"(Manufacturer Invoice)字样。

(2)抬头人打出口商。

(3)出票日期应早于商业发票日期。

(4)货物名称、规格、数量、件数必须与商业发票一致。

(5)货币应打出口国币制,价格的填制可按发票货价适当打个折扣,例如按FOB价打九折或八五折。

(6)货物出厂时,一般无出口装运标记,厂商发票不必缮打唛头,如来证有明确规定,则厂商发票也应打上唛头。

(7)厂方作为出单人,由其盖章并由厂方负责人签字。

二、包装单证填制

(一)包装单据的含义及其作用

包装单证(Packing Documents)是记载商品包装情况的各种单据的总称,是商业发票的补充,一般由发货人缮制,表明装箱货物的名称、规格、数量、唛头、箱号、件数和重量以及包装情况。除散装货物外,包装单据一般为不可缺少的文件。进口地海关验货、公证行检验,进口商核对货物时,通常都以包装单据为依据,了解包装件号内的具体内容,以方便销售。

包装单据主要起以下几方面的作用。

(1)是出口商缮制商业发票时计量计价的基础资料。

(2)是进口商清点数量或重量以及销售货物的依据。

(3)是海关查验货物的凭证。

(4)是公证或商检机构查验货物的参考资料。

(二)包装单据的种类

根据不同商品有不同的包装单据,常用的有以下几种。

(1)装箱单(Packing List/Packing Slip)

(2)包装明细单(Packing Specification)

(3)详细装箱单(Detailed Packing List)

(4)包装提要(Packing Summary)

(5)重量单(Weight List/Weight Note)

(6)重量证书(Weight Certificate/Certificate of Weight)

(7)磅码单(Weight Memo)

(8)尺码单(Measurement List)

(9)花色搭配单(Assortment List)

(三)包装单据的内容

包装单据并无统一的固定格式,制单时可以根据信用证要求和货物特点自行设计。但包装单据应大致具备以下内容。

(1)编号和日期(No. and Date)。

(2)合同号或信用证号(Contract No. or L/C No.)。

(3)唛头(Shipping Marks)。

(4)货物名称、规格和数量(Name of Commodity、Specifications and Quantities)。

(5)包装件数及件号,包装件尺码(Nos. and Measurement)。

(6)包装类别(Kinds of Packing)。

(7)货物毛、净重(Gross Weight and Net Weight)。

包装单据一般不记载货物的单价和总价,因为进口商不想让实际买主了解货物的详细成本价格情况。

(四)包装单据的缮制方法

下面介绍几种主要包装单据的缮制方法。

1. 装箱单

装箱单(Packing List)又称花色码单,是最常用的包装单据,列明每批货物的包装形式和实际装箱情况。装箱单无统一格式,所包含的内容也因货物不同而各异,在缮制过程中,应与实际货物的装箱情况相符,下面以附件二中的装箱单为例说明其缮制方法。

(1)Exporter:签发人,填出口商公司名称和地址;信用证方式结汇时填受益人的名称和地址。

(2)To:收货人,即装箱单的抬头,填进口商公司名称和地址;信用证方式结汇时填申请人的名称和地址。

(3)Invoice No. and Date:填发票号码和日期。

(4)From、to:填具体的装运港(地)和目的港(地),如有同名港(地)的,则在港口后注明国家,也应注意与发票内容的一致性。

（5）Shipped by：按实际情况填写运输工具的名称和航次。

（6）Shipping Marks：填入卖方自行设计的或买方提供的唛头，如无唛头，则填"No Mark"或"N/M"，但此栏不得留空。

（7）C/Nos.：件号，即货物包装的每件顺序号，如 No.1-10。

（8）Nos. & kinds of Pkgs.：包装的形式和总件数；如 100 cartons。

（9）Goods：货物项目，填写货物的名称和规格。

（10）Quantity：货物计价的数量如：件、台、套、打、千克等。

（11）G. W.：装箱后每件的重量和货物的总重量，单位用 kg。

（12）N. W.：每个包装物件可装货物的净重以及货物的总净重，单位用 kg。

（13）Meas.：列明每个包装物件的长、宽、高和总件数的体积（立方米），保留小数点后3位。

（14）Total Packages in words：填包装总件数的大写；如 Say one hundred cartons only.。

（15）Special conditions：国外来证有时要求在各种单据上加注特定号码如信用证号码、进口证号、配额许可证号码等号码。

（16）Issued by and Signature：签单人，填出口公司名称，并签上具体名字。

缮制装箱单时还应注意以下几点。

①装箱单据一般不应显示货物的单价和总值，因为进口商把货物转售给第三者时，只要交付包装单和货物，不愿泄露其购买成本。

②当信用证要求做成中性装箱单（Neutral Packing）时，装箱单上不应显示出口商的名称，也不得签章。

③必须与信用证的要求一致。如要求提供详细装箱单，应载明每件（包、箱）的内容清单和有关情况。

④装箱单的出具日期，应不迟于发票日期或与发票日期相同。如果信用证不作规定，也可不注明出单日。

⑤必须与信用证的要求一致。如信用证要求提供详细装箱单，应载明每件（包、箱）的内容清单和有关情况。

⑥装箱单作为发票的附属单据，填写时应注意与发票内容的一致性。

2. 重量单

重量单（Weight Memo）是详细记载货物重量情况的包装单据。除装箱单上的内容外，重量单上必须尽量清楚地列明每件货物的毛重、净重，以及总的毛重和净重情况，供买方安排运输、存仓时参考。总的毛重和净重必须与商业发票、运输单据、原产地证书、商检证书单据上的描述一致等。

填写时注意以下几点。

（1）重量单应表明"重量单（Weight Memo）"字样，它是一份独立的单据，不与其他任何单据联合出具。所用名称应与信用证要求的一致。

(2)重量单如冠以 Certificate of Weight(重量证书),则应经过签字且加上日期,符合信用证的规定,并且应加上"We certify that the weights are true and correct."证明句为好。

(3)重量单中的数据和货物名称应与其他单据一致。

3. 尺码单

尺码单(Measurement List)是在装箱单的内容基础上,再重点说明货物的每件尺码和总尺码。如果不是统一尺码,应逐件列明。其他注意事项,参见"装箱单"和"重量单"。

【操作示范】

第一步:根据任务1的要求,找出号码为 LC222 的信用证中关于商业发票和装箱单的条款:

(1)SIGNED COMMERCIAL INVOICE IN 4 COPIES CERTIFYING THAT THE QUALITY OF SHIPMENT IS IN ACCORDANCE WITH THE STIPULATION OF S/C AND SHOWING FREIGHT CHARGES AND FOB VALUE.

(2)PACKING LIST IN 3 COPIES

(3)ADDITIONAL CONDITIONS 47A:+ALL DOCUMENTS MUST SHOW THIS L/C NO.

审核结果为:

(1)信用证要求提供经过签署的商业发票一式四份,在发票上证明"该票货物的质量符合销售合同的规定",并显示海运费和 FOB 价值。

(2)要求提供装箱单一式三份。

(3)特殊条款要求所有单据必须显示信用证号码。

第二步:按照任务2的要求,小李于10月22日缮制了商业发票和装箱单,详见表2-2、表2-3。

表 2-2　商业发票

COMMERCIAL INVOICE

EXPORTER YALI FASHION CORP. 99 FUQIN ROAD, NINGBO, CHINA	INOVICE NO. YL131008-TD	INVOICE DATE OCT 22, 2013
	CONTRACT NO. YG899	CONTRACT DATE JULY 20, 2013
	L/C NO. LC222	DATE SEP 10, 2013

TO TAD TRADE CO. LTD NO. 555,W. N STREET,LONDON,BRITISH			ISSUED BY BRITISH LOYAL BANK,LONDON,BRITISH	
			PAYMENT TERM L/C AT 45 DAYS AFTER B/L	
			PRICE TERMS CIF LONDON	
FROM NINGBO,CHINA		**TO** LONDON,BRITISH	**SHIPPED BY** VD TARUS V. 37W	
SHIPPING MARK	DESCRIPTION OF GOODS		QUANTITY UNIT PRICE	AMOUNT
TAD LONDON YG899 NO. 1-45	100% WOOLEN SWEATER AS PER S/C NO. YG899 D. D. JUL,20, 2013 ART. 768 ART. 769		2000 PCS USD 12.00/PC 1600 PCS USD 10.00/PC	CIF LONDON USD 24000.00 USD 16000.00
TTL:	3600 PCS			USD 40000.00

TOTAL AMOUNT IN WORDS:
SAY U. S. DOLLARS FOURTY THOUSAND ONLY.
SEPECIAL CONDITIONS:
HEREBY CERTIFYING THAT THE QUALITY OF SHIPMENT IS IN ACCORDANCE WITH THE STIPULATION OF S/C.
FREIGHT CHARGES:USD 480.00
FOB VALUE: USD 39476.00
 	
                                         ISSUED BY
                                    YALI FASHION CORP.
                                              陈志伟				

表 2-3 装箱单

PACKING LIST

EXPORTER YALI FASHION CORP. 99 FUQIN ROAD,NINGBO,CHINA	**INVOICE NO** YL131008-TD	**INVOICE DATE** JAN 10,2013
	FROM NINGBO,CHINA	**TO** LONDON,BRITISH
	SHIPPED BY VD TARUS V. 37W	
TO TAD TRADE CO. LTD NO. 555,W. N STREET,LONDON,BRITISH	**SHIPPING MARK** TAD LONDON YG899 NO. 1-45	
C/NO. NO. AND KINDS OF PKGS GOODS QTYS. G. W. N. W. MEAS.		

续表

	CTN		100% WOOLEN SWEATER	PCS	KGS	KGS	CBM
	@ 80PCS/CTN				@ 35KGS/CTN	@ 33KGS/CTN	@ 0.192CBM/CTN
NO. 1-25	25		ART. 768	2000	875.00	825.00	4.800
NO. 26-45	20		ART. 769	1600	700.00	660.00	3.840
TTL:	45			3600	1575.00	1485.00	8.640

TOTAL PACKAGES IN WORDS:
SAY FOURTY-FIVE CARTONS ONLY.
SPECIAL CONDITIONS:
L/C NO.:LC222

ISSUED BY
YALI FASHION CORP.
陈志伟

【跟学训练】

根据以下信用证中相关条款及补充资料缮制商业发票、装箱单：

1. 信用证条款

L/C NO.	*20:	PY123
DATE OF ISSUE	*31C:	20130210
APPLICANT	*50:	KOLLEN INTERNATIONAL INC.
		129 HAYWARD WAY, U.S.A
BENEFICIARY	*59:	SHANGHAI YUDA IMP. AND EXP. CORP.
		NO. 12 XIZANG ROAD,
		SHANGHAI, CHINA
FOR TRANSPORTATION TO	*44B:	HOUSTON PORT, USA
LATEST DATE OF SHIPMENT	*44C:	20130315
DESCRIPTION OF GOODS/SERVICES	*45A:	

COTTONMEN'S TROUSERS AS PER S/C NO. YD12006
DELIVERY CONDITION:CIFHOUSTON

ART NO. H666	1500PCS	USD5.50/PC
ART NO. HX88	1000PCS	USD4.50/PC
ART N0. HZ21	2000PCS	USD4.80/PC

DOCUMENTS REQUIRED   *46A：

+SIGNED COMMERCIAL INVOICE IN 3 ORIGINAL AND 2 COPIES SHOWING FREIGHT CHARGES,PREMIUM AND FOB VALUE AND INDICATING THE GOODS IS ORIGIN OF CHINA.

+PACKING LIST IN 3 FOLDS.

ADDITIONAL CONDITIONS：   *47A：

+ALL DOCUMENTS MUST SHOW THIS L/C NO.

2. 补充资料

发票号码：YD120061

发票日期：MAR 02, 2013

装箱方式：18PCS/CTN

   N.W.：4.50KGS/CTN G.W.：5.00KGS/CTN MEAS.：25CM×50CM×60CM/CTN

提单日期：MAR 13,2013

唛头：KOLLEN/NEW YORK/YD12006/CN. NO. 1-UP

船名航次：M. SUNSHINE V. 15

【课外拓展】

一、思考题

  1. 发票可分为哪些种类？它们各自的作用是什么？

  2. 什么是商业票据，有哪些主要作用？

  3. UCP600 对商业发票有哪些要求？

  4. 如果信用证上对发票内容有特殊要求，则在发票上应如何处理？

  5. 包装单据有哪些种类？它们的作用是什么？

  6. 缮制装箱单时应注意什么问题？

二、操作训练题

  参见附件一操作训练案例库，缮制三个案例的发票、装箱单（分别非 SWIFT 信用证、付款交单和电汇）。

学习情境三　官方单证的制作

【学习目标】

1. 知识目标

(1)掌握信用证条款中对官方单证的要求。

(2)熟悉官方单证的种类和用途。

(3)了解不同官方单证的申领区别。

2. 能力目标

(1)能根据信用证内容找出官方单证的相关条款。

(2)能识别具体业务下所需官方单证的种类和要求。

(3)能正确申领并缮制官方单证。

【工作情境】

雅丽服装公司外贸单证员小李针对信用证条款中对产地证的要求,在办理装运前需要申领普惠制产地证,于是,小李在准备好商业发票和装箱单后,着手开始准备申领普惠制产地证手续并办理检验检疫。

【任务描述】

1. 根据学习情境二中雅丽服装公司收到的修改后的信用证,请以外贸单证员小李的身份审核信用证中产地证条款及品质检验证书条款。

2. 根据信用证对品质检验证书的要求,向相关机构申请检验并取得符合要求的品质检验证书。

3. 根据信用证对产地证的要求,正确缮制并申领普惠制产地证。

【知识准备】

一、原产地证

在服装国际贸易中,原产地证是证明货物原产地,即服装生产地或制造地的具有法律效力的书面文件。它是供进口国海关实行差别关税、采取不同的国别政策,或对某些国家采取控制进口配额的依据。在服装对外贸易业务中,原产地证书通常是应进口国政府或进口商的要求,由服装出口商向出口国政府的签证机构申请取得后,向进口商提供的。原产地证书的签发依据是原产地规则,国家根据原产地规则对出口货物申领和签发产地证书进行管理。我国目前签发的原产地证主要有一般原产地证、普惠制原产地证、区域性经济集团互惠原产地证、专用原产地证等。

(一) 一般原产地证

一般原产地证书是证明货物原产于某一特定国家或地区,享受进口国正常关税(最惠国)待遇的证明文件。它适用于进口国征收关税、贸易统计、保障措施、歧视性数量限制、反倾销和反补贴、原产地标记、政府采购等方面。一般原产地证书是各国根据本国的原产地规则签发的,我国自1992年5月起,根据《中华人民共和国原产地规则》开始签发统一的一般原产地证书。

1. 一般原产地证书的申领

(1)申领的时间。根据我国有关规定,服装出口企业最迟于货物出运前三天,持签证机构规定的正本文件,向签证机构申请办理原产地证书。

(2)申领所需要的文件。我国发证机构一般规定,申请企业必须提供以下文件。

①《一般原产地证书申请书》一份(网上申请时不必提供)。

②缮制完毕的《中华人民共和国原产地证明书》一套(一正三副)。

③出口商业发票正本一份。

④发证机构所需的其他证明文件,如"加工工序清单"等。

(3)签发机构。我国的一般原产地证书是由各地出入境检验检疫机构或各地的贸易促进委员会分会签发的。前者代表官方签发,而后者则是代表非官方签发。凡是国外需要我出口企业提供原产地证书的,一般情况下都可以使用该原产地证书。

2. 一般原产地证书的填写

一般原产地证书(见附件二)共有12项内容,除证书号(Certificate No.)由发证机构指定以外,其余各栏均由出口企业用英文规范打印。

(1)Exporter:填出口商的公司名称、详细地址包括街道名称、门牌号码。该栏名称应与第11栏中所盖的印章名称一致。

(2)Consignee:填最终收货人名称、地址和国家,一般为买卖合同中的买方。如信用证规定所有单证收货人一栏留空,在这种情况下,此栏应加注"To whom it may concern"或"To order",但不得留空。

(3)Means of Transport and Route:运输方式和路线,填写装货港、到货港及运输方式。如中途需要转运的,则注明转运港。如外商提出不填转运港名称,应予以拒绝。

(4)Country/Region of Destination:填最终目的地国家或地区。

(5)For Certifying Authority use only:此栏留空,由签证机构根据需要加注内容,例如:证书丢失,重新补发,声明第××号证书作废等情况。

(6) Marks and Numbers：唛头，按发票上所列唛头填打。如系散装货或无唛头的，则应填上"No Mark"，简写为"N/M"。如唛头多，此栏填不下，可填在边上栏目的空白处。如还填不下，则另加附页，在附页右上角打上证书号，右下角由出口企业签署人签字、盖章，加注日期、地点。

(7) Description of Goods(Number and Kind of Packages)：填打货物的具体名称、包装种类及包装件数。如货物系散装，则在货物名称后加注散装"in bulk"字样。此栏内容填打完毕后，在下一行打上"＊＊＊＊＊＊"表示结束的符号，以防再添加内容。

(8) H. S. Code：HS 编码，即货物税则号，应与报关单中的货物编码一致。

(9) Quantity：货物数量，应按货物的实际计量单位填打，如"只""台""打""米"等；以重量计算的货物，则填重量，但必须注明毛重或净重。

(10) Number and Date of Invoices：填写商业发票的号码和日期。为避免月份、日期的误解，月份一律用英文填写，如 2005 年 6 月 28 日，英文为：June 28, 2005。

(11) Declaration by the Exporter：出口商声明、签字和盖章。出口商声明内容为："下列签署人在此声明：上述货物详细情况和声明是正确的，所有货物均在中国生产，完全符合中华人民共和国原产地规则。"

本栏必须由出口商手签并加盖公章，手签的字迹应清楚，盖章要使用中英文对照章，手签人签字与公章在正面上的位置不得重合。手签人员和印章必须事先在签证机构进行登记注册。

此栏还必须填写申报地点和日期。应注意申报日期不得早于发票日期，最早与发票日期同日。

(12) Certification：签证机构证明、签字、盖章。签证机构证明内容为："兹证明出口商声明是正确的。"所申请的证书经签证机构审核无误的，由授权的签证人在此栏手签并加盖签证机构印章，注明签署时间和地点。

注意：此栏签发日期不得早于发票日期和申报日期，最早只能为同日。

另外需要注意的是：一般原产地证书的第 11 栏(申报单位)和第 12 栏(签证机构)正好与普惠制原产地证书第 11 栏(签证机构)和第 12 栏(申报单位)的位置相反，出口企业在填制时应注意不要填错位置。缮制证书一般使用英文，如信用证有特殊要求，要求使用其他文字的，也可接受。

(二)普惠制原产地证

普遍优惠制(Generalized System of Preferences，简称 GSP)是发达国家承诺对来自发展中国家的制成品和半制成品给予普遍的、非歧视的、非互惠的关税优惠制度。目前普惠制项下的出口产品关税平均比最惠国税率低约 1/3，是世界上关税最低、最有吸引力的一种关税制度。我国出口企业对于出口到给予我国普惠制待遇的国家，并符合该给惠国规定的普惠制原产地规则的受惠商品，均可向我国出入境检验检疫机构申请普惠制原产地证书。该证书是供进口商在办理进口报关、申请关税减免时使用。因此受惠国的受惠商品必须符合给惠国原产地规则的规定。所以，普惠制原产地证尽管是我国签发的，但签发的依据则是给惠国的普惠制原产地规则。

1. 普惠制原产地规则

普惠制原产地规则规定了受惠国出口产品享受普惠制待遇必须具备的各项条件。因此，该原产地规则是各给惠国十分重视的一项内容，其目的是为了把优惠的好处真正给予受惠国。普惠制原产地规则包括三个方面的内容。

(1) 原产地标准。按该标准的规定，产品必须全部产自受惠国，或者产品中所包含的进口原料或零部件经过高度加工发生实质性变化后，才能享受优惠待遇。所谓"实质性变化"有两个标准予以判别。

① 加工标准。欧洲、日本等国家和地区采用这项标准。一般规定进口原料或零件的税则号列与加工制作后的商品的税则号列发生了变化，就可以认为已经过高度加工，发生实质性变化，符合加工标准。具体执行中还规定了一些例外。

② 百分比标准。美国、加拿大、澳大利亚等国家采用这项标准。根据进口成分占制成品价值的百分比，或以本国成分占制成品价值的百分比来确定是否达到实质性变化的标准。

(2) 直接运输规则。是指受惠产品须由受惠国直接运到给惠国，由于地理原因或运输需要，受惠产品可以转口运输，但必须置于海关监管之下。

(3) 书面要求。即受惠国必须向给惠国提供原产地证书（Form A）。享受普惠制待遇的国家在货物出口时，必须符合给惠国原产地规则的上述要求，才能享受优惠的关税待遇。目前全世界共有47个发达国家实行普惠制，除美国外，其余国家均给予我国出口产品普惠制待遇。

2. 普惠制原产地证书的申领

根据我国普惠制签证管理办法规定，我国获准经营商品出口的各类外贸企业，均可申请办理普惠制原产地证书的签证。各地出入境检验检疫机构是我国政府授权的签发普惠制产地证的唯一机构，签证手续按《普遍优惠制原产地证明书签证管理办法》办理。

(1) 注册登记。申请普惠制产地证的出口单位，在向签证机构注册登记时，必须持有审批机构批准其经营出口业务的证明批件、国家工商行政管理部门核发的营业执照、申请公函及其他有关文件。从事来料加工、来件装配及补偿贸易的单位还得提交承办该项业务的协议，合同副本及本批产品成本明细单等有关文件。签证机构对上述证件初步审核无误后，申请单位如实填写"申请签发普惠制产地证书注册登记表"和"普惠制 Form A 原产地证书申请人注册登记卡"及"申请 GSP Form A 证书产品清单"，并缴纳规定的注册费。签证机构经过审核和调查，对符合注册登记条件的予以注册登记，并对申报人（手签人）进行业务培训，取得申报证件。

(2) 申请签证。申请单位注册登记后，可定期向签证机构领取有国家质检总局统一制发的印有编号的空白普惠制产地证及申请书。

普惠制产地证的申请,应由申报手签人在货物出运前5天逐批向检验检疫机构申请签证,以便签证机构有足够的时间审查、核对。申请签证时须提交以下材料。

①普惠制产地证申请书一份(网上申请时不必提供)。

②经申请单位手签和加盖公章的普惠制产地证Form A一式三份。

③出口商品商业发票副本一份。

④含有进口成分的产品,还应提交"含进口成分商品成本明细单"一式两份。

⑤出口去日本的来料加工产品,应提交缮制清楚、经申请单位手签并加盖公章的"日本进口原料的证明"一式两份,以及来料或进料发票副本和装箱单。

(3)签发证书。签证机构接受申请后,认真审核证书和有关单据的各栏内容,如对申报内容有疑问,在必要时可派员对产品的生产厂商调查,申报人有义务协助签证机构进行查核。在对证单审核、调查无误后,签证机构即在申请人填制的"普惠制产地证书"正本上签章,填上日期,使之成为有效证书,并交申请单位使用。该证书一般在接受申请后两天内签出。经中国香港转运至给惠国的产品,在获得签证机构签发的普惠制产地证书后,凡给惠国要求签署"未再加工证明"的,申请单位应持原证及有关证明单证向中国香港有关检验检疫部门申请办理证明。

3. 普惠制原产地证书 Form A 的填写

普惠制原产地证书Form A标题栏(右上角)填上检验检疫机构编定的证书号。其他栏目(见附件二)的填写方法如下。

(1) Goods Consigned from:此栏具有强制性,必须填出口商全称、详细地址和国家。此栏出口商公司名称应与注册时相同。

(2) Goods Consigned to:除欧盟27国、挪威外,此栏须填上给惠国最终收货人名称、地址、国家。如收货人不明确,可填商业发票的抬头人或提单的被通知人,但不要填中间转口商的名称。此栏须打上国名。欧盟27国、挪威对此栏是非强制性要求,若第2栏进口商国家和第12栏最终目的国都是欧盟国家,则可以与第12栏国家不同,也可以不填详细地址,只填上:To order。

(3) Means of Transport and Route:运输方式及路线(就所知道而言),应填启运地、目的地及运输方式(如海运、陆运、空运)。如:From Ningbo to Shanghai by truck ,then transhipped to Hamburg by sea.

转运商品应加上转运港,如:From Ningbo to Hamburg by sea via HK.

对输往内陆给惠国的商品,如瑞士、奥地利,由于这些国家没有海岸,因此如系海运,都须经第三国,再转运至该国,填写时应注明。例:By vessel From Ningbo to Hamburg,in transit to Switzerland.

(4) For official use:该栏供签证当局根据需要作批注用,出口企业制单时不必填写。此栏在正常情况下为空白,在以下几种特殊情况下,签证当局在此栏加注。

①货物已出口,签证日期迟于出货日起,签发"后发"证书时,此栏盖上"ISSUED RETROSPECTIVELY"红色印章。

②证书遗失、被盗或者损毁,签发"复本"证书时盖上"DUPLICATE"红色印章,并在此栏注明原证书的编号和签证日期,并声明原发证书作废,其文字是"THIS CERTIFICATE IS IN REPLACEMENT OF CERTIFICATE OF ORIGIN NO. … DATED … WHICH IS CANCELLED"。

注意:在录入后发证书时,在申请书备注栏应注明"申请后发",否则计算机将退回。

(5) Item Number:对同一批出口货物有不同品种的,可按不同品种、发票号等分别列明"1""2""3"…,如只有单项商品,此栏可不填。

(6) Marks and Numbers of Packages:按发票上的唛头填写完整的标记和包装件号。若货物无唛头,则填"No Mark"或"N/M"。若唛头过多,此栏不够填写,可填打在第7、8、9、10栏的空白处,如还不够,则另加附页,打上原证书号,并由签证当局授权签证人手签,加盖签证章。

(7) Number and Kind of Packages Description of Goods:填上包装种类及件数、商品的名称,包装件数必须用英文和阿拉伯数字同时表示,例如:ONE HUNDRED AND FIFTY (150) CARTONS OF WORKING GLOVES。填写时还须注意以下几点。

①如果包件数量超过千位,则千与百单位之间不能有"AND"连词,否则计算机将退回。应填:TWO THOUSAND ONE HUNDRED AND FIFTY (2150) CARTONS OF WORDING GLOVES。

②数量、品名要求在一页内打完,如果内容过长,则可以合并包装箱数,合并品名,如:ONE HUNDRED AND FIFTY(150)CARTONS OF GLOVE,SCARF,TIE,CAP。

③包装必须打具体的包装种类(如:POLYWOVEN BAG, DRUM, PALLET, WOODEN CASE 等),不能只填写"PACKAGE"。如果没有包装,应填写"NUDE CARGO"(裸装货)、"IN BULK"(散装货)或"HANGING GARMENTS"(挂装)。

④商品名称必须具体填明(具体到能找到相对应的 4 位 HS 编码),不能笼统填"MACHINE"(机器)、"GARMENT"(服装)等。对一些商品,例如:玩具电扇应注明为"TOYS ELECTRIC FANS",不能只列"ELECTRIC FANS"(电扇)。

⑤商品的商标、牌名(BRAND)及货号(ARTICLE NUMBER)一般可以不填。商品名称等项列完后,应在下一行加上表示结束的符号,以防止加填伪造内容。国外信用证有时要求填写合同、信用证号码等,可加填在此栏空白处。

(8) Origin Criterion:原产地标准是国外海关审核的重点项目,必须按规定如实填写。对含有进口成分的商品,因情况复杂,国外要求严格,更应认真仔细。现将有关规定说明如下:

①完全原产品,不含任何非原产成分,出口到所有给惠国,填写"P";

②含有非原产成分的产品,出口到欧盟、挪威、瑞士和日本,填写"W",其后加上出口产

品的 HS 税则号,例如"W"42.02。申请时应具备以下条件。

a. 产品列入了上述给惠国的"加工清单"符合其加工条件。

b. 产品未列入"加工清单",但产品生产过程中使用的非原产原材料和零部件经过充分的加工,产品的 HS 税则号不同于所用的原材料和零部件的 HS 税则号。

③含有非原产成分的产品,出口到加拿大,填写"F"。条件:非原产成分的价值未超过产品出厂价的 40%。

④含有非原产成分的产品,出口到俄罗斯、乌克兰、白俄罗斯、哈萨克斯坦、捷克斯洛伐克五国,填写"Y",其后加上非原产成分价值占该产品离岸价格的百分比,例如"Y"38%。条件:非原产成分的价值未超过产品离岸价的 50%。

⑤输往澳大利亚、新西兰的货物,此栏可以留空。

(9) Gross Weight or Other Quantity:毛重或其他数量,此栏应以商品的正常计量单位填,例如"只""件""双""台""打"等。如:3200 DOZ. 或 6270 KGS。以重量计算的则填毛重,应与提单上的毛重一致;只有净重的填净重即可,但要标明净重"Net Weight"字样,并在下一行打上"××××××"表示结束,防止被人添加。

(10) Number and Date of Invoices:发票号码及日期。参照商业发票的日期和发票号填写。

注意:此栏不得留空。月份一律用英文(可用缩写)表示,例如:PHK50016 Apr6,2005 此栏的日期必须按照正式商业发票填写,发票日期不得迟于出货日期。

(11) Certification:签证当局的证明,此栏填打签证机构的签证地点、日期并由出入境检验检疫局签证人经审核后在此栏手签,加盖签证印章。出入境检验检疫局原则上只签正本一份,副本概不签章。签发日期不得早于发票日期,也不得早于第 12 栏的申报日期(可以是同日),但应早于提单日期即货物的出运日期。手签与公章在正面上的位置不得重叠。

(12) Declaration by the Exporter:出口商声明。生产国填"China",进口国必须是给惠国,应与第三栏收货人的目的港的国别一致。此栏底部应盖出口公司印章,并由公司指派的专人手签,手签人的名单须事先向商检机构备案。证书的正副本均须有签章。盖章时应避免覆盖进口国名称和手签人姓名。最后填打出口公司的所在地和制单日期,日期不应迟于第 11 栏签证机构的签发日期,也不得早于发票日期。

需要注意的是,普惠制原产地证书作为一种官方签发的证明文件,一律不得涂改,证书不得加盖校正章。

(三)区域性优惠原产地证

区域性优惠原产地证书是具有法律效力的在协定成员国之间就特定产品享受互惠减免关税待遇的官方凭证。我国目前签发的区域性优惠原产地证书共有四种,即《中国—东盟自由贸易区》优惠原产地证书 Form E、《亚太贸易协定》原产地证书、《中国—巴基斯坦》优惠贸易安排原产地证书和《中国—智利自贸区》优惠原产地证书 Form F。同时,我国正在与其他几个自贸区进行相关谈判,日后将有更多的区域性优惠政策出台。

1.《亚太贸易协定》原产地证

《亚太贸易协定》是在原《曼谷协定》的基础上修改而成的。《曼谷协定》签订于1975年,是在联合国亚太经社会(亚洲及太平洋经济与社会委员会)主持下,在发展中国家和地区之间达成的一项优惠贸易安排。我国是《曼谷协定》六个成员国之一。自2006年9月1日起,经各成员国政府批准同意,原《曼谷协定》内容已修正并更名为《亚太贸易协定》,《亚太贸易协定》原产地规则于2006年10月1日起实施。因此自2006年10月1日起,当我国的受惠产品出口到孟加拉、印度、老挝、韩国、斯里兰卡时,须提供《亚太贸易协定》优惠原产地证书,此证书由出入境检验检疫机构签发,共有12栏(见附件二),除第5栏和第8栏外,其余各栏填法与普惠制原产地证明书相同,现将第5栏和第8栏填写说明如下。

第5栏:Tariff Item Number 税则号列,注明各项商品的4位HS编码。

第8栏:Origin Criterion 原产地标准,享受关税减让优惠的货物必须符合《亚太贸易协定》原产地规则第二条规定,是在出口成员国完全获得或者生产的;或者在出口成员国非完全获得或者生产的符合原产地规则第三条、第四条规定的。

(1)完全获得或者生产的:在第8栏中填写字母"A"。

(2)非完全获得或者生产的:在第8栏中应当按照下列方式填写。

①如果符合第三条规定的原产地标准,则在第8栏中填写字母"B"。在字母"B"的后面填上使用非成员国原产或不明原产地的材料、零件或产物的总价值,以在船上交货价格(FOB价格)中所占的百分比表示(如"B"50%)。

②如果符合第四条规定的原产地标准,则在第8栏中填写字母"C"。在字母"C"的后面填上在出口成员国原产成分的累计总和,以占出口货物的成本加运费、保险费价格(CIF价格)的百分比表示(如"C"60%)。

③如果符合原产地规则第10条规定的特殊比例标准,则第8栏中填写字母"D"。

2.《〈中国—东盟自由贸易区〉优惠原产地证明书》(FORM E)

自2004年1月1日起,凡出口到东盟的农产品(HS第一章—第八章)凭借检验检疫机构签发的《中国—东盟自由贸易区》(FORM E)优惠原产地证书可以享受关税优惠待遇。2005年7月20日起,7000多种正常产品开始全面降税。中国和东盟六个老成员国(即文莱、印度尼西亚、马来西亚、菲律宾、新加坡和泰国)至2005年7月将40%税目的关税降到0~5%;2007年1月将60%税目的关税要降到0~5%。2010年1月1日将关税最终削减为零。老挝、缅甸至2009年1月,柬埔寨至2012年1月,要将50%的税目的关税降到0~5%;2013年将40%税目的关税降到零。越南2010年将50%税目的关税降到0~5%。2015年其他四国(老挝、缅甸、柬埔寨、越南)将关税降为零。

可以签发《中国—东盟自由贸易区》优惠原产地证书的国家有:文莱、柬埔寨、印尼、老挝、马来西亚、缅甸、菲律宾、新加坡、泰国、越南等10个国家。签发《中国—东盟自由贸易区》优惠原产地证书Form E的国家和代码见表3-1。

表3-1 Form E国家和代码

国　　家	代　　码	国　　家	代　　码
文莱 Brunei	105	马来西亚 Malaysia	122
缅甸 Myanmar	106	菲律宾 Philippines	129
柬埔寨 Cambodia	107	新加坡 Singapore	132
印尼 Indonesia	112	泰国 Thailand	136
老挝 Laos,PDR	119	越南 Vietnam	141

Form E(见附件二),填写说明如下。

(1)证书号:证书标题栏(右上角),填上出入境检验检疫机构编定的证书号。证书号编定规则举例:ZJEA33121/050001,其中ZJ代表浙江,E代表《中国—东盟自由贸易区》优惠原产地证明书,A33121代表公司注册号,05代表2005年,0001代表企业流水号。

(2)证书的第1、第2、第3、第5、第6、第9、第10、第11栏内容和填制要求参见本节"普惠制原产地证明书"Form A相应各栏的填制要求。

(3)第4栏:官方使用。不论是否给予优惠待遇,进口成员国海关必须在第4栏作出相应的标注。

(4)第7栏:货物名称和HS品目。货物品名必须详细,以便验货的海关官员可以识别。生产商的名称及任何商标也应列明;HS品目号为国际上协调统一的HS品目号,填4位数HS品目号。

(5)第8栏:原产地标准。

①货物为出口国完全生产的,不含任何非原产成分,填写"×"。

②货物在出口成员国加工但并非完全生产,未使用原产地累计规则判断原产地标准的,填写该国家成分的百分比,例如70%。

③货物在出口成员国加工但并非完全生产,使用了原产地累计规则判断原产地标准的,填写中国—东盟累计成分的百分比,例如40%。

④货物符合产品的特定原产地标准的产品,填写"产品特定原产地标准"。

(6)第12栏:官方证明。此栏填打签证机构的签证地点、日期。

检验检疫局签证人员经审核后在此栏(正本)签名,盖签证印章。

当申请单位申请后发证书时,须在此栏上应加注"ISSUED RETROACTIVELY"。

当申请单位申请重发证书时,须在此栏上应加注"CERTIFIED TRUE COPY"。

(7)证书应由下列颜色的一份正本及三份复本组成。

正本——米黄色交给进口商。

第一副本——浅绿色,检验检疫机构留存。

第二副本——浅绿色,交给进口商,货物在进口国通关后交还检验检疫机构。

第三副本——浅绿色,出口商留存。

3.《中国与巴基斯坦优惠贸易安排》优惠原产地证明书

我国与巴基斯坦签订了优惠贸易安排,从2006年1月1日起双方先期实施降税的3000多个税目产品,分别实施零关税和优惠关税。原产于中国的486个8位零关税税目产品的关税将在2年内分3次逐步下降,2008年1月1日全部降为零,原产于中国的486个8位零关税税目产品实施优惠关税,平均优惠幅度为22%,给予关税优惠的商品其关税优惠幅度从1%~10%不等。凡是享受优惠的产品出口时,出口商可到出入境检验检疫机构申请签发《中国与巴基斯坦优惠贸易安排》原产地证明书,中巴原产地证书也采用规定的统一格式Form A,申办手续同Form A。

证书号码共有16位,第1位为证书识别代码(中巴证书为P);第2、第3位为年份末两位数;第4~第12位为企业注册号;第13~第16位为企业自编流水号。例如:证书号P063800000050045是注册号为380000005的单位2006年办理的第45票中巴证书。

《中国与巴基斯坦优惠贸易》原产地证书的原产地标准采用百分比标准,即如果生产的产品中非中国原产或产地不明的原料、零部件所占比例不超过产品FOB价的50%,而且生产的最后一道工序是在出口国国境内完成,该产品即符合相关原产地标准,可以享受关税减让。

4.《中国—智利自由贸易协定》优惠证书(Form F)

2006年10月1日起,我国与拉美国家签署的第一个自由贸易协定——《中国—智利自由贸易协定》开始实施。占两国税目总数97%的产品将于10年内分阶段降为零关税。智利对原产于我国的5891种产品及中国对原产于智利的2806种产品的关税立即同时降为零。另外,中国对原产于智利的1947种产品的关税也于2007年1月1日起降为零。因此,凡是享受优惠的产品出口到智利时,出口商可到出入境检验检疫机构申请签发《中国—智利自由贸易协定》优惠证书(Form F),中智优惠原产地证书也采用规定的统一格式Form A,申办手续同Form A。

但出口企业在申请Form F证书一定要及时。因为与Form A证书、Form E证书不同,Form F证书须在货物出口前或出口后的30天内申请,超过期限不作补发。

(四)专用原产地证书

专用原产地证书是国际组织和国家根据政策和贸易措施的特殊需要,针对某一特殊行业的特定产品规定的原产地证书。产地证签证通过网上申报,通过网络将产地证传输到签证机构;企业待收到正确回执后,企业注册手签人带上有关单据、中英文印章(须盖"后发章"的,须附提单)到签证机构取证。

二、检验检疫证书

(一)检验检疫证书的含义及作用

检验检疫证书(Inspection Certificate)是由政府机构或公证机构对进出口商品检验检疫或鉴定后,根据不同的检验结果或鉴定项目出具并且签署的书面声明,证明货物已检验达标并评述检验结果的书面单证。

在国际贸易中,检验检疫证书起着非常重要的作用,主要表现为以下几点。

(1)检验检疫证书是买卖双方交接货物的依据。

(2)检验检疫证书是买卖双方结算货款的依据。

(3)检验检疫证书是向进口当局和海关申报及清关的必要文件。

(4)检验检疫证书是买卖双方进行索赔、理赔的依据。

(二)检验检疫证书的种类

根据进出境货物的不同检验、检疫要求、鉴定项目和不同作用,我国进出口商品的检验证书,由国家检验机构签发的主要有以下几种。

(1)品质检验证书(Inspection Certificate of Quality)。

(2)数量/重量检验证书(Inspection Certificate of Quantity/Weight)。

(3)价值证明书(Certificate of Value)。

(4)产地检验证书(Certificate of Origin)。

(5)卫生检验证书(Health Certificate)。

(6)消毒检验证书(Disinfection Inspection Certificate)。

(7)温度检验证书(Inspection Certificate of Temperature)。

(8)熏蒸证明书(Fumigation Certificate)。

(9)包装检验证书(Inspection Certificate of Packing)。

(10)残损鉴定证书(Inspection Certificate on Damaged Cargo)。

也有少数由非国家检验机构签发的检验证明书,具体如下。

(1)出口商/生产厂家检验证明书(Inspection Certificate Issued by Exporter/Manufacturer)。

(2)瑞士SGS检验证书(Inspection Certificate of Societe Generale de Surveillance S. A.)。

(3)日本OMIC检验证书(Inspection Certificate Issued by OMIC)。

(4)法国BV检验证书(Inspection Certificate Issued by BV)。

(5)进口商指派专人签发的检验证书(Inspection Certificate Signed by Importer's Nominee)。

(三)检验检疫证书的签发机构

国际贸易中商品检验证明书的签发者一般是专业性检验机构,也由买卖双方自己检验出具证书的,但总括而言,检验检疫证书的签发者一般有以下四类。

(1)政府检验机构。如 CIQ(中华人民共和国出入境检验检疫局)、CCIC(中国商检公司)等。

(2)非官方检验机构。如 Authentic Servegor(公证鉴定人)、Sworn Measurer(宣誓衡量人)、瑞士的 S.G.S.(通用检验公司)等。

(3)生产制造商。

(4)用货单位或进口商。

为了提高检验检疫工作效率和通关的速度,国家检验检疫机构于 2000 年进行了检务改革,实现了"五个统一",即检验检疫通关方式的统一、签证流程管理的统一、证书格式内容的统一、证书印制管理的统一和综合业务计算机管理系统的统一。实现了"六个一次",即一次报检/申报、一次计费收费、一次抽样、一次检验检疫、一次处理和一次放行的工作模式。

检验检疫部门与海关建立了"先报检,后报关"的通关协调机制,从 2000 年 1 月 1 日起正式启动。海关一律凭报关地检验检疫机构签发的《入境货物通关单》或《出境货物通关单》放行。

同时,取消了原来"三检"(商检、动植物检、卫检)的放行单、在报关单上加盖放行章、证书副本通关的放行模式。

新的检验检疫单证统一了单证抬头名称,实现了检验检疫单证和印章的统一化。参照国际通行做法,加注了免责条款,采取了手签名,并按照责权一致的原则,一律由执行局签发单证,充分体现了谁实施检验检疫,谁签发单证,谁承担相应的法律责任的合理原则。

检验检疫证书采用统一的单证、印章方式,即由质检局统一管理单证、统一印制证书、统一刻制印章,由法规与综合业务司负责对全过程的监督管理,并与单证的征订分发及承印等部门建立了"三位一体"的单证印制管理体制。

(四)检验检疫证书的内容及缮制

1. 检验检疫证书的内容

检验检疫证书因其本身所须证明的内容不同以及各国标准不一而有所区别。然而各种检验证明书的一些项目又是共同的、必备的,一般包括以下几点。

(1)出证机关、地点及证书名称。如果信用证并未规定出具证书的机关,则由出口商决定。如果信用证规定"有权机构"(Competent Authority)出证,因为有权机构是指有公证资格或经政府授权的机构,则应根据具体情况由有关的商检机构出具。

检验证明书的出证地点应在货物装船口岸,除非信用证有特别规定。

检验证明书的名称则应与合同或信用证的规定相符。

(2)发货人名称及地址。一般为出口商名址。该栏内容应符合合同或信用证的规定,并与其他单据保持一致。

(3)收货人名称及地址。一般是进口商。并应注意与合同或信用证及其他单据保持一致。

(4)品名、报检数量/重量、包装种类及数量、到达口岸、运输工具、唛头这些项目的内容，应注意与商业发票及提单上所描述的内容完全一致。货物名称可以用统称。

(5)检验结果。此栏是检验证明书中最重要的一项，在此栏中记载报验货物经检验的现状。货物现状是衡量货物是否符合合同或信用证规定的凭证，亦是交接货物或索赔、理赔的具有法律效力的证明文件。

(6)签证日期。检验证明书的出具日期应不迟于提单日期，但也不得早于提单日期，最好在提单日之前一两天或最迟与提单日期相同。

信用证如规定在装船时出证(Issued at the Time of Shipment)，则检验证明书的签发日期原则上应与提单日期相同，一般不得与提单日期相差超过3天。

(7)签字盖章。一般而言，盖章与签字一样有效；但有的国家要求出具的检验证明书一定要经手签，在这种情况下，只有盖章而无签字的检验证明书则被视作无效。

2. 检验检疫证书的缮制

不同检验检疫证书的缮制方法基本相同，限于篇幅，下面仅介绍品质检验检疫证书(见附件二)的缮制方法。

(1)Title&No.(单据名和编号)。应根据信用证的要求显示具体单据名称，如"品质检验证书"(Quality Certificate)，由出证机构依据不同类别的商品进行编号。

(2)Date of Issue(签发日期)。检验证书签发日期为实际检验检疫日期，一般不得晚于提单签发日。

须注意以下几点。

①除非信用证有另外可予接受的明确规定(如散装油类)。

②如出口货物为鲜货，最好与装运日相同，否则，检验过早，已经不能证明装运时货物的质量。

(3)Consignor(发货人)。信用证支付方式下通常是信用证的受益人，除非信用证有"第三方单据可以接受"条款，托收项下的发货人是合同的卖方。

(4)Consignee(收货人)。信用证支付方式下按信用证的规定填写，一般为开证申请人，除非信用证另有规定，该栏一般不必填写或用"—"表示。若出口商系中间商，收货人一栏可做成"To Whom It May Concern"或"To Order"。托收项下的收货人为合同买方。

(5)Description of Goods(品名)。商品品名系信用证及发票中所表明的货物，也可用与其他单据无矛盾的统称。

(6)Marks&No.(标记及号码)。按信用证或合同规定的唛头填制，如没有具体规定，出口商可自行编制。必须与文件和货物一致。如果没有唛头，填制"N/M"。

(7)Quantity/Weight Declared(报检数量/重量)。按发票相同内容填制。散装货物可用"IN BULK"注明，再加数量。

(8)Number & Type of Packing(包装种类及数量)。包装种类及数量应与商业发票和提单内容相一致。

(9) Means of Conveyance(运输工具)。应填运输方式和运输工具名称,要求同提单内容一致。如 BY S. S. DAHA V. 110。

(10) Results of Inspection(检验结果)。证明本批货物经检验后的实际品质,若信用证对检验结果有明确规定,则检验证书上显示的检验结果须符合信用证的检验要求;若信用证未对检验结果有明确规定,但信用证具体规定了商品的质量、成分,则检验结果应与信用证规定相符。另外,不能接受含有对货物的规格、品质、包装等不利陈述的检验证书,除非信用证有特别授权。

(11) Stamp & Chief Inspector(印章和签署)。由检验检疫局盖章并由检验该批货物主任检验员手签。

如果信用证指定检验机构,则应由信用证指定的检验机构盖章并签字;如果信用证没有特别指定检验机构,任何检验机构均可出具,但须盖章和签署。

【操作示范】

第一步:根据任务1的要求,找出信用证中的产地证条款及品质条款。

(1) FORM A ISSUED BY CHINESE GOVERNMENTAL ORGANIZATION.

(2) QUALITY INSPECTION CERTIFICATE SIGNED BY GOVERNMENTAL ORGANIZATION SHOWING SHRINKAGE RATE IS UNDER 6%.

审核结果为:

(1)信用证要求提交由中国官方机构出具的普惠制产地证。

(2)要求提供由官方机构签发的品质检验证书,缩水率控制在6%以内。

第二步:按照任务2的要求,小李于10月23日向宁波出入境检验检疫局申请检验,并于10月25日取得了品质检验证书(表3-2)。

表3-2 品质检验证书

中华人民共和国出入境检验检疫   正本

ENTRY-EXIT INSPECTION AND QUARANTINE   ORIGINAL
OF THE PEOPLE'S REPUBLIC OF CHINA

品 质 证 书   编号
QUALITY OF CERTIFICATE   No. : CN2013604

发货人
Consignor YALI FASHION CORP. 99 FUQIN ROAD, NINGBO, CHINA

收货人
Consignee TAD TRADE CO. LTD NO. 555, W. N STREET, LONDON, BRITISH

品名
Description of goods   100% WOOLEN SWEATER

标记及号码

Mark&No.　　TAD

　　　　　　LONDON

　　　　　　YG899

　　　　　　NO. 1-45

报检数量/重量

Quantity/Weight Declared___3600 PCS_____

包装种类及数量

Number & Type of Packing___45 CARTONS_____

运输工具

Means of Conveyance___VD TARUS V. 37W_____

检验结果

Results of Inspection：

RESULTS OF INSPECTION：

REPRESENTATIVE SAMPLES OF THE ABOVE-METIONED GOODS WERE DRAWN FOR INSPECTION BY INSPECTOR AND THE GOODS WITH RESULTS AS FOLLOWING：

QUANTITY：45 CARTONS/3600 PCS

CONTENT：100% WOOL

SHRINKAGE RATE IS UNDER 6%

REMARKS：THE GOODS ARE FIT FOR HUMAN

****

（CIQ NINGBOCHINA 印章）

印章　　签证地点 Place of Issue___NINGBO CHINA___签发日期 Date of Issue___OCT25,2013___Official Stamp

授权签字人 Authorized Officer___张力伟_____签名 Signature___张力伟_____

第三步：按照任务3的要求，小李于10月24日缮制了普惠制产地证并通过网上系统向宁波出入境检验检疫局申请签发普惠制产地证，10月26日小李拿到了由宁波出入境检验检疫局签发的普惠制产地证FORM A（表3-3）。

表3-3　普惠制产地证 FORM A

ORIGINAL

1. Goods consigned from(Exporter's business name, address, country) YALI　FASHIONCORP. 99 FUQIN ROAD,NINGBO,CHINA	Reference No.　　G134702C32668915 GENERALIZED SYSTEM OF PREFERENCES CERTIFICATE OF ORIGIN FORM A
2. Goods consigned to(Consignee's name, address, country) TAD TRADE CO. LTD NO. 555,W. N STREET,LONDON,BRITISH	Issued in------------------------ 　　　　　　　（country） 　　　　　　　　　　　　See Notes overleaf
3. Means of transport and route(as far as known) FROM NINGBO CHINA TO LONDON BRITISH BY VESSEL	4. For official use

续表

5. Item number	6. Marks and numbers of packages	7. Number and kind of packages; description of goods	8. Origin criterion (see Notes overleaf)	9. Gross weight or other quantity	10. Number and date of invoices
	TAD LONDON YG899 NO. 1~45	45(FORTY FIVE) CARTONS OF 100% WOOLEN SWEATER ONLY. ************************ REMARKS: LC NO:LC222	"P" ******	1575KGS	YL120908-TD OCT 22,2013

11. Certification It is hereby certified, on the basis of control carried out, that the declaration by the exporter is correct. (CIQ NINGBO CHINA FORM A) 何伟东	12. Declaration by the exporter The undersigned hereby declares that the above details and statements are correct, that all the goods were produced in _____CHINA_____ (country) and that they comply with the origin requirements specified for those goods in the Generalized System of Preferences for goods exported to BRITISH YALI FASHION CORP.
NINGBO, CHINA OCT 24, 2013 ----------------------------- Place and date, signature and stamp of certifying authority	NINGBO, CHINA OCT 24, 2013 李红 ----------------------------- Place and date, signature and stamp of authorized signatory

【跟学训练】

请根据下列信用证条款及补充资料缮制一般产地证及品质证书:

1. 信用证

L/C NO.	*20 :PY123
APPLICANT	*50: KOLLEN INTERNATIONAL INC.
	129 HAYWARD WAY, U.S.A
BENEFICIARY	*59: SHANGHAI YUDA IMP. AND EXP. CORP.
	NO. 12 XIZANG ROAD, SHANGHAI, CHINA
LOADING FROM	*44A: CHINA
FOR TRANSPORTATION TO	*44B: HOUSTON PORT, USA
DESCRIPTION OF GOODS/SERVICES	*45A:

COTTON MEN'S TROUSERS AS PER S/C NO. YD12006

DELIVERY CONDITION: CIF HOUSTON

ART NO. H666   1500PCS   USD5.50/PC

ART NO. HX88   1000PCS   USD4.50/PC

ART NO. HZ21   2000PCS   USD4.80/PC

DOCUMENTS REQUIRED　＊46A：

+CERTIFICATE OF CHINESE ORIGIN CERTIFIED BY CHAMBER OF COMMERCE OR CCPIT.

ADDITIONAL CONDITIONS：＊47A：

+ALL DOCUMENTS MUST SHOW THIS L/C NO.

+INSPECTION CERTIFICATE OF QUALITY SHOWING THAT SHRINKAGE IS UNDER 5 PCT.

2. 补充资料

装箱方式：18PCS/CTN

　　　　　N.W.：　4.50KGS/CTN　　G.W.：5.00KGS/CTN MEAS.：25CM×50CM×60CM/CTN

发票号码：YD120061

发票日期：MAR,02TH,2012

装运港口：SHANGHAI PORT

装运日期：MAR. 13TH,2012

一般产地证号码：12C4403A1546/00124

品质证书编号：CN2012306

【课外拓展】

一、思考题

1. 原产地证书的种类有哪些？出口到哪些国家时须签发？

2. 普惠制产地证的作用是什么？此证应由哪个机构签发？

3. 当我国的受惠产品出口哪些国家时，须提供《亚太贸易协定》优惠原产地证书？

4. 检验检疫证书有什么作用？它可以由哪些机构签发？

二、操作训练题

1. 请缮制附件一操作训练案例库中案例二和案例三中所需普惠制产地证。

2. 请缮制附件一操作训练案例库中案例一、案例二、案例三中所需品质证书。

学习情境四　保险单证的缮制

【学习目标】

1. 知识目标

(1) 掌握保险单证的内容以及申领方法。

(2) 熟悉中国保险条款(CIC)和伦敦保险协会货物条款(ICC)对险别的划分。

(3) 了解保险公司的承保期限以及索赔条件。

2. 能力目标

(1) 能读懂合同和信用证中的保险条款。

(2) 能根据不同外贸业务下的保险条款，正确办理保险。

(3) 能正确申领并核对保险单证。

【工作情景】

雅丽服装公司外贸单证员小李在办理好订舱手续后，按照《2010 年国际贸易术语解释通则》中 CIF 术语下对卖方责任的规定，开始着手办理保险，申领保单。小李需要了解投保什么险别、保险金额如何确定、需要支付多少保费等问题。

【任务描述】

1. 根据上述背景资料，请以小李的身份找出及审核信用证中保险条款。

2. 根据信用证条款中对保险的要求，向保险公司正确投保并核对保险公司出具的保单。

【知识准备】

服装出口运输保险是以国际间运输过程中的各种货物作为保险标的，保险人按保险合同的约定，对保险货物因承保责任范围内的风险所遭受的损失，给予被保险人一定的经济补偿。保险单证是保险人签发给被保险人的法律文件，它既反映保险人与被保险人之间的权利和义务关系，又是保险人的承保证明。在国际贸易中，保险单经背书后可以随货物所有权的转移而转让。

一、服装运输保险基础知识

(一)海上运输风险

服装在海洋运输过程中可能会遇到各种风险致使受损,但可从保险公司得到保障的范围仅限于保险合同约定的风险。海上货物运输风险分为以下两大类。

1. 海上风险

海上风险又称海难,一般是指船舶、货物在海上运输中所发生的自然灾害和意外事故。国际保险业对海上风险又有特定的范围。

(1)自然灾害。指由于人力不可抗拒的自然界力量所造成的灾害。属自然灾害性质的风险有恶劣气候、雷电、地震、海啸、洪水、火山爆发等。

(2)意外事故。指由于偶然的、非意料中的原因所引起的事故,通常与船舶有直接的关系,如船舶搁浅、触礁、沉没、船舶失踪、互撞、失火等。

2. 外来风险

外来风险是指由于外界原因致使船舶、货物受损,分为一般外来风险和特殊外来风险。

(1)一般外来风险。指由于一般外界原因所引起的风险,如货物在运输途中被偷窃、雨淋、短量、沾污、渗漏等。

(2)特殊外来风险。这是由于一国政治、政策法令、行政措施等特殊外来原因所造成的风险。如战争、罢工、交货不到、拒收货物等。

(二)海上货物损失

跨国运输的服装在海洋运输过程中遭遇海上风险或外来风险而受到损失或灭失,按其损失程度分为全部损失和部分损失,按其损失性质分为共同海损和单独海损。

1. 全部损失(Total Loss)

全部损失又称全损,是指被保险货物中的整批货物或不可分割的一批货物全部损失。全部损失分为以下两种情况。

(1)实际全损(Actual Total Loss)。指被保险货物的全部灭失,或原有用途和价值的丧失,或所有权的丧失等情形。

(2)推定全损(Constructive Total Loss)。指被保险货物遭遇风险后,未达到全部损失,但若经施救、整理、修复所耗费用估计要超过到达目的地货物完好状态的价格。

在推定全损的情况下,被保险人若想获得全部损失的赔偿,必须向保险公司办理"委付"(Abandonment)手续,将保险货物的一切权利包括货物的所有权转让给保险公司,要求保险公司按全损给予赔偿。委付必须经保险公司明示或默示的承诺方为有效。若被保险人欲保留对剩余货物的所有权,可由保险公司按照部分损失处理赔款。

2. 部分损失(Partial Loss)

部分损失又称分损,即货物损失没有达到全部损失的程度。部分损失分为以下两种。

(1)共同海损(General Average)。指载货船舶在航行途中遭遇风险,危及船、货等各方的共同安全,船长为维护各方的利益,使航程得以继续完成,采取了合理的、有意识的措施,以致造成特殊的牺牲和额外的费用。

根据国际保险业的规定,构成共同海损,应具备下列条件。

第一,危及船、货共同安全的危险必须是真实存在或不可避免的。

第二,船方采取的措施必须是有意识的,而且是合理的。

第三,所做的牺牲具有特殊性,支出的费用是额外的。

第四,作出的牺牲和支出的费用最终必须是有效的。

对于共同海损的牺牲和费用,通常是由各利害关系方即船方、货方或运费方根据获救利益的大小按比例分摊。

(2)单独海损(Particular Average)。指保险公司承保责任范围内的风险直接导致船舶、货物的部分损失。这种损失局限于被保险人,并不涉及其他有关方的利益。

对于单独海损的损失,一般由受损方自己承担。

二、服装运输保险条款

保险险别是保险公司对货物运输中的风险和损失的承保责任范围,各种保险险别的承保责任是通过不同的保险条款加以规定的,各国保险公司对此都制定了相应的保险条款。中国人民保险公司根据我国保险业务的实际需要并参照国际保险市场的习惯做法,分别制定了各种不同运输方式的货物运输保险条款。

(一)我国海运货物保险条款——CIC

我国对外贸易中,各进出口企业办理海运货物保险时,主要使用1981年1月1日修订的中国人民保险公司海洋运输货物保险条款(China Insurance Clause,即CIC,1981年1月1日)。

我国海洋运输货物保险条款分为基本险和附加险。

1. 基本险

基本险又称"主险",指保险公司可以独立承保的险别,主要承保海上风险所造成的货物损失。

(1)平安险。保险公司对平安险(Free from Particular Average,简称FPA)承保的责任范围主要是自然灾害造成的全部损失,意外事故造成的全部损失和部分损失,而对自然灾害造成的部分损失一般不予负责。平安险是基本险中责任范围最小的险别,具体责任范围如下。

①被保险货物在运输途中由于恶劣气候、雷电、地震、海啸、洪水等自然灾害造成整批货物的全部损失或推定全损。被保险货物用驳船运往或运离海轮的,每一驳船所装的货物可视作一个整批。

②由于运输工具遭受搁浅、触礁、沉没、互撞、与流冰或其他物体碰撞以及失火、爆炸等

意外事故造成货物的全部或部分损失。

③运输工具遭受搁浅、触礁、沉没、焚毁等意外事故的情况下,货物在此前后又在海上遭受恶劣气候、雷电、海啸等自然灾害所造成的部分损失。

④在装卸或转运时,由于一件或数件货物落海造成的全部或部分损失。

⑤被保险人对遭受承保责任范围内危险的货物采取抢救、防止或减少货损的措施而支付的合理费用,但以不超过该批被救货物的保险金额为限。

⑥运输工具遭遇海难后,在避难港由于卸货所引起的损失以及在中途港、避难港由于卸货、存仓以及运送货物所产生的特殊费用。

⑦共同海损的牺牲、分摊和救助费用。

⑧运输契约订有"船舶互撞责任"条款,根据该条款规定应由货方偿还船方的损失。

(2)水渍险。保险公司对水渍险(With Particular Average,简称WPA)的责任范围包括由于自然灾害和意外事故造成的货物全部损失和部分损失。即在上述平安险的各项责任上,还负责由于自然灾害造成的货物部分损失。水渍险的责任范围比平安险大。

(3)一切险。保险公司对一切险(All Risks)的承保责任范围除水渍险的各项责任外,还包括被保险货物在运输途中由于一般外来风险所造成的全部损失或部分损失。在基本险中,一切险的责任范围是最大的。值得注意的是,一切险的责任范围并不包括由于特殊外来风险所造成的损失。

对于上述三种基本险别,中国保险条款还规定了保险公司有以下的除外责任:即被保险人的故意行为或过失所造成的损失;属于发货人的责任所引起的损失;在保险责任开始前,被保险货物已存在的品质不良或数量短差所造成的损失;被保险货物的自然损耗、本质缺陷、特性以及市价跌落、运输迟延所引起的损失或费用;属于海洋运输货物战争险和罢工险规定的责任范围和除外责任。

2. 附加险

附加险是对基本险的扩大和补充。根据中国人民保险公司的规定,附加险不能单独投保,只能在投保了基本险的基础上加保。附加险分为一般附加险和特殊附加险两大类。

(1)一般附加险的险别(11种)。

①偷窃、提货不着险(Risk of Theft Pilferage and Non-Delivery,简称TPND)。

②淡水雨淋险(Risk of Fresh Water and/or Rain Damage)。

③短量险(Risk of Shortage)。

④混杂、沾污险(Risk of Intermixture and Contamination)。

⑤渗漏险(Risk of Leakage)。

⑥碰损、破碎险(Risk of Clash and Breakage)。

⑦串味险(Risk of Taint of Odor)。

⑧受潮受热险(Risk of Sweat and Heating)。

⑨钩损险(Risk of Hook Damage)。

⑩包装破裂险(Risk of Breakage of Packing)。

⑪锈损险(Risk of Rust)。

(2)特殊附加险的险别(8种)。

①战争险(War Risk)。

②罢工险(Strikes Risk)。

③舱面险(On Deck Risk)。

④拒收险(Rejection Risk)。

⑤黄曲霉素险(Aflatoxin Risk)。

⑥进口关税险(Import Duty Risk)。

⑦交货不到险(Failure to Deliver Risk)。

⑧货物出口到中国香港(包括九龙)或中国澳门存仓火险责任扩展条款[Fire Risk Extension Clause for Storage of Cargo at Destination Hong Kong(Including Kowloon)or Macao,简称 FREC)。

此外,海洋运输货物保险中,还有两种专门保险险别,即适用于冷藏货物的"海洋运输冷藏货物保险"和适用于散装桐油的"海洋运输散装桐油保险"。这两种险别也属基本险性质。

3. 货物保险责任期限——W/W 条款

中国人民保险公司的海洋运输货物保险条款规定的责任期限,参照国际保险业的习惯做法,采用"仓至仓条款"(Warehouse to Warehouse Clause,简称 W/W),即保险公司的保险责任从货物运离保险单上载明的启运地发货人的仓库开始,但因投保时间及由于保险利益的限制,此时保险责任自该货物在装运港装上海轮开始,包括正常运输过程中的海上、陆上、内河和驳船运输在内,直至该货物运入保险单上载明的目的地收货人的仓库为止。如果货物在卸货港卸离海轮后满 60 天仍未送达收货人仓库时,保险公司责任即宣告终止。如在上述 60 天内被保险货物需转运或分拨至非保险单所载明的目的地时,则以该项货物开始转运或分拨时保险公司责任终止。

在非正常情况下,被保险人及时通知保险公司并在必要时加缴保险费,则可按扩展责任条款办理,由保险公司继续予以负责。

需要注意的是,战争险的保险责任起讫与货物运输险不同,它不采用"仓至仓"条款,而是以"水面风险"为限,即保险公司的责任自货物在启运港装上海轮时开始,直到目的港卸离海轮时为止。如果货物不卸离海轮或驳船,则从海轮到达目的港的当日午夜起算满 15 天,保险责任自行终止;如果货物在中途港转船,不论是否在当地卸货,保险责任以海轮到达该港或卸货地点的当日午夜起算满 15 天为止,到再装上续运海轮时恢复有效。

(二)英国海运货物保险条款——ICC

目前,在国际保险市场上所使用的海运货物保险条款中,具有较大影响的是英国伦敦保险协会制定的《协会货物条款》(Institute Cargo Clause,简称 ICC,1982 年 1 月 1 日)。

《协会货物条款》一共有 6 种险别。

(1)协会货物(A)险条款——ICC(A)。

(2)协会货物(B)险条款——ICC(B)。

(3)协会货物(C)险条款——ICC(C)。

(4)协会战争险条款(货物)——ICC 战争险。

(5)协会罢工险条款(货物)——ICC 罢工险。

(6)恶意损害险条款——ICC 恶意损害险。

上述六种保险条款中,ICC(A)险的承保责任范围最广,它采用"一切风险减除外责任"的方式,较原先的"一切险"(All Risks)责任大。ICC(B)险的承保责任范围其次,但在原先"水渍险"(WPA)基础上增加了部分条款,加大了保险公司的责任。ICC(C)险条款比"平安险"(FPA)的责任范围还要小,它仅对"重大意外事故"风险负责,对非重大事故及部分自然灾害风险不负责任。另外,《协会货物条款》将战争险和罢工险单独列明,在需要时也可作为独立的险别进行投保。而恶意损害险是一个附加险别,不得单独投保,但它已被列入(A)险的承保范围,所以,只有在投保(B)险和(C)险的情况下,需要时可另行加保。

(三)其他货物运输保险条款

1. 陆上运输货物保险条款

根据中国人民保险公司 1981 年 1 月 1 日修订的《陆上运输货物保险条款》的规定,陆上运输货物保险分为基本险和附加险。

(1)基本险。有陆运险和陆运一切险两种。保险公司承保责任范围均适用于火车和汽车运输,并以此为限。另有适用于冷藏货物的专门保险,即陆上运输冷藏货物险,其性质也属基本险。

(2)附加险。陆上运输货物战争险(火车)等。

2. 航空运输货物保险条款

根据中国人民保险公司 1981 年 1 月 1 日修订的《航空运输货物保险条款》的规定,航空运输货物保险分为基本险和附加险。

(1)基本险。有航空运输险和航空运输一切险两种。

(2)附加险。航空运输货物战争险等。

3. 邮政包裹运输保险条款

根据中国人民保险公司 1981 年 1 月 1 日修订的《邮包保险条款》的规定,邮包保险分为基本险和附加险。

(1)基本险。有邮包险和邮包一切险两种。

(2)附加险。邮包战争险等。

三、出口货物投保手续

出口货物投保手续主要包括选定投保方式、确定保险金额、选择保险险别、填写投保单和交付保险费等,下面分别加以叙述。

(一) 选定投保方式

出口货物运输保险的投保方式分为逐笔投保和预约保险两种。出口企业可以根据业务量的大小和稳定性加以选择。

1. 逐笔投保

在我出口贸易中,凡按 CIF、CIP 条件签订的合同,由我方负责投保,出口企业一般采用逐笔投保方式向保险公司办理出口货物运输保险。

2. 预约保险

专门从事进出口业务的外贸公司或有长期出口业务的单位,为了简化手续,可与保险公司事先签订"预约保险合同"(Open Policy),在合同中,对出口货物投保的险别、保险费率、保险费和赔款的支付方法都作出了规定。预约保险合同是出口企业与保险公司之间的正式保险契约,凡属预约保险合同范围的出口货物,一经启运,保险公司即自动按预约保单所订立的条件承保。

采用预约保险方式,出口企业对每批出口货物无须逐笔办理投保,而是在每笔货物启运前,及时将启运通知书(包括货物名称、数量、船名、开航日期等有关事项)送交保险公司,因此预约保险,保险公司一般不再另行签发保险单。

(二) 确定保险金额

保险金额是被保险人对保险货物的实际投保金额,也是保险公司承担保险责任和计收保险费的基础。在保险货物发生保险责任范围的货损货差时,保险金额就是保险公司赔偿的最高限额。

海运出口货物运输保险的保险金额一般是以 CIF 价格为基础,再加上一定百分比的"加成"(一成为 10%;二成为 20%;以此类推),即:

$$\text{保险金额} = \text{CIF} + \text{CIF} \times \text{加成率}$$
$$= \text{CIF} + \text{CIF} \times 10\%$$

或

$$\text{保险金额} = \text{CIF} \times (1 + \text{加成率})$$
$$= \text{CIF} \times 110\%$$

若对外报价需从 CFR 价换算成 CIF 价,则换算公式应为:

$$\text{CIF} = \frac{\text{CFR}}{1 - (1 + \text{加成率}) \times \text{保险费率}}$$

$$=\frac{\text{CFR}}{1-110\%\times\text{保险费率}}$$

关于投保加成,如合同或信用证未作规定的,按 INCOTERMS 2000 和 UCP600 规定,保险单据上必须表明投保最低金额为货物的 CIF 或 CIP 货值加 10%,即 110%。

(三) 选择保险险别

保险险别是保险公司对风险和损失的承保范围。在不同的保险险别下,保险公司承担的责任范围不同,被保险货物受损时可获得的补偿也就不同。所以,投保时应选择适当的险别,以使货物获得充分的经济保障。

选择何种险别,应视货物的性质和特点、货物的包装情况、运输线路及到达港的设施、装卸能力及安全等因素综合考虑。一般来说,国际贸易货物运输保险承保的基本风险是在运输途中自然灾害和意外事故所造成的损失。所以,投保险别应首先在基本险中选择平安险和水渍险,然后再根据需要加保必要的附加险。但若考虑到货物遭受外来风险的可能性较大,则可选择一切险,再视具体情况加保特殊附加险。

按 CIF 或 CIP 术语签订的出口合同,卖方投保时必须按照合同或信用证规定的保险险别投保。如果合同或信用证对此未作规定的,根据《INCOTERMS 2000》,卖方可按《协会货物条款》或其他类似保险条款中最低责任的保险险别投保,即投保《协会货物条款》中的 ICC(C)险或《中国保险条款》中的平安险(FPA)。

(四) 填写投保单

投保人办理出口货运保险时,须以书面形式提出申请,即填写"货物运输险投保单"(表4-1),投保单一式两份,一份由保险公司签署后交卖方作为接受承保的凭证,另一份则由保险公司留存,作为缮制、签发保险单据的依据。

表 4-1　中国人民保险公司国外运输险投保单

1. 保险人		2. 被保险人:	
3. 标记	4. 包装及数量	5. 保险货物项目	6. 保险货物金额
7. 总保险金额:(大写)			
8. 运输工具:			
9. 装运港:		10. 目的港:	
11. 投保险别:		12. 货物起运日期:	
13. 投保日期:		14. 投保人签字:	

各国保险公司的投保单格式不尽相同,但基本内容一致,一般包括被保险人名称、运输标志、包装及数量、保险金额、运载工具、投保险别等事项。卖方填制投保单时,应遵循"最大诚信原则",将有关保险货物的情况如实告知。投保单内容应与合同或信用证规定相符。若

国外客户要求按伦敦保险协会条款投保的,中国人民保险公司视情况亦可通融接受。

对于业务量较大的外贸公司,在投保出口货物运输险时,为简化手续,经双方协商同意,一般可不填制投保单,而以发票、出口货物明细单等单据副本代替。

(五) 交付保险费

投保人交付保险费,是保险合同生效的前提条件。保险费依据保险金额乘以保险费率求得,即:

$$
\begin{aligned}
保险费 &= 保险金额 \times 保险费率 \\
&= CIF \times (1+加成率) \times 保险费率 \\
&= CIF \times 110\% \times 保险费率
\end{aligned}
$$

目前,我国出口货物保险费率分为"一般货物费率"和"指明货物加费费率"两大类。前者适用于所有的货物,后者仅适用特别订明的货物。保险公司收到保险费后应提供保费收据。

四、保险单据

保险单据是证明保险合同成立的法律文件,它既反映保险人与被保险人之间的权利和义务关系,又是保险人的承保证明。一旦发生保险责任范围内的损失,它就是被保险人要求赔偿的法律依据。在国际贸易中,保险单经背书后可以随货物所有权的转移而转让。

(一) 保险单的种类

(1) 保险单(Insurance Policy)。俗称"大保单",是正式的保险单据。除正面项目外,背面载有保险双方当事人的权利义务条款,是证实保险人与被保险人建立保险契约的正式文件。

(2) 保险凭证(Insurance Certificate)。俗称"小保单",这是一种简化的保险单据,背面没有条款,与保险单具有相同的法律效力。但保险条款仍以保险单的保险条款为准。如果信用证要求提供保险单就不能提供保险凭证。如果信用证要求提供保险凭证,可以提供保险单。

(3) 预约保险单(Open Policy, Open Cover)。这是一种长期性的货物运输保险合同。合同中规定了承保范围、险别、费用、责任、赔款处理等项目。凡属合同约定的运输货物,在合同有效期内自动承保。在实际业务中,一般是在每批货物装运后,由被保险人向保险公司或进口商发出"保险声明"(Insurance Declaration)或"装运通知"(Shipment Advice),其上列明被保险货物的名称、数量、毛重、金额、运输工具、运输日期以及预保合同编号,作为正式保单生效的标志,其副本或相关的受益人证明书通常作为议付的单据之一。

(4) 批单(Endorsement)。保险单出立后,投保人如要补充或变更其内容,可向保险公司提出批改申请。保险公司如同意即出立批单,注明更改或补充的内容,并对批单内容负责。批单原则上须粘贴在保险单上,并加盖骑缝章,作为保险单不可分割的一部分。

(二)保险单的内容

世界各地保险人签发的海上货物运输保险单,格式互有差异,但内容基本一致。现以中国人民保险公司的保险单(见附件二)为例说明如下。

保险单的内容包括正面记载事项和背面的保险条款。

保险单正面大致包括以下三部分内容。

(1)证明双方当事人建立保险关系的文字。说明保险人根据被保险人的要求,由被保险人缴付约定的保险费,按照本保险单条件承保货物运输险。

(2)被保险货物的情况,包括货物项目、标记、包装及数量、保险金额以及载货船名、启运地和目的地、开航日期等。

(3)承保险别、理赔地点以及保险人关于所保货物如遇风险可凭保险单及有关证件给付赔款的声明。

保险单背面所列保险条款,是确立保险人与被保险人之间权利与义务关系的依据,是保险单的重要内容。许多国家的保险公司均按伦敦保险协会条款办理。中国人民保险公司使用中国保险条款,内容包括:平安险、水渍险和一切险三种基本险别的责任范围、除外责任、责任起讫、被保险人的义务、索赔期限等。

保险单一式五份。第一、第二份印有"ORIGINAL"(正本)字样,背面印有保险条款,其余三份印有"COPY"(副本)字样,通常作保险公司备案和结算保险费之用。

(三)保险单的填制

现以中国人民保险公司的保险单为例(见附件二)说明其填制方法。

1. 发票号码(Invoice No.)和保险单号码(Policy No.)

发票号码按本批货物的发票号如实填列。保险单号码由保险公司编列。

2. 被保险人(the insured)

被保险人又称"抬头",填写时应注意以下方面。

(1)被保险人通常填写出口人名称,并由出口人作空白背书,以表示保险权益的转让。

(2)如信用证规定被保险人为受益人以外的某公司或某银行,保险单应直接打该公司或银行名称。如信用证在被保险人名称前注有"To the order of…",保险单也应照加,受益人不背书。

(3)如信用证要求保险单做成"To order",应在被保险人栏照打"To order"并由受益人背书。

(4)如信用证规定被保险人做成"To order of bearer"保险单可照打,或在"To order of"之后注明受益人名称,这两种方式均应由受益人背书。

(5)在 FOB 或 CFR 价格条件下,如国外买方委托卖方代办保险,被保险人栏可做成"××(卖方)on behalf of ××(买方)",并且由卖方按此形式背书。

(6)如信用证保险条款规定"Blank endorsed"或未做具体规定,则一律由被保险人做空白背书。如信用证规定"Endorsed to order of ××"或"Endorsed in favour of ××",保险单的被保险人栏应注明受益人名称,然后由受益人背书并根据不同情况分别加注"To order of ××"、"In favour of ××"或"Please pay to order of ××"、"Please pay in favour of ××"或"Please deliver to ××"、"Claims,if any,please pay to……"等。

(7)如信用证规定"Loss if any,pay to ××",保险单被保险人栏应注明受益人,并由受益人作空白背书,在索赔地栏后注明"Pay to ××"。

3. 标记(Marks & Nos.)

原则上应注明原唛头,并与发票和提单相符。如无唛头可填"N/M"。本栏目也可填"As per Invoice No. ××"(如××号发票)。因为保险索赔时须提供发票,这样做还可以避免单单不符。

4. 包装及数量(Quantity)

有包装的要注明包装件数;裸装货要注明本身件数;散装货要注明净重;有包装但以重量计价的应将包装件数和计价重量都在本栏目内标注。

5. 保险货物项目(Description of Goods)

本栏填写的内容应与发票和提单相同,允许使用货名统称。

6. 保险金额(Amount Insured)和总保险金额(Total Amount Insured)

(1)保险金额填小写金额,如"USD250.00";总保险金额为大写累计金额,如"US Dollars Two Hundred And Fifty Only"。大小写金额应保持一致。

(2)保险货币应与信用证一致,托收方式下应与合同货币一致。

(3)保险金额的加成百分比应严格按信用证或合同规定掌握。如没有具体规定,应按 CIF 或 CIP 价格的 110%投保。在无法确定货价时,应选择议付金额与发票金额中较大的投保。

(4)保险金额一般不要辅币,小数点后尾数一律要向上进位为整数。例如发票金额为 USD 1507.30,加一成投保,保险金额为 USD 1507.30×110%,得 USD 1658.03,则进位后保险金额应为:USD 1659.00。

(5)如发票金额有扣除佣金,保险金额应按扣佣前的毛额加成投保;如发票金额有扣除折扣,则保险金额可按扣除折扣后的净额加成投保。

7. 保费(Premium)和费率(Rate)

这两栏通常不注明具体数字而分别注明"As arranged"(按约定)。保费栏亦可打"Paid"或"Prepaid"。如信用证要求注明保费金额和费率时,则应如实注明。

8. 装载运输工具(Per Conveyance S.S.)

(1)海运方式下填写船名和航次。如"APL V.126"。

(2)铁路运输填写"By Railway"或加上车号,如"Wagon No. 12345"。

(3)航空运输填写"By Air"。

(4)邮包运输填写"By Parcel Post"。

9. 开航日期(Slg. on or abt.)

本栏目填写本批货物运输单据的日期,如海运可以只填"As per B/L"。

10. 起讫地点(From...To...)

(1)在"From"之后填写装运港(地)的名称,"To"之后填写目的港(地)的名称,并与提单或其他运输单据相符。

(2)如须转船,应在目的港后加注"W/T at ×××(转船港名称)"例如"From Ningbo To London W/T At Hongkong"。

(3)如海运至某港口,保险承保到内陆某地,应在目的港后注明。例如目的港马赛,保险承保到巴黎,则应填列"From...To Marseilles and thence to Paris."。

(4)提单如为买方选港,例如"Option London/Liverpool/Manchester",保单目的港应照填。

11. 承保险别(Conditions)

(1)本栏目应按信用证(托收方式下按合同)规定的保险险别填列。

(2)本栏目除注明险别名称外,还应注明保险险别适用的文本及其生效日期,例如"Covering all risks and war risks as per ocean marine cargo clause and ocean marine cargo war risks clauses of the people's insurance company china dated 1/1/1981"(按照中国人民保险公司1981年1月1日生效的海运货物条款和海运货物战争条款承保一切险和战争险)。又如:"Covering Marine Risks Clause(A)as per Institute Cargo Clause(A)dated1/1/1982"[按照伦敦保险协会1982年1月1日生效的协会货物(A)条款承保海运险(A)条款。]

(3)在实际业务中,有些文句可采用缩略写的形式,例如上述第一个条款可写成"...as per OMCC & OMCWRC of the PICC(CIC)dd. 1/1/1981"或"...as per CIC All,Risks & War Risks"。上述第二个条款可写成"...as per ICC(A)dd. 1/1/1981"等。

12. 勘察理赔代理人(Agent)

这是指货物出险时负责检验、理赔的承保人的代理人。通常检验与理赔为同一代理人,但根据需要也可以分开各司其职。

保险勘察、理赔代理人由保险公司指定,但须提供详细地址,以便在损失发生时,收货人可及时通知该代理人进行勘察和理赔事宜。

13. 赔付地点(Claim Payable at)

本栏目包括保险赔款支付地点和赔付的货币两项内容。

(1)如信用证规定了赔偿地点,保单应照打。例如信用证规定"Claims, if any, to be payable at Japan.",则本栏目可打上"Japan"。如信用证未作规定,则可在本栏目打上目的港名称。如信用证规定不止一个目的港或赔付地,则应全部照打。

（2）赔付的货币通常为信用证所使用的货币。如信用证另有规定时应按规定注明。例如，信用证规定"Claims, if any, are payable in Japan in USD."，则本栏目应打"Japan in USD"。如信用证未规定赔付货币时，可以不打币别。

14. 出单日期和地址（Dated, at）

保单的出单日期不应晚于提单日期。保单的地址应为保险公司所在地。

15. 保险公司签章（Authorized Signature）

保险单由保险公司或其代理人签章。根据英国法律规定，海上保险单可只盖图章。

【操作示范】

第一步：根据任务1的要求，找出信用证的保险条款：INSURANCE POLICY IN DUPLICATE FOR 110% OF INVOICE VALUE COVERING ALL RISKS AND WAR RISK SUBJECT TO CIC DATED JAN 1ST, 1981.

审核结果为：要求提交保险单一式两份，投保金额为发票值的110%，投保1981年1月1日中国保险条款的一切险和战争险。

第二步：根据任务2的要求，要向保险公司投保。先确定投保金额和保险费。经与保险公司协商，本业务项下的保险费率为1‰，分别计算出保险金额及保险费。

保险金额：$CIF \times 110\% = 40000 \times 110\% = 44000$（美元）

保险费 = 保险金额 × 保险费率 = $44000 \times 1‰ = 44$（美元）

第三步：对从保险公司取得的保单（表4-2）进行审核，审核结果完全符合信用证要求。

表4-2 保险单

海洋货物运输保险单

发票号次：　　　　　　　第一正本　　　　　保险单号次：
INVOICE NO: YL120908-TD　THE FIRST ORIGINAL　POLICY NO: PICCNP47

中国人民保险公司（以下简称本公司）

This Policy of Insurance witnesses that People's Insurance Company of China (hereinafter called "the

根据 company") at the request of YALI FASHION CORP.

（以下简称被保险人）的要求，由被保险人向本公司缴付约定 (hereinafter called the "Insured") and in consideration of the agreed premium being paid to the Company by

的保险费，按照本保险单承保险别和背面所载条款与下列 the Insured, undertakes to insure the undermentioned goods in transportation subject to the conditions of this

特殊条款承保下述货物运输保险，特立本保险单。

Policy as per the Clauses printed overleaf and other special clauses attached hereon.

标记 MARKS. & NOS.	包装及数量 QUANTITY	保险货物项目 DESCRIPTION OF GOODS	保险金额 AMOUNT INSURED
TAD LONDON YG899 NO. 1-45	45 CARTONS LC NO: LC222	100% WOOLEN SWEATER	USD44000.00

总保险金额：
Total Amount Insured: SAY US DOLLARS FORTY FOUR THOUSAND ONLY

保费	费率	装载运输工具
Premium AS ARRANGED	Rate AS ARRANGED	Per Conveyance S. S. VD TARUS V. 37W

开航日期　　　　　　　　　　　自　　　　　　至
Slg on or abt.　OCT 28,2013　From　　　　NINGBO CHINA　To　LONDON BRITISH

承保险别：
Conditions：COVERING ALL RISKS AND WAR RISKS ONLY AS PER CHINA INSURANCE CLAUSE. DATED 1/1/1981.
所保货物,如遇出险,本公司凭第一正本保险单及其有关证件给
Claims, if any, payable on surrender of the first original of the Policy together with other relevant documents.
付赔款。所保货物,如发生本保险单项下负责赔偿的损失或事
In the event of accident whereby loss or damage may result in a claim under this Policy immediate notice
故,应立即通知本公司下述代理人查勘。
applying　for survey must be given to the Company's　Agent as mentioned hereunder：

中国人民财产保险公司宁波分公司
PICC LONDON BRANCH
NO. 1355 ST. LOUIS STREET, LONDON, BRITISH　　　　　　　　　　×××
TEL：0044-35896879 FAX：0044-35896878

赔款偿付地点
CLAIM PAYABLE AT LONDON BRITISH IN USD
日期
DATE 　　　OCT 27,2013

【跟学训练】

请根据下列信用证条款和补充资料缮制保险单。

1. 信用证条款

L/C NO.　　　　　　　　　　　*20：PY123
DATE OF ISSUE　　　　　　　*31C：20120210
EXPIRY DATE AND PLACE　　　*31D：20120415　CHINA
APPLICANT　　　　　　　　　*50：KOLLEN INTERNATIONAL INC.
　　　　　　　　　　　　　　　　　129 HAYWARD WAY, U. S. A
BENEFICIARY　　　　　　　　*59：SHANGHAI YUDA IMP. AND EXP. CORP.
　　　　　　　　　　　　　　　NO. 12XIZANG ROAD, SHANGHAI, CHINA LOADING FROM
　　　　　　　　　　　　　　　*44A：CHINA
FOR TRANSPORTATION TO　　　*44B：HOUSTON PORT, USA
DESCRIPTION OF GOODS/SERVICES　*45A：
COTTON MEN'S TROUSERS AS PER S/C NO. YD12006
DELIVERY CONDITION：CIF HOUSTON
ART NO. H666　　1500PCS　　USD5. 50/PC
ART NO. HX88　　1000PCS　　USD4. 50/PC
ART NO. HZ21　　2000PCS　　USD4. 80/PC

DOCUMENTS REQUIRED   *46A:

+INSURANCE POLICY IN DUPLICATE FOR 110% OF INVOICE VALUE COVERING ALL RISKS AND WAR RISK SUBJECT TO CIC DATED JAN. 1ST,1981.

ADDITIONAL CONDITIONS: *47A:

+ALL DOCUMENTS MUST SHOW THIS L/C NO.

2. 补充资料

发票号码:YD120061

装箱方式:18PCS/CTN   N.W.:4.50KGS/CTN   G.W.:5.00KGS/CTN

船名航次:M. SUNSHINE V. 15

保险代理:PICC NEW YORK BRANCH,U.S.A.

　　　　NO. 1355 ST. LOUIS STREET,NEW YORK,U.S.A.

　　　　TEL:001-35896879 FAX:001-35896878

【课外拓展】

一、思考题

1. 以 FOB 条件成交,国外买方来证委托受益人代办保险,如果受益人接受并代办保险手续,那么,保险单的抬头和背书应如何做? 保险金额应是多少?

2. 被保险的货物遭遇保险单承担的风险造成损失,被保险人在什么情况下才能凭保险单向保险人取得赔偿?

3. 在保险单签发后,如投保人须补充或修改其内容,应办理什么手续? 原保险单在其内容修改后还能使用吗?

4. 凡是晚于提单日期出单的保险单银行都拒受吗?

二、操作训练题

请缮制附件一操作训练案例库中案例一及案例三中所需保险单。

学习情境五　运输单证的缮制

【学习目标】

1. 知识目标

(1) 掌握运输单证的核对方法。
(2) 熟悉信用证条款中对运输单证的要求。
(3) 熟悉运输单证的内容。
(4) 了解运输单证的种类。

2. 能力目标

(1) 能根据信用证内容找出运输单证的相关条款。
(2) 能识别具体业务下所需运输单证的种类和份数。
(3) 能正确核对运输单证。

【工作情景】

雅丽服装公司单证员小李针对信用证中对运输单证的要求，在货物生产即将完成时，于10月18日向致远船务代理公司(ZHIYUAN SHIPPING AGENT)进行租船订舱、报关报检。致远公司告知该批服装将由 VD TARUS V.37W 出运，预计10月28日离港。致远公司于10月23日发来号码为 COSU6545878 的20米集装箱前来装货。装货完成后送至集装箱货运站进行拼箱，最后封箱后铅封号为548665，于10月25日拉至码头堆场等候装船。

10月27日 VD TARUS 抵达宁波港开始装运，10月28日该批服装装上 VD TARUS V.37W 离港后，致远公司开具号码为 COSBL130920 的海运提单确认件传真至雅丽公司。小李根据信用证要求认真审核提单确认件，确认无误后盖确认章回传至致远船务代理公司，由致远船务代理公司出具正本提单，并由致远船务代理公司总经理刘远鹏签署。

【任务描述】

1. 根据上述背景资料，请以小李的身份找出信用证中提单条款。
2. 根据信用证中对运输单据的要求，正确审核提单。

【知识准备】

货物生产后期，单证人员应当及时向承运人租船订舱，以防舱位紧张，无法及时出运，在订舱时应提交海运托运单(Ocean Booking Note),即发货人向承运人托运海运出口货物的申请单证。这既是出口企业向货运代理公司提供出运货物的必要资料,也是货运代理公司向船公司订舱配载的依据。为了简化手续,有些港口将装货单等与托运单并在一起,一次缮制完成。

信用证中如果对服装产品提出检验检疫要求,单证人员应当正确审核,并根据相关要求按《商检法》的规定,对该批服装,向检验检疫机构申请办理检验、检疫、认定和鉴定的手续。

完成租船订舱,并通过报检取得通关单后,单证人员应当委托报关行或其他有报关资格的相关企业向海关提出报关。服装出口报关是由服装出口商或其代理人的报关行为和海关对服装依法进行监管、放行两方面内容组成。服装出口报关的程序分为申报、查验、放行三个阶段。

一、运输单证概述

在服装国际贸易中,服装的运输可采用海运、空运、陆运、邮政运输或几种运输方式的联合,不同的运输方式所使用的运输单据不同。

运输单证是承运方收到承运货物的收据,又是承运方与托运方之间运输契约的证明,如以可转让形式出立,它还具有物权凭证的效用,经过合法背书,可以不止一次地转让,其受让人即为货权所有人。正因为如此,它成为服装国际贸易中买卖双方最为关注的一种单据。

(一) 运输单证的种类和名称

运输单证种类繁多、名目不一,根据UCP600,按运输方式可概括为七大类,见表5-1。

表5-1 运输单证分类

运输方式	单据名称
海运	海运提单(MARINE/OCEAN B/L)
海运	不可转让海运单(NON-NEGOTIABLE SEA WAY BILL)
海运	租船提单(CHARTER PARTY B/L)
多式运输	多式运输单据(MULTIMODAL TRANSPORT DOCUMENT)
空运	空运单(AIR TRANSPORT DOCUMENT)
公路、铁路、内河运输	公路运单(ROAD WAY BILL) 铁路运单(RAIL WAY BILL) 内河运单(WATER WAY BILL)
快递或邮寄	快递、邮政收据或邮寄证明(COURIER AND POST RECEIPTS, CERTIFICATE OF POST)

UCP600要求运输单据上必须标明其单据的名称,但并不要求名称与信用证规定的运输单据名称绝对相符,这就是说重在实质和内容,而不拘于名称,例如信用证规定为"OCEAN BILL OF LADING",提交银行的为"COMBINED TRANSPORT BILL OF LADING",只要内容符合海运提单要求,银行是可以作为海运提单接受的。

(二) 可转让和不可转让运输单证

可转让运输单证是单证受让人或持有人在运输目的地的提货凭证。它是物权凭证,可在国际市场上以对价转让,银行一般可接受质押。不可转让运输单证不是提货凭证,货物到达目的地后,承运人或其当地代理通知单证上指定的收货人,并由其提供必要的证明提货。按国际惯例,七大类运输单证的收货人均须作成记名式抬头,因此是不可转让的;海运提单、租船提单和多式运输单证其收货人如是指示式的为可转让单证,如是记名式的则为不可转让单证。

(三) 运输单证的签署人

UCP600 对七类运输单证的签署人以及单证表面应否标明承运人名称作了相应的规定,具体规定见表 5-2。

表 5-2　对运输单证签署人的规定

单据种类	单据表面	签署人
海运提单	表明承运人名称	1. 承运人或其代理人,或 2. 船长或其代理人
不可转让海运单	表明承运人名称	1. 承运人或其代理人,或 2. 船长或其代理人
租船提单	表明或不表明承运人均可	1. 船长或其代理人,或 2. 船东或其代理人 3. 租船人或其代理人
多式或联合运输单据	表明承运人名称	1. 承运人或其代理人,或 2. 船长或其代理人
空运单	表明承运人名称	承运人或其代理人
公路、铁路或内河运输单据	表明承运人名称	1. 承运人或其代理人,或 2. 承运人或其代理人以签字、印戳或批注表明货物收讫
快递、邮政收据或邮寄证明	快递收据必须表明快递机构名称;邮政收据或投邮证明可以表明或不表明邮局名称	寄发地快递机构或寄发地邮局

(四) 运输单证的签署方式

在签署方式上,UCP600 要求如下所述。

(1)凡承运人/船长/船东的签署必须可识别其身份,例如 COSCO 提单,由 COSCO 自行签发时在签署的橡章上须表示其为 CARRIER。

(2)凡由承运人/船长/船东的代理签署时,须有代理的具名,并须表明被代理人的名称和身份,例如××公司代理 COSCO 签发提单时,除××公司具名和签字的橡章外,还得标示"AS AGENT FOR THE CARRIER—COSCO"字样。

(五)运输单证的正本份数

运输单证的份数按信用证要求而定,如信用证要求全套(FULL SET),1份正本也可视作全套。UCP600还明确规定:即使信用证规定提交全套正本,空运单以开给发货人或托运人的专用联作为全套正本;公路运输单证必须看似为开给发货人或托运人的正本或没有任何标记表明单证开给何人;铁路、内河运输单证不管运单上是否注明为正本,银行均可作为正本接受。

(六)运输单证的装运日期

装运日期是运输单证中的一个重要项目。在外贸业务中,进口方开给出口方的信用证中都有一个货物的装运期,例如信用证规定货物的装运应不迟于2013年6月30日,出口方提供的运输单证只能早于2013年6月30日,迟于2013年6月30日银行就拒绝接受。

按照UCP600规定,运输单据上装运日期是按下述规则掌握的。

(1)海运提单、不可转让海运单、租船提单,以上三类单证以单证签发日作为装运日期,如提单上有装船批注,以装船批注上的"ON BOARD"日期作为装船日期。

(2)空运以运单签发日为装运日期,如空运单上有起飞日期的专门批注(SPECIFIC NOTATION),则以该专门批注的起飞日期作为装运期。需要注意的是有些空运单格式上印有一个"FOR CARRIER USE ONLY"的栏目,该栏中有"FLIGHT DATE"项目,供承运人缮打预期装运的航班和日期,这个日期不被视作装运日期,因该栏不属于UCP600所指的"专门批注"。

(3)多式或联合运输单证。多式或联合运输一般使用收货待运提单格式,其装运日期以运输单证的签发日为准,但如单证上用印戳或其他方式表明了发送、接管或装船日期,则该日期将被视为装运日期。

(4)公路、铁路或内河运输,一般为收货待运单证,以单证签发日为装运日期,但如单证上另盖有带日期的收货印戳,或注明了收货日期或发运日期,则以该日期为装运日期。

(5)快递、邮政收据或投邮证明以单证上的日期作为装运日期。

二、海洋货物运输单证

(一)海运提单

海运提单(Ocean Bill of Lading)是指一种用以证明海上运输合同和货物已由承运人接管或装船,以及承运人保证凭以交付货物的单据。

1. 海运提单的性质和作用

(1)提单是货物收据(Receipt for the Goods)。证明承运人已按提单所载内容收到货物。

(2)提单是承运人与托运人之间所订运输合同的证明(Evidence of the Contract of Carriage)。提单条款明确规定了承、托双方之间的权利与义务、责任与豁免,是处理承运人与货方运输方面争议、纠纷的法律依据。

(3)提单是货权凭证(Documents of Title)。提单合法持有人有权凭提单在目的港向承运人提取货物,也可以在货物到达目的港之前,通过转让提单而转移货物所有权,或凭此向银行办理抵押贷款。

2. 海运提单的种类

海运提单从不同角度可分为以下几种类型。

(1)按货物是否装船分类。

①已装船提单(On Board B/L,Shipped On Board B/L)。已装船提单是指货物已经装上指定船只的提单。提单内注有"Shipped On Board"字样,并注明装货船名和装船日期。除集装箱运输或多式联运所使用的运输单据外,必须提供已装船提单,才能凭此结汇和提货。

②备运提单(Received for Shipment B/L)。这是表明货物已收妥但尚未装船的提单。提单内注有"…Received for Shipment…"字样,这种提单中只有签单日期没有装运日期,一般不能凭此结汇和提货。一旦货物装上船后,提单应加装船批注,从而构成已装船提单。

(2)按提单上有无不良批注分类。

①清洁提单(Clean B/L)。指货物装船时"表面状况良好",提单签发时未被加注任何货损或包装不良之类批注的提单。结汇时如无特殊规定必须提供这种提单。

②不清洁提单(Foul B/L,Unclean B/L)。这种提单上注有货物或包装缺陷的批注,如提单上注有"Two carton are wet"即为不清洁提单。

在进出口业务中,通常都要求卖方提供"清洁提单"。尤其是在信用证支付方式下,银行对运输单据的要求更为严格。UCP600第27条规定,银行只接受清洁运输单据。清洁运输单据是指未载有明确宣称货物或包装有缺陷的条文或批注的运输单据。

(3)按提单可否转让分类。

①记名提单(Straight B/L)。指提单的"收货人"栏内具体写明了收货人名称的提单。由于这种提单只能由提单上指定的收货人提取货物,不能转让给第三者,因此记名提单不能流通。

②不记名提单(Blank B/L,Open B/L,Bearer B/L)。指提单的"收货人"栏内不写具体的收货人名称,而仅写"To Bearer"(交持单人的提单)。不记名提单是可转让的提单,转让手续简便,无须作任何背书,仅凭交付即可。但这种提单风险较大,一旦遗失或被盗,提单持有人即可凭手中的提单向船公司提取货物,所以这种提单在实务中应避免使用。

③指示提单(Order B/L)。指提单的"收货人"栏内填上"To order of ×××"(凭×××人指示),或"To order"(凭指示)字样的提单。这种抬头的提单可以转让,但须要作"背书"手续。由谁背书? 这就要根据发出指示的人的不同来决定。如为"To order of Shipper",转让时应由"托运人"背书;如为"To order of ×× Bank",转让时应由该指定的"银行"背书;如为"To order of Consignee",则由"收货人"背书。对于收货人栏为"To order",习惯上称为"空白抬

头"的提单,虽然未列明具体的"指示人",根据业务惯例,转让时一般由"托运人"背书。

(4)按提单内容的繁简分类。

①全式提单(Long form B/L)。除了提单正面记载有关托运人、收货人、装运港、目的港、货名、运费等事项外,还在提单的背面印有船方承运条款细则的叫作全式提单。

②简式提单(Short form B/L)。只有提单正面记载有关事项,背面为空白的提单称为简式提单。简式提单一般在提单正面注明:背面条款同本公司的全式提单或注明如有需要可向本公司索取。根据UCP600,除非信用证特别规定,银行一般不拒绝接受简式提单。

(5)其他种类提单。

①倒签提单(Ante-dated Bill of Lading)。承运人或其代理应托运人要求,在货物装船后签发提单,但提单上的签发日期比该批货物实际装船完毕日期为早,以符合信用证装运日期的规定,这种提单称为倒签提单。倒签提单具有欺骗性,应予避免。

②预借提单(Advanced Bill of Lading)。由于信用证规定的装运日期和交单结汇日期均已到期而货物因故未能及时装船,但已交到承运人管理之下,或已经开始装船但该批货尚未装毕,由托运人出具保函要求承运人或其代理签发已装船提单,这种提单称为预借提单。预借提单必然又是倒签提单,按不少国家的法规和判例,承运人签发预借提单将丧失享受责任限制和免责的权利。

③过期提单(Stale Bill of Lading)。过期提单原来的概念是指晚于货物到达目的地的提单。按国际惯例,银行对过期提单是不接受的,但发货地与到货地航程较短的运输,例如我国沿海各港装往中国香港、日本、韩国的货物,航程仅2~3天,货运单据无论如何快速处理,也跟不上货物运输速度,因此如按以上过期提单的概念来掌握接受与否,不但不符情理,而且也缺乏可操作性,目前银行的掌握原则是根据UCP 600规定:凡超过装运日期21天后提交的单据即为过期单据,但如信用证效期或信用证规定的交单期早于此限期,则以信用证有效期或规定的交单期为最后限期。

④交换提单(Switch Bill of Lading)。凭启运港签发的提单,在中途港由承运人的有关代理换发另一套提单,原启运港签发的提单称为"交换提单"。换发的一套提单或将装货人改为另一人,或以中途港作为装运港,这种做法主要是适应贸易上的需要。例如,信用证开证人不愿将实际供货人泄露给其买家,以防今后跳过它直接发生买卖关系;或如进口地国家对启运地国家货物限制进口,因而须以中途港为装运港。

⑤电子提单(Electronic Bill of Lading)。电子提单是为适应EDI需要而设计的非书面化提单,承运人在接收发货人货物后给予发货人一个收到货物的电讯通知,通知内容中应包括一个日后传输电讯的密码,发货人必须向承运人确认该项收讯,根据该确认,承运人承认发货人为提单的持有人,具有要求承运人放货或指定收货人或向另一方转让货物的权利,持有人在向承运人行使上述权利时须用含有密码的电讯通知。

电子提单转让时由原持有人向承运人发出通知,要求能转让给指名的受让人,承运人据以向受让人发出电讯通知,如受让人电讯确认接受转让,承运人销毁原用密码,并向新持有人(受让人)发出一个新的密码,电子提单每经一次转让,都须调换一个新的密码。

电子提单的所有电讯都通过EDI程序处理,其电子数据效力等同于书写形式,但在承运人交货前的任何时间,持有人如有必要,有向承运人索要书面提单的选择权。

电子提单须在国际法规的制约下有效地使用。

3. 海运提单的内容

海运提单的格式很多,每个船公司都有自己的提单格式,但基本内容大致相同,一般包括提单正面的记载事项和提单背面印就的运输条款。

(1)海运提单正面内容。海运提单正面的内容,分别由托运人和承运人或其代理人填写。通常包括下列事项。

①提单的名称、承运人的名称和营业所。

②托运人(Shipper)。

③收货人(Consignee)。

④被通知人(Notify Party)。

⑤船名、航次及船籍(Name of Vessel, Voyage and NatiOnality)。

⑥收货地或装货港(Place of Receipt or Port of Loading)。

⑦目的地或目的港(Destination or port of Discharge)。

⑧唛头及件号(Shipping Marks & Numbers)。

⑨货名及件数(Description of Goods & Number of Packages)。

⑩重量和体积(Weight & Measurement)。

⑪运费和其他费用及付款地点和方式(Freight and Charges, Freight Payable at)。

⑫提单号、正本提单份数和签单地点、日期(B/L No, Number of Original B/L, Place and Date of Issue)。

⑬承运人或船长,或由他们授权的代理人签字或盖章(Signed for or on Behalf of the Carrier/Master)。

提单正面除必须记载上述内容外,还有属于承运人声明性质的几段事先印妥的契约条文,大致内容如下。

①装船(或收货)条款。表明外表状况良好的货物已经装上船或已经收妥待运。

②内容不知悉条款。表明承运人对提单所列重量、数量、品质、内容、价值等不知悉,承运人对此不尽核对之责。

③承认接受条款。表明托运人、收货人、提单持有人接受本提单和背面所记载的一切免责条款。

④签署条款。为了证明以上各项内容,承运人或其代理人特签发本提单正本一式几份,其中一份凭以提货,其余各份均告失效。

(2)海运提单的背面条款。在班轮提单背面,通常有印就的运输条款,这些条款是作为确定承运人与托运人之间以及承运人与收货人及提单持有人之间的权利和义务的主要依据。各国船公司签发的提单背面条款互有差异,但基本上可以归纳为以下内容。

①定义条款(Definition Clause)。对货方(Merchant)作出解释,它包括托运人(Shipper)、受货人(Receiver)、收货人(Consignee),提单持有人(Holder)及货物所有人(Owner of Goods)等。而承运人一般指与托运人订有运输合同的船舶所有人或租船人等。

②首要条款(Paramount Clause)。说明提单所适用的法律依据,即如果发生纠纷,应按哪一国家的法律和法庭裁决。

③承运人责任条款(Carrier's Responsibility Clause)。承运人从收受货物到交货的全部过程对货物负责。如是已装船提单,则是从货物上船到货物下船的整个过程对货物负责。

④免责条款(ExceptionClause)。承运人对由于战争、罢工、政府机关的行为和命令、货方行为或疏忽、货物本身的特性或缺陷、包装不良、疾病等承运人无法控制的原因造成的货物损坏和灭失不负责任。

⑤包装与唛头(Packing and Mark)。货物应有合适的包装,外表要有唛头,并且要用不小于5cm长的字体注明目的港。否则,货物由此而造成的损坏和灭失,承运人不承担责任。

⑥运费条款(Freight Clause)。预付运费应在启运港连同其他费用一并支付,到付运费应在目的港连同其他费用一并支付,无论预付运费还是到付运费,即使货物遭受损坏和灭失,也必须向承运人付清而且不得退回或扣减。

承运人有权查对货物的数量、重量、体积和内容等,如发现实际情况与提单所列情况不符,而且所付运费低于应付运费,承运人有权按少付运费的两倍收取罚金,由此而引起的一切费用和损失应由托运人负担。

⑦置留权(Lien Clause)。如果货方未交付运费、空舱费、滞期费、共同海损分摊的费用及其他一切与货物有关的费用,承运人有权扣押或出售货物以抵付欠款,如仍不足以抵付全部欠款,承运人仍有权向货方收回差额。

⑧损失赔偿条款(Claim Clause)。收货人提货时如发现货物损坏或灭失,应提出书面通知。如提货时不能发现,则应在提货后三日内提出书面通知。索赔应在交货后一年内提出,否则承运人解除一切责任。承运人的赔偿按实际净价加运费、保险费计算。同时规定每件或每一计费单位的最高限额。

⑨转运或转船条款(Transhipment Clause)。如果需要,承运人有权将货物转船或改用其他运输方式直接或间接运到目的地。由此而引起的费用由承运人负担,但风险由货方负担。承运人的责任只限于其本身经营船舶所完成的运输。

⑩卸货和交货条款(Discharging and Delivery Clause)。船到卸货港后,收货人应及时提货,否则承运人有权将货物卸在岸上或卸在其他适当场所,一切费用和风险应由货方承担。

⑪动植物及舱面货条款(Animals, Plants and on Deck Cargo Clause)。对于动植物、舱面货在收受、保管、装卸和运输过程中造成的风险和损失全部由货方承担。

⑫危险品条款(Dangerous Cargo Clause)。危险品的装运必须由托运人在装船时声明,如不声明或标明,承运人有权将该货卸下、抛弃或消灭而不予赔偿。

⑬共同海损和碰撞条款(General Average and Collision Clause)。货主应分担由船舶碰撞

或共同海损的损失。

⑭战争、罢工、冰冻、检疫、港口拥挤条款(War, Strike, Ice, Quarantine, Congestion Clause)。如遇战争、罢工、冰冻、检疫及港口拥挤等承运人无法控制的原因而使船舶不能安全抵达目的港时,承运人有权在合适的地方卸货,并认为承运人已经履行了承运责任,由此而引起的费用由货方负担。

⑮变更航线条款(Deviation Clause)。为了施救或其他合理目的而改变航线不能认为违反运输合约,承运人对由此造成的货损不负责任。

4. 海运提单的缮制

下面以中国远洋运输集团总公司的提单(见附件二)为例,介绍其缮制方法。

(1)提单号码(B/L No.)。提单上必须注明承运人及其代理人规定的提单编号,以便核查,否则提单无效。

(2)托运人(Shipper)。托运人即委托运输的人,在进出口贸易中通常就是出口人。本栏目填写出口人的名称和地址。

UCP600规定,如信用证无其他规定,提单可以第三方作为托运人。此时,受益人可能是中间商,而第三方才是实际出口人。

(3)收货人(Consignee)与背书(Endorsement)。提单收货人又称抬头,提单的抬头决定了海运提单的性质和货权的归属。在进出口贸易中多使用"指示式抬头",以便单据可以通过背书转让。背书是转让权利的一种法定手续,是指由提单持有人在提单的背面签上自己的名字或再加上受让人的名字而交给受让人的行为。

背书的方法有"空白背书"和"记名背书"两种。前者是指背书人仅在提单背面签字转让,而不注明受让人名称;后者则必须注明受让人名称,而且要有背书人签章。下面介绍指示式抬头的具体做法。

①空白抬头。即在提单收货人栏内填写"To order"(凭指示),这种提单须经托运人背书后转让。

例如,来证规定:"…made out to order and endorsed to ABC Bank…"。则提单收货人的填写及背书手续如下。

提单收货人栏内填写:To order

提单背面由托运人作记名背书:Deliver to ABC Bank

For XYZ CO.
×××(托运人签章)

②凭"××"指示抬头。即在提单收货人栏内填写"To order of ×××"(凭×××指示),这种提单须由收货人栏中的指定人作背书后方可转让。

例如,来证规定:"…made out to our order and endorsed in blank…"。则提单收货人的填写及背书手续如下(设开证行为ABC银行)。

提单收货人栏内填写:To order of ABC Bank。

提单背面由 ABC 银行作空白背书，即 ABC 银行签章即可。

在外贸实践中，由于提单是一种可以转让的证券，所以议付行一般都要求发货人在提交提单前先作空白背书。

在实际业务中，采用最多的是"凭指定"并经空白背书的提单，即"空白抬头，空白背书"提单。

（4）被通知人（Notify Party，Notify，Addressed to）。被通知人通常是进口人或其在目的港的代理人，货到目的港时由承运人通知其办理报关提货等手续。填写时应注意以下几点。

①在信用证方式下，应按信用证规定填制。如来证规定："Full set of B/L…notify applicant"，应在本栏目中将开证申请人的全称及地址填上。

②如信用证未明确被通知人时，则正本提单中本栏目留空不填，但必须在提单空白处详细填写开证申请人的名称和地址。这样，既能符合信用证的要求，做到单证相符，又能满足承运人及某些进口国对运输或进口方面的要求。

③托收方式下，本栏目可填写合同的买方。

（5）船名（Name of Vessel）。填写实际载货船舶的名称和本次航行的航次。例如：FengQing V. 102。没有航次的可以不填航次。

（6）装货港（Port of Loading）。

①应按信用证规定填写。如信用证只笼统规定为"Chinese Port"，制单时应按实际情况填写具体的港口名称，如"Ningbo"。如来证同时列明几个装货港的，如"Ningbo/Shanghai"，提单只能填写其中一个实际装运的港口名称。

②托收方式下，应按合同规定填写。

（7）卸货港（Port of Discharge）。指海运承运人终止承运责任的港口，即目的港。

①除 FOB 价格条件外，卸货港不能填笼统的名称，如"European main port"，必须列出具体的港口名称。如国际上有重名港口的，还应加注国别（地区）名称。

②如经转船，应在卸货港名称之后加注转船港名称，如"Rotterdam W/T at Hongkong"，或在货名栏下方的空白处加注转船的说明；如有印就的转船港栏目，则直接填入转船港名称即可。

③如货运卸货港后须经内陆转运或陆运至邻国的，应在填写卸货港名称后，另在货名栏下方的空白处或在唛头中加注"In transit to ×××"，不能在卸货港名称后加填，以说明卖方只负责将货运至该卸货港，以后的转运由买方负担。

例如，来证规定："Marseilles in transit to Geneva"，则卸货港填写："Marseilles"，并在货名栏下方空白处加列："In transit to Geneva"，或在唛头中显示。

④如来证规定卸货港为"London/Hamburg/Rotterdam"，表示由卖方选港，提单只能填写其中一个港口名称；如来证规定"Option London/Hamburg/Rotterdam"，表示由买方选港，提单应全部照填。

（8）最终目的地（Final Destination）。指联合运输终点站。本栏目应是当次运输的运费截止地。如属港至港提单，则本栏目可留空不填或仍填卸货港名称。

(9)唛头(Marks&Nos.)。按发票缮制。

(10)件数和包装种类(Number and Kind of Packages)。

①对包装货,本栏目应填写包装数量和计量单位,如"100 bales""250 Cartons"等。在栏目下面的空白处或大写栏内加注大写件数,如,"SAY ONE HUNDRED BALES ONLY"。

②如果是两种或多种包装,应逐项列明件数和包装种类并加注合计数,在大写栏内或空白处注明大写合计数量。

例如：　　　　120 cartons

　　　　　　　　60 bales

　　　　　　　　20 cases

　　　　　　　　------------------------

　　　　　　　　200 Packages

SAY TWO HUNDRED PACKAGES ONLY.(如有印就的大写栏目,则可不用"SAY"字样,但"ONLY"不可少)

(11)货名(Description Of Goods)。提单列明的货名仅是信用证规定装运的货物,应与信用证和发票及其他单据相一致。如发票货名过多或过细,提单可打出货物的统称,但不得与发票货名相矛盾。

(12)毛重和尺码(Gross Weight,Measurement)。提单应列明整批货的总毛重和总尺码。总毛重和总尺码应与发票或装箱单或重量单相符。

①如无特别规定,提单上填毛重不填净重。一般以千克为单位,千克以下按四舍五入处理。

②如没有毛重只有净重,应先加注"Net Weight"或"N. W.",再列明具体的净重数量。

③尺码以立方米表示,立方米以下保留小数点后三位数。

(13)运费和费用(Freight and Charges)。除非有特别规定,本栏只填列运费的支付情况,不填具体金额。

①按 CIF 或 CFR 等价格条件成交时,运费在签发提单之前支付,本栏目应注明"Freight Paid"(运费已付)或"Freight Prepaid"(运费预付)。

②按 FOB 或 FAS 等价格条件成交时,运费在目的港支付,本栏目应注明"Freight to collect"(运费待付)或"Freight payable at destination"(运费目的港支付)。

③全程租船运输时,本栏目注明"As arranged"(按约定)或"Freight payable as per charter party"(运费按租船合约支付)。

(14)运费支付地(Freight Payable at)。本栏目填列实际支付运费的地点。

(15)正本提单份数(Number of Original Bs/L)。收货人凭正本提单提货。正本提单的份数应按信用证的要求,在本栏目内用大写(如 TWO、THREE 等)注明。每份正本提单的效力相同,凭其中一份提货后,其余各份失效。

下面是信用证对正副本提单要求的一些规定。

①"Full set of B/L"(指全套提单,按惯例提供三份正本交银行议付)。
②"Full set less one copy on board B/L"(指全套提单,至少一份正本交议付行)。
③"2/3 original clean on board Bs/L"(三份正本,两份交议付行)。
④"Full set of B/L in triplicate with two non-negotiable Bs/L"(全套三份正本,两份副本)。

(16)签单地点和日期(Place and Date of Issue)。提单的签单地点应为装运地点。提单签发日期即为装运日期,应不迟于信用证或合同规定的最迟装运日期。

(17)签署(Signature)。根据UCP600规定,提单应由下列人员签字或以其他方式证实。
①承运人或作为承运人的具名代理或代表。
②船长或作为船长的具名代理或代表。

承运人或船长的任何签字或证实,必须表明"承运人"或"船长"的身份。代理人代表承运人或船长签字或证实时,也必须表明所代表的委托人的名称和身份。

例如:

a. 承运人签字。
提单上部:COSCO
提单签字处:COSCO
    (签字)
  As Carrier 或 The Carrier

b. 代理人签字。
提单上部:COSCO
提单签字处:ABC SHIPPING CO
    (签字)
  As agent for and/or on behalf of the Carrier COSCO 或 As agent for and /Or on behalf of COSCO as Carrier(或 The Carrier)

c. 船长签字。
 提单上部:COSCO
 提单签字处:COSCO(或不注或注船名)
    (签字)
  As Master 或 The Master

d. 代理人签字。
 提单上部:COSCO
 提单签字处:ABC SHIPPING CO.
    (签字)
  As Agent for and/or on behalf of the master ××× of the Carrier COSCO
  或 As agent for and/ or on behalf of ××× as master(或 the master)of COSCO as Carrier(或 The carrier)

(二)不可转让海运单

1. 不可转让海运单与海运提单的区别

如前所述海运提单有三种功能：一是承运人收到托运人货物的收据；二是承、托双方运输契约成立的凭证；三是收货人在货物到达地提取货物的物权凭证。作为物权凭证，海运提单一般情况下是一种可以转让的运输单。不可转让海运单与海运提单功能不同，它具有海运提单的前两项功能，但不是凭以提货的物权凭证，而是一种不可以转让的运输单证。

具体地说，在海运提单的情况下，承运人是把货交给提单的持有人，只要提单背书转让程序完备。但不可转让海运单则和空运单、陆运(铁路、公路)运单相同，承运人不凭运单而凭收货人的提货或收货凭条付货，只要该凭条能证实其为运单上指明的收货人即可。因此在任何情况下，不可转让海运单上的收货人一栏，只能是实际收货的人(与海运提单中的直接提单 STRAIGHT B/L 相似)，而不能做成可转让形式的凭指示(TO ORDER)或凭××指示(TO ORDER OF ××)形式。

除此之外，在法律问题上两者也是有区别的，具体如下。

(1)海运提单是受国际法制约的，目前绝大多数受制于《海牙规则》或《海牙/维斯比规则》。不可转让海运单是近年来一种新兴的海运单据，它尚未纳入国际法范畴，因为在上述法规制定时，它还没有出世。

(2)海运提单在转让过程中，每一善意持有人在其持有期间成为运输契约的关系人，而不可转让海运单的持有人则无论何时都不是运输契约的关系人，它对承运人无权提出任何主张。

2. 不可转让海运单的可取之处

目前欧洲、斯堪的那维亚半岛、北美和中东某些地区的贸易界越来越倾向于使用不可转让海运单。因此 UCP600 也把它作为单列项目推出。不可转让海运单为什么受到以上地区贸易界的欢迎，并得到国际组织的支持，其原因如下。

(1)在信用证付款方式下，海运提单通过出口地银行审单转到进口地开证行，寄递费时，再经过开证银行审单(UCP600 规定银行合理审单期为五天)后交给进口商，时间上往往落后于货物的到达，特别是短程运输。例如上海到中国香港、日本、釜山等地，货到单不到的现象普遍存在，进口商收不到提单，只能凭银行担保向船公司提货，这需要支付担保手续费，增加了进口商的额外经济负担，而不可转让海运单不需凭提单提货。对进口商来说，提货及时，手续简便，费用节省。

(2)海运提单作为物权凭证，其转让是通过纸张单证来实现的，但 EDI 的电子提单似乎到目前为止还没有得到普遍承认，不可转让海运单在 EDI 的技术处理上就不存在这一困难。因此，为了 EDI 的顺利推行，国际上倾向于扩大不可转让海运单的使用。况且空运和陆运(铁路、公路)运单都是不可转让的，海运提单没有理由不能用不可转让海运单来代替。

3. 不可转让海运单目前的可适用性

不可转让海运单目前在下列情况下适用。

(1) 跨国的总、分公司或相互关联的公司之间本来就不使用信用证付款方式的业务。

(2) 赊销的或双方记账的贸易。

(3) 买卖双方有悠久业务交往,双方充分信任、关系密切的贸易伙伴间的业务。

4. 不可转让海运单的缮制方法

不可转让海运单的正面各项栏目与海运提单基本相同,缮制方法可参阅上文海运提单的缮制说明,但不可转让海运单的收货人栏目应是确定的收货人,不能作成指示式。

(三) 租船提单

根据 UCP600,只有在信用证允许的条件下,银行才接受租船提单。

租船提单的正面格式,与海运提单基本相同,缮制方法亦无多大区别,但提单正面通常要注明运输费用及相应条款根据×××租船合同办理等类似意义的词语。这种提单,有关各方的法律关系以租船契约为准,提单内容和条款与租船契约有冲突时,以后者为准,因此这种提单往往不能作为独立文件。

UCP600 规定:如信用证接受租船提单并要求提供与租船提单有关的租船合同,银行对租船合同不负审核之责,仅负转交给开证人之责,这是因为在租船运输情况下,开证人(进口商)往往就是租船人(FOB 价格条件,进口方应自行安排运输工具),他对租船契约的内容早就掌握,银行没有必要增加审核租船契约的额外负担。

租船提单上可标明承运人,亦可不标明承运人的名称。

租船提单的收货人往往是租船人本身,但如不以租船人为收货人时也可作成可转让形式。

(四) 多式或联合运输单证

多式或联合运输单证(MULTIMODAL OR COMBINED TRANSPORT DOCUMENT)是指涵盖至少两种不同运输方式的运输单证。在多式或联合运输方式中其中一程为海运者通常使用多式或联合运输提单(MULTIMODAL OR COMBINED TRANSPORT B/L)。UCP600 对运输单据的名称,目前并不强求统一,因此这种格式仍可为银行接受,预计今后将逐步趋向规范。

1. 多式或联合运输单证的特点

运输单证服从于运输方式,多式或联合运输单证主要有下列特点。

(1) 表示至少有两种不同运输方式的运输,即至少包含海运、空运、公路、铁路、内河运输中的两种。但同一运输方式,不同运输工具的联结,例如海/海联运,空/空联运不能视作多式运输。

(2) 多式或联合运输承运人的责任是从接收货物起至交付货物止。因此多式运输单据正面表述的是货物已经收妥或接管等字样，习称备运提单或收货待运提单（RECEIVED FOR SHIPMENT B/L）。

（3）多式或联合运输提单的运输事项记载一般有六个栏目。

①PRECARRIAGE BY 指收货地至装运港所使用的运输工具。

②PLACE OF RECEIPT 指承运人收货之地，即托运人在内陆的发运地。

③PORT OF LOADING 指海运段的装货港。

④VESSEL 指海运段的船名。

⑤PORT OF DISCHARGE 指海运段的卸货港。

⑥PLACE OF DELIVERY 指内陆交货地。

以上第1、2、6三项是多式运输所特有的栏目。

（4）多式或联合运输提单中船名、装货港、卸货港如有"预期"（INTENDED）或类似意义的修饰词，银行可予接受，因为多式或联合运输是从起运地至目的地的全程运输，只要起运地和交货地符合信用证规定，海运段的船名和装卸港口虽不确定，如信用证无特别规定，银行不予过问。

2. 多式或联合运输提单的二元化用途

目前很多船公司的多式或联合运输提单既用于多式运输，也用于港至港的单一海运，在后一种情况下，就须在单据表面另加装船批注使之成为已装船提单（参见下述"装船批注"）。

为了使多式或联合运输提单具备上述二元化功能，船公司一般会在提单正面或背面中作说明，例如我中远公司的COMBINED TRANSPORT BILL OF LADING 格式背面条款中就印有一条"适用"（APPLICABILITY）条款，表明该提单亦适用于单一运输方式，在此种情况下，承运人只对其自身运输的区段承担责任。

3. 装船批注（ON BOARD NOTATION）

近年来航运界具有一种倾向，即把联合运输提单（COMBINED TRANSPORT B/L）用作海运提单，有的还在提单标头上印明为"联合运输或港至港提单"（COMBINED TRANS PORT OR PORT TO PORT B/L）以示一种格式两种用途。由于联合运输提单是一种收货待运提单，在格式正面，一般作收到货物以备装运或类似意义的表述，因此，此类提单只有经过"装船批注"，才可转化为已装运或已装船提单，装船批注的内容，一是必须加注"ON BOARD"字样，二是装船的日期。

联合运输提单中的某些格式，在船名、装货港、卸货港前印有"Intended"字样，意即预期船名、预期装货港、预期卸货港，此种格式在作为海运提单使用时，装船批注内须加列实际装运船名、实际装港和确定的卸货港，即使与预期的相同，装船批注内也得重复注明。

4. 多式运输承运人（或经营人）的责任

如上所述在单一海运中承运人只负其自身运输区段的责任，但多式运输中的承运人或经营人则须承担全程运输的责任，关于其责任范围和赔偿限额，目前在国际上有三种类型和做法。

（1）统一责任制（UNIFORM LIABILITY SYSTEM）。统一责任制就是多式联运经营人对货主负有不分区段的统一原则责任。即货物如发生灭失、损坏无论其发生在那个区段，联运经营人都要按一个统一原则负责并一律按一个约定的限额进行赔偿。但如果多式联运经营人已尽了最大努力仍无法避免或确实证明是货主故意行为过失等原因所造成的灭失、损坏、联运经营人可以免责。

统一责任制对联运经营人来说责任负担较重。

（2）分段责任制又称网状责任制（NETWORK LIABILITY SYSTEM）。分段责任制就是多式联运经营人的责任范围以各区段运输的原有责任为限，如海上区段按《海牙规则》、铁路区段按《国际铁路运输公约》、公路区段按《国际公路货物运输公约》、航空区段按《华沙公约》办理。在不适用上述国际法时，则按相应的国内法规定办理。赔偿限额也是分别按各区段的国际或国内法规的规定进行赔偿，对不明区段货物隐蔽损失，或作为海上区段按《海牙规则》办理，或按双方约定的一个原则办理。

（3）修正统一责任制（MODIFIED UNIFORM LIABILITY SYSTEM）。修正统一责任制，是介于上述两种责任制之间的责任制，故又称混合责任制。也就是在责任范围方面与统一责任制相同，而在限额方面则与分段责任制相同。

三、航空运单

在服装国际贸易中，如果采用航空运输，则需要使用航空运单。

航空运单（Airway Bill）是由承运的航空公司或其代理人签发的一份货物运输单证，是托运人和承运人之间就航空货物运输所订立的运输契约。

(一)航空运单的作用

航空运单是航空货物运输中有关当事人所使用的最重要的货运文件，其作用主要表现在以下几方面。

1. 航空运单是货物收据

航空承运人或其代理人收到货物后，将一份航空运单交给发货人，作为已接受货物的证明。

2. 航空运单是运输合同

航空运单是承运人与发货人之间的运输合同。航空运单一经签发，就成为双方当事人已签署承运合同的书面凭证。

3. 航空运单是运费账单

在航空运单上分别列明该票货物的运费总额、托运人预付的各项费用、收货人须支付的到付费用，以及其他有关费用，可供当事人作为计账凭证。

航空运单是航空货物运输中的一份重要单据，但它与海运提单有实质性的区别：它不是货物所有权的凭证；不能转让流通，运单的右上端明确印有"不可转让"（Non-Negotiable）字样,不能凭以提取货物。因此,航空运单是一份不可议付的运输单据。

(二)航空运单的种类

航空运单根据出单人的不同,分为以下两种。

1. 航空主运单(MAWB)

凡由航空公司签发的航空运单称为航空主运单(Master Air Waybill)或总运单。

在航空货物运输中,第一批由航空公司发运的货物都须具备航空主运单,它是承运人与托运人之间订立的运输契约,也是承运人办理该运单项下货物的发运和交付的依据。

航空主运单(见附件二)作为运输合同,当事人双方一方是实际承运人——航空公司,另一方是航空货运代理公司(作为托运人)。

2. 航空分运单(HAWB)

航空分运单(House Air Waybill)是航空货运代理人在办理集中托运业务时签发给每一个发货人的货物收据。它是航空货运代理公司与发货人之间订立的运输契约。

航空分运单(见附件二)的运输合同中当事人的双方,一方是航空货运代理公司,另一方则是托运人——真正的货主。

在航空运输签发"主运单"和"分运单"的情况下,发货人和收货人与航空公司不发生直接关系。货物到达目的地航空港后,由航空货运代理公司在该地的分公司或其代理凭主运单向当地的航空公司提取货物,然后按分运单分别交给各收货人。

(三)航空运单的缮制说明

我国国际航空运输的货运单由一式 12 联组成,包括 3 联正本,6 联副本和 3 联额外副本。其中,正本 3 联(浅蓝色)为托运人联,在货运单填制后,此联交托运人作为托运货物及缴纳预付运费的收据。同时,也是双方当事人之间订立运输合同的有效凭证。

根据国际上有关运输公约的规定,托运人有责任填制航空货运单,托运人在航空货运单上的签字,意味着其接受航空货运单正本、背面印就的各项运输条款。下面以附件二中的航空主运单为例说明其缮制方法。

(1) Airway Bill No.(编号)。航空运单最上方的编号由航空公司填制。编号的前三位一般是各国航空公司的代号,如中国民航的代号为 999,日本航空公司的代号为 131 等。

(2) Carrier(承运人)。即航空公司。根据 UCP600 规定,若信用证要求空运单据,银行将接受表面标明承运人名称的单据。

(3) Shipper's Name and Address(发货人名址)。托收方式下按合同的卖方名址填写;信用证方式下则必须与受益人名称和地址一致。

(4) Shipper's Account Number(发货人账号)。一般可不填。

(5) Consignee's Name and Address(收货人名称和地址)。托收方式下,若以代收行为收货人，须事先征取代收行同意。在实务操作中多以合同的买方为收货人。信用证方式下，有的以买方为收货人，有的以开证行为收货人，应根据信用证的规定填写；但最好以开证行为收货人，以防进口商借口拒付或延付而货物却被提走。

（6）Consignee's Account Number（收货人账号）。一般可不填。

（7）Issuing Carrier's Agent Name and City（签发运单的承运人的代理人名称和城市）。若运单由承运人的代理人签发时，本栏填实际代理人名称及城市名；如果运单直接由承运人本人签发，此栏则可空白不填。

（8）Agent's IATA Code（代理人国际航空运输协会的代号）。一般可不填。（IATA 是"International Air Transport Association"的简写。）

（9）Account Number（代理人账号）。需要时可填代理人的账号，供承运人结算时使用；一般可不填。

（10）Airport of Departure and Requested Routing（起航机场和指定航线）。一般仅填起航机场名称即可。

（11）Accounting Information（会计事项）。指与费用结算的有关事项。如运费预付、到付或发货人结算使用信用卡号、账号以及其他必要的情况。

（12）To/By First Carrier/Routing and Destination（转运机场/一程承运人/路线和目的地）。货物运输途中须转运时按实际情况填写。

（13）Airport of Destination（目的地机场）。即货物运载的最终目的机场。

（14）Flight/Date（For Carrier Use Only）[航班/日期（仅供承运人使用）]。即飞机航班号及其实际起飞日期。但本栏所填的内容只能供承运人使用，因而该起飞日期不能视为货物的装运日期（一般以航空运单的签发日期作为装运日期）。

根据 UCP600 规定："……就本条而言，在空运单据的方格内（注有"仅供承运人使用"或类似意义的词语）所表示的有关航班号和起飞日期的信息，将不视为发运日期的专项批注。"

（15）Currency&CHGS Code（货币及费用代码）。即用支付费用使用的货币的货币国际标准电码表示，如 HKD、USD 等，费用代码一般不填。

（16）WT/VAL&Other（运费/声报价值费及其他费用）。"声报价值费"（Valuation Charge）是指下列第 17 栏向承运人声报价值时，必须与运费一起交付声报价值费。若该栏费用是预付，则在"PPD"（Prepaid）栏下打"×"；若是待付，则在"COLL"（Collect）栏下打"×"。此栏应注意与第 11 栏保持一致。

（17）Declared Value for Carriage（运输申报价值）。填写托运货物总价值，一般可按发票额填列，如不愿申报，则填"NVD"（No Value Declared，无申报价值）。

根据《统一国际航空运输某些规则的公约》（华沙公约）规定，托运人在交运货物时有特别声明货物价值者，如果货物因承运人的责任而造成毁灭、遗失或损坏等损失，承运人按其声明价值赔偿。如无声明价值，承运人按统一规定的每千克定额赔偿，但其定额不超过该货到达后的价值。

（18）Declared Value for Customs(海关申报价值)。此栏所填价值是提供给海关的征税依据。当以出口货物报关单或商业发票作为征税时,本栏可空白不填或填"As Per INV.",如果货物系样品等数量少且无商业价值,可填"NCV"(No Commercial Value)。

（19）Amount of Insurance(保险金额)。如发货人根据本运单背面的条款要求保险,则在本栏内注明保险金额,若无则可填"NIL"。

（20）Handling Information(处理情况)。可利用本栏填写所需要注明的内容。如被通知人,飞机随带的有关商业单据名称,包装情况,发货人对货物在途时的某些特别指示,对第二承运人的要求等。

（21）No. of Pieces(件数)。正确地填入所装载的包装件数。(附样中本栏的 RCP 为"Rate Combination Point"的缩写,即税率组成点。)

（22）Gross Weight/kg/b(毛重/千克或磅)。填列以千克或磅为计量单位的货物毛重。("kg",也可填作"K"。)

（23）Rate Class(费率等级)。根据航空公司有关运价资料,按实际填列费率等级的代号,费率等级代号有"M""N""Q""C""R""S"六种。

"M"——Minimum Charge,即货物的起运费率。

"N"——Normal Under 45kgs Rate,即 45 千克以下普通货物的费率。

"Q"——Quantity Over 45kgs Rate,即 45 千克以上普通货物的费率。

上述以 45 千克为计算界限,因此称为重量分界点(Weight Break Point)。

"C"——Special Commodity Rate,即特种货物费率。

"R"——Reduced Class Rate Less than Normal Rate,即折扣费率。对少数货物,可按"N"费率给予一定百分比的折扣。

"S"——Surcharged Class Rate, More than Normal Rate,即加价费率。对少数货物,按"N"费率加一定的百分比。

（24）Commodity Item No.(商品编号)。按费率等级填列商品编号,一般也可不填。

（25）Chargeable Weight(计费重量)。填写货物实际毛重,若属于"M"费率等级和以尺码计费者,则可空白此栏。

（26）Rate/Charge(费率)。填写实际计费的费率。

（27）Total(运费总额)。填计收运费的总额,即计费重量与费率的乘积。

（28）Nature and Quantity of Goods(incl. Dimension or Volume)[货物品名和数量(包括体积或容积)]。填合同或信用证中规定的货物名称、唛头、数量及尺码。

（29）Weight Charge(Prepaid/Collect)[计重运费(预付/待付)]。在对应的"预付"或"待付"栏内填写按重量计算的运费额。

（30）Other Charges(其他费用金额)。当发生诸如运单费、起运地仓储费和目的地仓储费等费用时填写;若无此类费用则空白不填。

（31）Valuation Charge(声报价值费)。一般空白不填。

（32）Total Other Charges Due Agent（因代理人需要而产生的费用）。一般空白不填。

（33）Total Other Charges Due Carrier（因承运人需要而产生的其他费用）。一般填写"As Arranged"。

（34）Total Prepaid/Total Collect（预付费用总额/待付费用总额）。指预付或待付的运费及其他费用总额，可在相应栏内填列"As Arranged"。

（35）Signature of Shipper on His Agent（发货人或其代理人签名）。签名后以示保证所托运的货物并非危险品。

（36）Executed on(date)at(place)，Signature of Issuing Carrier or It's agent（签发运单日期、地点及承运人或其代理人签字）。签单以后正本航空运单方能生效。本栏所表示的日期为签发本运单的日期，也就是本批货物的装运日期。如果信用证规定运单必须注明实际起飞日期，则以该所注的实际起飞日期作为装运日期。本栏的日期不得晚于信用证规定的装运日期。

以代理人身份签章时，如同提单一样，须在签章处加注"AS AGENTS"；承运人签章时则加注"AS CARRIER"。

（37）Original（正本）。航空运单正本按国际惯例为一式三份。第一份"ORIGNAL 1"（FOR ISSUING CARRIER），由航空公司留存；第二份"ORIGNAL 2"（FOR CONSIGNEE），随飞机转给收货人；第三份"ORIGINAL 3"（FOR SHIPPER）。交给发货人。虽然正本签发三份，但银行允许只提交一份正本。副本共九份，由航空公司按规定和需要分发。

四、铁路、公路、内河运输单证

在铁路、公路、内河三种运输方式中，我国目前应用较多的是对香港的铁路运输和对独联体和东欧国家的国际铁路货物联运。公路运输则较多地集中于深圳对中国香港的出口。内河运输至今尚未形成规模，本文不予叙述。

（一）承运货物收据

承运货物收据（Cargo Receipt 即 C/R）是我国内地运往港、澳地区的出口货物中所使用的一种运输单证。对香港地区铁路运输，不同于国际联运，也不同于一般的国内运输，而是一种特定的运输方式，按国内运输办理，但又不是一般的国内运输。这是由于内地与香港段不办理直通联运，因此必须先运到深圳，再经过铁路至香港，继续运送到九龙车站。经深圳验关出口，有关单证要及时到达以免货物压车。

具体做法是发送地以国内铁路运输办理托运至深圳北站，收货人为深圳外运公司，深圳外运以货主代理身份与铁路办理租车手续，并交付租车费，然后租车去香港，货车过轨后，香港中国旅行社则作为外运公司的代理在香港段重新起票托运至九龙。

从上面可以看出对港铁路运输是两票运输，而国内运单又不符合结汇要求，因此使用中国对外贸易运输公司承运货物收据（以出运地外运分公司的名义）。

1. 承运货物收据的性质和作用

承运货物收据第一联的作用有以下几点。

(1) 货物收据,证明承运人已收妥货物。

(2) 物权证书,可凭此转移物权,所以可以作为结汇凭证。

(3) 运输契约,背面是托、承运双方同意的运输条款。

其第二联不具备上述作用。

2. 承运货物收据的主要内容及缮制

承运货物收据是由发货人在办理货物托运前,与委托书一起套制的。套制的各联作用各不相同,其中只用背面印有"承运简章"一联才是承运货物收据正本,是出口企业办理出口结汇的凭证。承运货物收据(见附件二)的缮制内容及说明如下。

(1) 运编号。即承运货物收据编号,也是委托书的编号,通常由当地外运公司统一编号。

(2) 发票号。填写有关货物的发票号码。

(3) 合约号。填写对外成交的买卖合同号码。

(4) 委托人。填实际发货人,即买卖合同的卖方名称和通信地址。

(5) 收货人。应填实际收货人的名称和地址、电话、电传号码。信用证支付方式应按信用证要求填写;托收方式则填"To order"或"To order of shipper",作空白抬头以方便转让。

(6) 被通知人。一般填收货人的名称和地址。如双方另有约定,则按约定的填写;若为信用证方式,则按信用证上的规定填写。

(7) 起运地、过境地和目的地。经铁路运往香港的货物要在深圳过境,所以预先印就"经由(Via)深圳(Shenzhen)";运往澳门的货物经由广州过境,应填写"经由(Via)广州(Guangzhou)"字样。

(8) 收据/装车日期。收据日期即签发单据的日期,一般与装车日期相同,所以只填一个日期即可,通常在装车后填写。

(9) 车号。填写货物所装火车的车皮号。

(10) 唛头标记。此栏是香港(或澳门)中国旅行社公司货运部凭此交货并向港、澳有关部门申报的依据,因此必须与货物的唛头一致。为了能安全收汇,也必须与商业发票中的唛头一致。

(11) 件数。填写货物的实际件数和包装种类,注意与商业发票及装箱单中的件数相符,同时应注明大写的件数。

(12) 货物名称。通常只须填写货物的统称,而不必详列规格等细节,注意与信用证上货物描述大类的名称相符。

(13) 附记。若有需要说明的事项,可在该栏填写。

(14) 运费交付地点。由于运费通常在当地外运公司签发货收据前已支付,所以运费交付地点已印就在外运公司收货地已付讫字样,如"Freight prepaid at Shanghai"(全程运费在上海付讫)。

(15)提货地点。该栏已在格式中印就。

(16)押汇银行签章。该栏由香港、澳门进口商向进口地银行办理进口押汇时,由押汇银行签收,发货人不用填写。

(17)收货人签收。由收货人在提取货物时签收,表明已收到货物。

(18)承运人印章。承运人在签发此单据时,必须在右下角已印就的承运人名称下,加盖承运人印章,否则该承运货物收据无效。

(二)公路运单

在公路国际货运业务中,运单亦是运输合同,运单的签发表示运输合同成立。《国际公路货物运输合同公约》(CMR)中对运单所下的定义是:运单是运输合同,是承运人收到货物的初步证据和交货凭证。

公路运单应包括下列主要内容。

(1)运单的签发日期和地点。

(2)发货人的名称和地址。

(3)承运人的名称和地址。

(4)货物接管地点、日期以及指定的交货地点。

(5)收货人的名称和地址。

(6)货物品名和包装方法,如属危险货物,应说明其基本性质。

(7)货物件数、特征标志和号码。

(8)货物毛重或以其他方式表示的量化指标。

(9)与运输有关的费用(运费、附加费、关税和从签订合同到交货期间发生的其他费用)。

(10)办理海关手续和其他手续所必需的托运人的通知。

(11)是否允许转运的说明。

(12)发货人负责支付的费用。

(13)货物价值。

(14)发货人关于货物保险给予承运人的指示。

(15)交付承运人的单据清单。

(16)运输起止期限等。

发货人应对上述事项的准确性负责。原则上运单须经承托双方正式签字方能生效,但深圳、香港两地出入境运输承托双方大部分都有长期合作关系,约定俗成,不一定按以上原则办理,亦不一定包括以上全部内容。

运单一式三份,第一份交发货人,第二份随货运转,第三份由承运人留存。

五、快递及邮局收据

在服装国际贸易中,邮政运输单据主要有邮局收据及邮寄证明、快递收据三种。

(一)邮局收据

邮局收据(Post Receipt)是邮政部门收到寄件人的邮件后所签发注有寄发日期的货物收据,也是收件人凭此提取邮件的凭证。当邮件发生损坏或灭失时,寄件人或收件人可凭该邮政收据向邮政局提出索赔,邮政局据此受理索赔事宜。

在实际业务中,邮政部门按寄发物件的不同,分别签发内容不完全相同的邮政收据。在填写和使用邮政收据时应注意以下事项。

(1)由于邮政收据不代表货物所有权,不能流通转让,也不能凭此提取货物,所以邮政收据的抬头一律作成记名抬头。

(2)邮政收据的收件人通常应为进口商或开证行,若信用证有具体要求,则按信用证要求填写。

(3)若信用证要求提供邮政收据,并规定交货期,那么邮局日戳所载明的日期即为出口商的实际交货日期,该日期不得迟于信用证规定的最迟交货期。

(4)由于交货数量较多而将其分包寄发时,按UCP600的规定:货物经邮寄或专递发运,如邮政收据或邮寄证明或专递收据或发运通知是在信用证规定的发货地加盖戳记或签字或以其他方式证实并且日期相同,不视为分批装运。

(二)邮寄证明

邮寄证明(Certificate of Posting)是邮局出具的证明文件,据此证明邮包确已寄出或单据确已寄发,并作为邮寄日期的证明。在实际业务中,有的信用证规定,出口商寄送有关单据、样品或包裹后,除要出具邮政收据外,还要提供邮寄证明,作为向银行办理结汇的单据。

(三)快递收据

快递收据(Courier Receipt)是特快专递机构收到寄件人的邮件后签发的凭证。我国邮政部门开办"国际特快专递"(International Express Mail Service,简称EMS)、敦豪公司的"国际信使专递"(Courier Service,即DHL)和民航快递服务(Air Express Service,即AE)等在收寄邮件后,出具专门格式的快递收据。专递或快递是比一般航邮更为快速的运送方式,这种方式按照预先确定的计划赶班发运,传递过程中卸接紧密,由专人负责接送,具有安全、准确、迅速的优点,一般香港航邮5~6天到达的快递只需一天,美国亦只需2~3天可以到达。

【操作示范】

第一步:根据任务1的要求,找出信用证中关于运输单据的条款。

FULL SET OF CLEAN ON BOARD MARINE BILLS OF LADING MADE OUT OT ORDER AND ENDORED IN BLANK SHOWING FREIGHT PREPAID AND NOTIFYING APPLICANT.

审核结果为:提交清洁的已装船的全套正本海运提单,提单做成空白抬头,空白背书格式,显示海运费预付并通知申请人。

第二步:按照任务2的要求,小李于10月28日对致远船务代理公司出具的全套正本提单(详见下表)进行了审核,发现完全符合信用证要求。

海运提单

Shipper YALI FASHION CORP. 99 FUQIN ROAD, NINGBO, CHINA		**B/L NO.** (COSBL130920)	
Consignee TO ORDER			
Notify Party TAD TRADE CO. LTD NO. 555, W. N STREET, LONDON, BRITISH		**COSCO ORIGINAL** 中国远洋运输公司 **CHINA OCEAN SHIPPING COMPANY** **BILL OF LADING**	
* Pre carriage by	* Place of Receipt		
Ocean Vessel Voy. No. VD TARUS V. 37W	Port of Loading NINGBO, CHINA		
Port of discharge LONDON, BRITISH	* Place of Delivery		
Marks & Nos. **Container/Seal No.** TAD LONDON YG899 NO. 1-45 COSU6545878/548665 CFS-CFS	**No. of Containers Or Packages** 45 CARTONS ONLY	**Description of Goods (if Dangerous Goods, See Clause 20)** 100% WOOLEN SWEATER FREIGHT PREPAID ON BOARD: OCT 28TH, 2013 L/C NO.: LC222	**Gross weight Kgs** 1575.00	**Measurement** 8.640CBM
Total Number of containers and/or packages (In words) Subject to Clause 7 Limitation SAY FORTY-FIVE CARTONS ONLY.				

Freight & Charges	Revenue Tons	Rate	Per	Prepaid	Collect
Ex Rate:	Prepaid at NINGBO, CHINA		Payable at	Place and date of issue NINGBO, CHINA, OCT 28, 2013	
	Total Prepaid		No. of Original B(s)/l 3/THREE	Signed for the carrier ZHIYUAN SHIPPING AGENT 刘远鹏 AS AGENT FOR AND OR ON BEHALF OF THE CARRIER COSCO	

LADEN ON BOARD THE VESSEL
DATE   BY
   * Applicable only when document used as a Through Bill of Loading
ENDORSEMENT:
YALI FASHION CORP.
陈志伟

【跟学训练】

根据以下信用证中相关条款及补充资料缮制海运提单：

1. 信用证条款

L/C NO.	*20：	PY123
DATE OF ISSUE	*31C：	20130210
APPLICANT	*50：	KOLLEN INTERNATIONAL INC.
		129 HAYWARD WAY, U.S.A
BENEFICIARY	*59：	SHANGHAI YUDA IMP. AND EXP. CORP.
		NO. 12 XIZANG ROAD, SHANGHAI, CHINA
FOR TRANSPORTATION TO	*44B：	HOUSTON PORT, USA
LATEST DATE OF SHIPMENT	*44C：	20130315
DESCRIPTION OF GOODS/SERVICES	*45A：	

COTTON MEN'S TROUSERS AS PER S/C NO. YD12006

DELIVERY CONDITION: CIF HOUSTON

ART NO. H666   1500PCS   USD5.50/PC
ART NO. HX88   1000PCS   USD4.50/PC
ART NO. HZ21   2000PCS   USD4.80/PC

DOCUMENTS REQUIRED   *46A：

+FULL SET OF CLEAN ON BOARD OCEAN BILLS OF LADING MADE OUT TO ORDER AND BLANK ENDORSED, MARKED "FREIGHT PREPAID" AND NOTIFYING APPLICANT.

ADDITIONAL CONDITIONS：*47A：

+ALL DOCUMENTS MUST SHOW THIS L/C NO.

2. 补充资料

发票号码：YD120061

发票日期：MAR 2, 2013

装箱方式：18PCS/CTN

　　　　N.W.：4.50KGS/CTN　G.W.：5.00KGS/CTN

　　　　MEAS.：25CM×50CM×60CM/CTN

提单号码：COSBL130335

提单日期：MAR 13, 2013

提单签发人：DINGSHENG SHIPPING AGENT CO., LTD　李凡一

唛头：NEW YORK/KOLLEN/ YD12006/CN. NO. 1-UP

船名航次：M. SUNSHINE V. 15

【课外拓展】

一、思考题

　　1. 在服装国际贸易中,运输单据可分为哪七大类?

　　2. 何谓"第三者提单"(THIRD PARTY B/L)? 在服装出口业务中可否提供"第三者提单"?

　　3. 在服装国际贸易中,要将备运提单转变为银行所接受的已装船提单,必须具备什么条件?

　　4. 航空运单的概念与特征是什么?

　　5. 承运货物收据的哪一联可以议付?

二、操作训练题

　　参见附件一操作训练案例库,缮制三个案例的运输单据(分别非 SWIFT 信用证、付款交单和电汇)。

学习情境六　资金单证的缮制

【学习目标】

1. 知识目标

(1) 掌握资金单证的缮制方法。

(2) 熟悉资金单证的内容。

(3) 了解资金单证的种类及其区别。

2. 能力目标

(1) 能缮制信用证项下的汇票。

(2) 能缮制托收项下的汇票。

(3) 能正确使用汇票、本票、支票。

【工作情景】

宁波雅丽服装公司根据合同和信用证的规定,顺利完成了出口羊毛衫的备货、验货、报关和装运任务,同时,依信用证规定缮制或取得了结汇所需的发票、装箱单、提单、保险单、Form A、质检单、装船通知和受益人证明,其中发票的号码为 YL120908-TD,提单显示的装船日期为 OCT28,2013。接下来需要缮制资金单据,全套单据完成后依单据申请议付,亦称交单结算,以收取货款。

【任务描述】

1. 根据上述背景资料,请以雅丽服装公司外贸单证员小李的身份在信用证中找出缮制汇票的条款和所需要的信息。

2. 根据信用证对汇票的要求,以及前期缮制的商业及运输等单据信息,正确缮制汇票。

【知识准备】

在服装国际贸易中,所谓的资金单据是以支付金钱为目的、可以流通转让的有价证券,是出口结汇中最重要的单证之一,主要有汇票、支票和本票三种。在国际货款结算中,以汇票的使用最为广泛,有时也使用支票和本票。

一、汇票

(一)汇票的含义

按照各国广泛引用和参照的《英国票据法》所下的定义:汇票(Bill of Exchange;Draft)是一个人向另一个人签发的一张无条件的书面支付命令,要求受票人见票时或在未来指定的或可以确定的某一时间,支付一定的金额给某一特定的人或其指定的人或持票人。

根据我国 1995 年 5 月颁布的《中华人民共和国票据法》,对汇票作了如下定义:汇票是出票人签发的,委托付款人在见票时或者在指定日期,无条件地支付确定的金额给收款人或者持票人的票据。

(二)汇票的种类

汇票可以从不同的角度进行分类。

1. 按汇票出票人的不同分类

(1)银行汇票。银行汇票是指由银行、金融机构签发的汇票,即汇票的出票人是银行。银行汇票的付款人通常也是银行。

(2)商业汇票。商业汇票是指由商号企业或个人签发的汇票,即汇票的出票人是商号企业或个人。商业汇票的付款人可以是商号企业、个人,也可以是银行。

2. 按汇票是否附有货运单据分类

(1)跟单汇票。跟单汇票是指汇票随附货运单据,如提单、航空运单或铁路运单等。

(2)光票。光票是指不附有货运单据的汇票。

3. 按付款时间的不同分类

(1)即期汇票。即期汇票是指汇票上规定付款人见票后必须立即付款的汇票。

(2)远期汇票。远期汇票是指汇票上规定付款人于指定的日期或在未来可以确定的日期支付款项的汇票。

4. 按汇票受款人的不同分类

(1)限制性抬头。在汇票上写明具体的受款人,款项只能付给该指定的人,如"仅付 ABC 公司"(Pay ABC Co. only)。这种抬头的汇票由于限定了受款人,不能自由转让,在国际贸易中较少使用。

(2)指示性抬头。在汇票"受款人"栏内写上"付××公司或其指定人"(Pay to the order of ××Co.),这种抬头的汇票可以经过背书自由转让,在国际市场上流通。

(3)持票人抬头。在汇票上仅写"付来人"或"付持票人"(Pay to Bearer)。这种抬头的汇票无须持票人行使背书手续,仅凭交付而转让,但风险较大,一旦遭到拒付,追索起来很麻烦。

5. 按汇票承兑人的不同分类

(1)商业承兑汇票。汇票上规定商号企业或个人为付款人的远期汇票,经该商号企业或个人办理承兑手续后,即为商业承兑汇票。

(2)银行承兑汇票。汇票上规定银行为付款人的远期汇票,经该付款银行办理承兑手续后,即为银行承兑汇票。

一份汇票通常可以同时具备几种属性,例如:一份商业跟单远期汇票,它表明汇票的出票人是商号企业,该汇票附有货运单据、汇票的付款时间是在未来某个可以确定的日期。又如,一份银行即期汇票,表明汇票的出票人是银行,汇票的付款时间是付款人见票即付。银行汇票通常为光票,不附有货运单据。而商业汇票大多为跟单汇票,随附货运单据。

(三)汇票的使用和流转

汇票是一张正式证券,在使用过程中通常要经过出票、提示、承兑和付款等程序。汇票作为债权凭证,如需流通转让,还要经过背书。汇票遭到拒付时,持票人可以依法行使追索权。

(1)出票。出票(To draw;To Issue)是票据的基本行为,是指出票人填写汇票内容,并在汇票上签字后交给受款人的行为。汇票开立后,只有将其交付出去才产生法律效力。

(2)提示。提示(Presentation)是指受款人或持票人将汇票提交付款人,要求付款或承兑的行为。

提示分为两种:提示付款和提示承兑。即期汇票,提示付款人付款;远期汇票,先提示付款人承兑,付款期限届满时,再提示付款人付款。付款人看到汇票叫作"见票"(Sight)。

(3)承兑。承兑(Acceptance)是指远期汇票的付款人承诺在汇票到期日支付汇票金额的行为。办理承兑手续时,付款人在汇票的正面写上"承兑"字样,注明承兑日期,并经签字,然后将汇票交还给持票人。付款人在汇票上承兑后,就成为"承兑人",明确表示承担远期汇票到期时的付款责任。

按我国《票据法》的规定,汇票付款人应当自收到提示承兑的汇票之日起3日内承兑或者拒绝承兑。《票据法》还规定,付款人承兑汇票,不能附有条件,承兑附有条件的,视为拒绝承兑。

(4)付款。汇票上的付款人按照汇票规定的付款期限履行付款(Payment)义务。即期汇票的付款人见票时必须付款;远期汇票的付款人见票时先办理承兑手续,到期支付款项。汇票一经付款,汇票上的债权、债务即告终结。

(5)背书。背书(Endorsement)是转让票据的一种手续,是指汇票的受款人或持票人在转让汇票时,在汇票背面签上自己的名字,或者再加上受让人的名称,把汇票交给受让人的行为。

汇票是支付凭证,同时又是一张流通证券。在国际金融市场上,汇票可以通过"背书"转让、流通。汇票一经背书,汇票上的收款权利就转让给了受让人。汇票可以经过多次背书转让,直至付款期限到达,付款人付款。

在国际市场上,远期汇票的持有人如想在汇票到期之前先行取得票款,可以到专门的金融机构办理票据的贴现。所谓"贴现"是指汇票的持有人将未到期的远期汇票通过背书转让给银行或其他金融机构,银行扣除从转让之日起到汇票到期日这段时间的利息和手续费,把票款余额付给持票人的行为。

(6)拒付。汇票在流转过程中,当持票人向付款人提示汇票要求付款或承兑时,遭到付款人拒绝付款(Dishonor)或拒绝承兑;或者由于付款人破产、死亡等原因,致使汇票持有人无法取得承兑或得到款项,这些都构成付款人的拒付行为。

(7)追索。汇票在使用和转让中,遭到拒付时,善意的持票人有权向所有的"前手"进行追索(Recourse),请求其偿还汇票金额及费用,直至追索到出票人。持票人在行使追索权时,应做到两个"及时":一是"及时通知",将遭遇拒付的事实通知"前手";二是"及时出证",马上请示付款地的法院、银行公会等法定公证人作成"拒付证书"(Protest),作为其向前手进行追索的法律依据。按我国《票据法》的规定,持票人行使追索权时,应当提供被拒绝承兑或拒绝付款的有关证明。同时还规定,持票人提示承兑或提示付款被拒绝的,承兑人或者付款人必须出具"拒绝证明书",或者"退票理由书",否则应承担由此产生的民事责任。按照各国票据法,汇票的付款人一经付款,即使付款有误,也不能向受款人追索。

汇票在追索过程中,当出票人得知拒付事实,要根据双方原先签订的契约而不是根据遭拒付的汇票同付款人交涉。因为,就票据当事人的责任而言,汇票付款人之所以有履行付款的义务,并不是由于出票人对他开立了汇票,而是由于在出票前,他们之间已经有了债权、债务关系,并在契约中规定,采用开立汇票的方法支付款项。如果拒付的汇票付款人已经办理承兑手续,权利人向法院起诉时,必须出示拒付证书。

按照《票据法》规定,汇票经过转让,"前手"对"后手"负有担保汇票必须会被承兑或付款的责任,一旦遭到拒付,"后手"有权向所有的"前手"进行追索。为了避免承担被追索的责任,出票人或出让人在开立汇票时或背书转让时,可以注明"不受追索"(Without Recourse)字样,但有这种记载的汇票,不易为受让人所接受,很难在国际金融市场上转让和流通。

(四)汇票的份数

国际贸易中,托收和信用证项下货款结算使用的汇票通常为一式两份的商业汇票,分别为"第一联"(The First Exchange)和"第二联"(The Second Exchange)。付款人仅对其中一份付款或承兑,一经付款或承兑,另一份随即作废。因此,在汇票的"第一联"上通常都写明"付一不付二"(Second of exchange being unpaid);在"第二联"上则写明"付二不付一"(First of exchange being unpaid)。可见,汇票"第一联"和"第二联"的效力是同等的。

(五)汇票的内容及缮制说明

1. 汇票的内容

各国《票据法》对汇票内容的规定不尽相同,一般认为应具备以下项目。

(1)写明"汇票"字样。

(2)无条件的支付命令。

(3)三个当事人:出票人、付款人和受款人。

(4)出票日期和地点。

(5)付款期限。

(6)一定金额。

(7)付款地点。

按照我国《票据法》的规定,汇票必须记载下列事项:表明"汇票"的字样,无条件的支付委托,确定的金额,付款人名称,收款人名称,出票日期,出票人签章。未记载规定事项之一的,汇票无效。

2. 汇票的缮制

国际贸易中使用的汇票并无统一的格式,但必须按国际票据法的规定记载有关内容。在我国出口业务中,采用托收和信用证方式结算货款,出口人签发汇票时应缮制以下内容。

(1)出票条款(Drawn under)。是出票人开立汇票的依据。跟单信用证汇票必须有出票条款,以说明由某银行某月某日开出的第×××号信用证,根据此信用证,付款人只有在"单证相符"时才保证付款。在缮制时,如信用证有规定,则按信用证缮制。如信用证没有规定,应按下列内容缮制。

①Drawn under.:填信用证开证行的完整名称和地址。

②L/C No.:填信用证号码。

③Dated:信用证的开证日期。

填写该栏时应注意:要写出开证行全称,而不要写缩写,除非信用证中规定。在制单业务中,常见的错误是只填写银行名称而漏填地址,这将会影响安全收汇。世界上许多银行在世界各地都有分行或办事机构,其中绝大部分分行和办事机构都经办信用证业务,如果漏填地址,便难以查询该证究竟是由哪个银行开立,这样至少会造成迟期结汇,严重的将构成单证不符,成为对方拒付的理由。

在特殊的情况下,来证要求不填写开证行名称与地址,而填写另一银行的名称和地址。其原因是开证行有意保护自己,避免国家管制,也有银行间方便业务的缘故。作为出口公司,一般都接受这一要求。因此,要按照信用证规定的银行名称、地址正确地填写这一栏内容,以保证安全收汇。

(2)利息条款(Interest@ _____%_____)。这一栏由结汇银行填写,用以清算企业与银行间利息费用。

(3)号码(Number)。有人认为这一栏填写汇票号号码,这是错误的。这一栏正确地填写内容是本交易中心单据发票的号码。目的是核对发票与汇票中相同和相关的内容,例如金额、信用证号码等。一旦这一栏内容与同一套单据出现错误或需要修改时,只要查出与发票号码相同的汇票,就能确定它们是同一笔交易的单据,给核对和纠正错误带来方便。但近年来,随着各出口公司制单人员水平的提高和通信传递方式的改善,所担心的差错很少发生,于是不少出口公司的制单人员就省去了这一项目的填写,银行也接受这一栏是空白的汇票。

(4)汇票金额。汇票金额应写出明确的数目和货币名称(Currency)。如信用证写有下列文句或类似语句者,则汇票金额和发票金额必须完全一致。

例 1. Draft…for 100% invoice value 汇票按发票金额的 100%开出

例 2. Drafts cover full invoicevalue

①小写金额(amount in figures)位于 Exchange for 后,由货币名称缩写及阿拉伯数字组成。例如:USD 400.00。金额数要求保留至小数点后两位。注意货币必须与信用证规定和发票所使用的货币一致。

②大写金额(amount in words)位于 the sum of 后,用英文字表示。依次为:

×× thousand ×× hundred ×× cents ××

例如:United States Dollars One Thousand Four Hundred and Fifty Cents Eighty Only (USD1450.80)。

但须注意以下几点。

a. 大小写金额应一致,金额不得涂改。

b. 零头的写法,除了用"cents"外,还可以用"point"或"××%(××/100)"表示。

如:USD90,816.75,其中 0.75 可以表示为:Cents seventy-five, Point seventy-five 或 75% or 75/100。

再如:表示金额 USD349,080.05 中的"0.05"有以下写法:Cents five, 05%, 5/100;5%。

③注意汇票的金额一般不超过信用证规定的金额。如信用证的金额、数量有溢短装(如 5%或 5%more or less)等字样,则可按其允许的幅度予以增/减;如信用证的金额、数量前写有大约"About"字样,则可在 10%的限度内增/减;若信用证允许分批装运,则无最低限度。具体有以下几种作法。

a. 当实际装运的数量少于规定的数量,在信用证允许分批时,发票金额就是实际应收金额。汇票金额等于发票金额。

b. 当发票金额含佣金时,信用证表明发票含佣,议付时 5%佣金须在汇票中予以扣除,如来证规定:"Invoice must show CIF value including 5% commission at the time of negotiation,5% commission must be deducted from drawings under this credit."。发票表明 CIF 价包括 5%佣金,而在填写汇票金额时,应扣除佣金,填写不含佣金的 CIF 价。于是,此时汇票金额小于发票金额。

c. 当来证要求两张汇票分别支付一笔交易额。如来证规定:"USD 155800 payable against sight draft accompanying above documents, USD 8,200 payable against sight draft and presentation of independent surveyors report confirming quality and quantify of product as received at port of London, UK and beneficiary's certificate adjusting invoice values."

按以上条件制作汇票时,应注意:第一,用两张汇票,一张金额是 155,800 美元,另一张是 8,200 美元。第二,在金额为 155,800 美元的汇票的空白处要打上"payable at sight draft and certificate of invoice value against independent surveyors report"字样。

(5)出票日期和地点(Date and Place of Presentation)。出票日期一般由议付银行议付时代填,汇票的签发日期一般为议付日期。汇票签发日期不得早于随附的各种单据的日期,同时也不能迟于信用证的有效日期。出票地点通常已印好,为议付地点。

(6)付款期限(At…Sight)。这一栏是一个十分灵活的一个栏目,表示方法很多。

①即期汇票(Sight Draft)。表明在汇票的出票人按要求向银行提交单据和汇票时,银行应立即付款。即期汇票的付款期限这一栏的填写较简单,只须在"At Sight"中间使用"×××"、"——"、"＊ ＊ ＊"等符号或"At Sight"字样填在这一栏目中,但不应漏掉。

②远期汇票(Time Draft)。表明在将来的某个时间付款的汇票。根据"远期"起算时间的不同可分为各种远期汇票。

例1. 来证要求:

We hereby issue our irrevocable documentary letter of credit No. ××× available at 60 days after B/L date by draft…

这是一个以装船日为远期汇票起算时间的汇票。在填写汇票时,应在付款期限栏目中打上"60 days after B/L date",并注明提单日期。

例2. 来证要求:

This L/C is available with us by payment at 30 days after receipt of full set of documents at our counters.

这是一张以付款银行收到全套单据为起算时间的迟期付款的信用证,在填写汇票时,在付款期限栏目中打上"30 days after receipt of full set of documents at your counters"。注意,在信用证中写"our counters"——我方柜台,在汇票上要作出相应的调整:"your counters",这是受益人一方对收款银行的称呼。

例3. 来证要求:

"Draft at 60 days from invoice date."

这是以发票日期为汇票起算日的远期汇票。在填写汇票时,在付款期限一栏中填写"60 days from invoice date"。对待这种来证,其他单据尤其是发票要尽可能把填写日期提早(以不早于开证日期为限),使受益人能最大限度地提前收汇。

例4. 来证要求:

"Draft at 180 days after sight."

这是以见票为远期汇票起算日的汇票,填写时,在付款期限一栏内打上"180 days"。

例5. 来证要求:

USD 29854.80— drafts to be drawn at sight on National Australia Bank LTD. Brisbane, Queensland, Australia. USD 19903.20—drafts to be drawn at 90 days sight on National Australis Bank Ltd, Brisbane Queensland, Australia."

这是要求一笔交易分两个期限付款的信用证。需要填写两张汇票:一张在付款期限上用"×××"或"---"符号表示即期汇票,该汇票金额为29854.80美元,另一张在付款期限栏目中填"90 days",表示见票90天付款的远期汇票,该汇票金额是19903.20美元。

但须注意假远期信用证中的假远期汇票的填写方法。

假远期信用证，一般在特殊条款中有所表示。其 L/C 条款为："Usance drafts are to be negotiated at sight basis and presented to drawee bank for discount at buyer's account."。在制作汇票时可在此栏中填上："At ××× days sight and negotiable at sight days."。

假远期汇票是买卖双方对远期、即期抗争的一种结果。远期汇票是卖方给予买方利息的优惠，而即期汇票是买方给予卖方利息优惠。假远期汇票的利息由买方支付。在实际业务中很少见到直接表明假远期的汇票，通常用哪一方支付利息来表示。

例1. 来证要求：

"The interest of 90 days should be paid by applicant."90 天利息由开证申请人支付。

例2. 来证要求：

"75% of interest of 180 days should be paid by the applicant, the others paid by beneficiary."

75%的 180 天利息由开证申请人支付，其余部分由受益人支付。这是假远期汇票的一种灵活使用方法。

在具体制作汇票时，这些不固定的内容应填写在汇票的空白处。

（7）收款人（Payee/Pay to the order of…）。汇票是债权凭证，收款人则是汇票上记明的债权人。收款人又称汇票的抬头人。在外贸实务中，汇票的收款人一般以银行（议付行）批示为抬头人，即这家银行是信用证履行中第一个接受货款的人，称为收款人。通常有下列几种。

①来证规定"限制议付"，则填限制银行。

例："…negotiations are restricted to Bank of China only"则收款人填：Pay to the order of Bank of China.

②来证没有规定"限制议付"，则打任何一家议付行即可。

例：来证要求：

"Draft for negotiation with any bank in Beneficiary's country".

这是不限制收款人和议付行的一种来证的内容，是最常见的一种规定收款人的方法。收款人可以在自己的国家里选择任何一间合适的银行包括在国内的外资银行的分行作为收款人或议付行。

在填写汇票时，应将选择好的银行名称、地址直接填入这个栏目。例如选择中国银行宁波分行为收款人，则应在收款人的栏目中写：Bank of China Ningbo Branch。这是由于中国银行或中国其他可以办理外汇业务的银行，在银行名称中有明显的地址，如 Ningbo Branch 在宁波，农业银行杭州分行中的杭州，渣打银行上海分行中的上海等，都指明了银行的所在地，因此一般在实际业务中不重复填写收款人的地址。

对收款人一栏的填写有时也有特殊的要求，例如来证要求：

"Credit available with any bank by negotiation, against presentation of beneficiary's draft(s) at sight, drawn on us in duplicate to order of ourselves."

从内容上看这是一张由受益人自由选择议付行(收款人)的汇票,但条款中有"To order of ourselves"字样,表明要求受益人在填写汇票收款人之后,也就是在填写了由自己选择的议付行名称、地址之后,用"To order of"连接开证行的名称与地址。条款中的"ourselves"是开证行的自称,对于受益人就不能也写 ourselves 或 yourselves,而必须写出全称,才符合单证相符的要求。

以议付行为收款人,议付行一般要在汇票背面进行背书。

(8)付款人(Payer/Drawee)。付款人也称受票人,指接受命令付款的人。但他可以拒付或指定担当付款人付款。按 UCP600 规定,信用证支付方式项下汇票的付款人为开证行,或其指定的另一家银行。应详细填写付款行名称和地址。

注意:信用证未作规定,付款人仍为开证行。其常见的语句为:Draft drawn on issuing bank/Value on us/Issued on ourselves。在填制汇票付款人时,应把相应的银行名称、地址填上,切不可只填 us/ourselves。

(9)出票人(Drawer)。虽然信用证未规定汇票上应有出票人一栏,但习惯上都把出票人的名称填在汇票右下角空白处。出票人即出具汇票的人,在出口结汇使用汇票的情况下,一般都由出口企业填写。在填写过程中,除非信用证上有特别说明要求手签汇票(即用手写体签写),通常都是盖一个章,包括出口公司的全称和法人代表或经办人的名字。

无证托收业务的汇票,应根据合约规定缮制。在以托收方式收回货款时,使用与信用证支付条件完全相同的汇票,但在填写方式上有以下区别。

①出票根据、信用证号码和开证日期三栏是不需填写的。"Drawn clause"一样,通常用一种传统的习惯用语"Value received"(对价或两讫条款),即"收到汇票的相对价值"之意。在这个栏目内,可写上商品的总称、件数、发票号码,以便于查找,如 Shipment of 100 cartons of pants as per invoice No.005,此栏一般可填写在金额大写栏的下方。

②在"付款期限"栏目中,填写"D/P at sight"(即期付款交单)或"D/P ×× days after sight"(××天远期付款交单)或"D/A ×× days after sight"(××天承兑交单)。

③在"收款人"栏目中,填写代收行名称。

托收汇票也是一式两份。两联汇票起相同的法律作用,当第一联汇票生效时,第二联自动作废;当第二联汇票生效时,第一联汇票自动作废。

二、本票

在国际贸易结算中使用的资金单据除了以汇票为主外,有时也使用本票和支票。

(一)本票的定义

《中华人民共和国票据法》(简称《票据法》)第 73 条给本票(Promissory note)下了如下定义:本票是出票人签发的,承诺自己在见票时无条件支付确定的金额给收款人或持票人的票据。本法所称本票,是指银行本票。

由于本票是出票人向收款人签发的书面承诺,所以本票的基本当事人只有两个,即出票人和收款人,本票的付款人就是出票人本身。本票的出票人在任何情况下都是主债务人。按我国《票据法》,在持票人提示见票时,本票的出票人必须承担付款责任。

本票可以由两个或更多的出票人一起签发,他们可以对本票共同负责,而使用像"我们承诺支付"(We promise to pay)的字样,有时既可以共同负责,也可以分别负责,对此本票就要写成"我们共同或分别承兑支付"(We jointly and severally promise to pay)。这种共同兼分别负责的本票的写法也可以是"我承诺支付"(I promise to pay),但由各出票人自行签名。

(二)本票的内容

本票应当具备的内容,各国票据法的规定大同小异。我国《票据法》第76条规定本票必须记载以下事项。

(1)表明"本票"字样。
(2)无条件支付的承诺。
(3)确定的金额。
(4)收款人的名称。
(5)出票日期。
(6)出票人签章。

本票上未记载以上事项之一的,本票无效。

我国《票据法》虽未把付款地点和出票地点作为有效本票必须记载的内容,但也要求"本票上记载付款地、出票地等事项应当清楚、明确"。如未记载付款地、出票地,则将出票人的营业场所作为付款地与出票地。

按照票据法的一般规则,本票要送到收款人或持票人手上才能成为真正的承诺付款票据。

本票和汇票一样,都可以写明附加支付利息的内容,也可以注明分期付款。在实际业务中,常见出票人在票据上承诺按月、按季或按半年支付款项,直到付清为止,还可以承诺按商定的利率为偿付款项支付利息。此外,收款人也会要求出票人在本票上写明:如未能按时支付任何一起款项时,分期办法即自动失效,出票人就应当一次付清全部余额款项。

(三)本票的种类

按照《日内瓦统一法》和《英国票据法》的规定,本票可按出票人的不同分为一般本票和银行本票。一般本票(General promissory note)的出票人是工商企业或个人,因此又称为商业本票;银行本票(Bank's promissory note/Cashier's order)的出票人是银行或其他金融机构。一般本票又可依据付款时间分为即期本票和远期本票两种。即期本票就是见票即付的本票,远期本票是承诺于未来某一规定的或可以确定的日期支付票款的本票。而银行本票都是即期的。

我国《票据法》规定,本票仅限于银行本票。除了不承认银行以外的企事业单位、其他组织和个人签发本票外,还规定本票出票人资格要由中国人民银行审定。可见,并非所有金融机构都可签发本票,而必须是经过中国人民银行审定的金融机构方可签发。

银行本票样例见表6-1。

表6-1　本票

```
ASIA INTERNATIONAL BANK, LTD.
18 Queen's Road, Hongkong
CASHIER'S ORDER
                    Hongkong, Oct 20, 2013
Pay to the order of ABC CO. --------------------------------
The sum of U. S. Dollars Seventy Two Thousand and Nine
Hundred Only. ------------------------  ---------------
         For Asia International Bank, Ltd.
         US $ 72900.00
                                   Manager
```

(四) 本票的票据行为

本票的票据行为中,对于出票、背书、保证、付款行为和追索权的行使,适用票据法中对于汇票的相应行为和权利行使的规定,但对本票的特定规定除外。例如,按我国《票据法》,本票只能由银行或其他金融机构签发;出票人必须具有支付本票金额的可靠资金来源,其资格要由中国人民银行审定;本票自出票之日起,付款期限最长不得超过2个月;本票持票人未按规定期限提示见票的,丧失对出票人以外的前手的追索权。

(五) 本票与汇票的区别

本票与汇票的区别主要有以下三点。

(1) 基本当事人不同。本票只有两个当事人,即出票人和收款人。而汇票的当事人有三个,即出票人、收款人和付款人。

(2) 本票无须承兑;而远期汇票通常要经过承兑,并且可能被作保留性承兑,甚至被拒绝承兑。本票没有参加承兑;而西方票据法中对于远期汇票有参加承兑。

(3) 本票的出票人是绝对的主债务人;而远期汇票一旦经付款人承兑之后,承兑人就成为主债务人,出票人则转为从债务人。

此外,本票只能签发一式一份,不能多开;而汇票通常签发一式两份或多份(银行汇票除外)。本票的签发人称作 Maker,而汇票的签发人称作 Drawer。英文中,本票称为 Note,而汇票称为 Bill 或 Draft。

三、支票

在国际贸易中,支票常被用于代替现钞而作为一种支付工具。

(一) 支票的定义

《中华人民共和国票据法》第 82 条给支票(Cheque/Check)下了如下定义:支票是出票人签发的,委托办理支票存款业务的银行或者其他金融机构在见票时无条件支付确定金额给收款人或持票人的票据。

支票的基本当事人和汇票一样,共有三个:出票人、付款人和收款人。但支票的出票人必定是在银行设有往来存款账户的存户,而付款人必定是该存户设有户头的银行。这种银行又称为付款银行。这三个当事人也可以合成两个,例如:以付款银行为抬头人,那么银行既是付款人,又是收款人,这种支票通常用于从账户中提取一笔款项以偿付必须付给银行的金额;支票也可以是出票人自己作为收款人,这种支票多半用来从银行提取现款。

实际上,支票是存款人用以向存款银行支取存款而开出的票据。支票交给收款人,再由收款人持以向银行提示取款,或由收款人转让给别人持以向银行提示取款。所以,支票也是一种可流通的票据。

支票与汇票、本票相同,付款都是无条件的。但是,如果载明要将金额计入出票人作为借方的账户,则仍是有效的支票,而且现在有的银行也在发给客户的空白支票上印就客户名称及账号。

支票的出票人所签发的支票金额不得超过其付款时在付款人处实有的存款金额,否则即为空头支票。各国法律一般都禁止签发空头支票。

(二) 支票的内容

按我国《票据法》规定,支票必须记载以下事项。
(1)表明"支票"字样。
(2)无条件支付的委托。
(3)确定的金额。
(4)付款人的名称。
(5)出票日期。
(6)出票人签章。
支票上未记载以上事项之一的,支票无效。
按《日内瓦统一法》,支票还须记载收款人名称或加上"或其指定人"或"持票人"字样以及付款地点和出票地点。

按我国《票据法》,支票上的金额可以由出票人授权补记、未补记前的支票不得使用;支票上未记载收款人名称的,经出票人授权也可以补记;支票上未记载付款地点的,付款人的营业场所为付款地;未记载出票地的,出票人的营业场所、住所或经常居住地为出票地。出票人的签章应当与其在付款处所预留的签名式样或印鉴相符。

一般支票样例如表 6-2 所示。

表 6-2　支票

```
Cheque for USD20000.00                London, Oct 20, 2013
Pay to the order of United Trading Co.
The sum of U. S. DOLLARS TWENTY THOUSAND ONLY.
To: Midland Bank
      London
                              For ABC Corporation
                                  London
                                (Signed)
```

(三) 支票的种类

1. 按有无收款人姓名记载分类

(1) 记名支票(Check payable to order)。指在支票的收款人一栏中记载收款人的具体名称,持记名支票取款时,必须由载明的收款人在背面签章。

(2) 不记名支票(Check payable to bearer)。又称来人持票或空白抬头支票。这种支票不记载收款人的具体名称,只写明"交付来人",取款时无须收款人签章,持票人可仅凭交付即可将支票权力转让。

2. 按附加的付款保障方式分类

(1) 画线支票(Crossed check)。画线支票是在支票正面画两道平行横线的支票。支票经画线后,只能通过银行收款,不得由持票人直接提款,其目的是使不正当持票人转让支票或领取票款更加困难。画线支票有两种:一种是普通画线(General crossing),即在支票上仅画两条平行线,这种画线支票收款人可以委托任何银行向付款行收取票款。另一种画线支票称特殊画线(Special crossing),在平行线中记有收款银行的名字,有这种画线的支票只能通过该指定收款行向付款行提示付款。出票人和持票人均有权画线。

我国《票据法》中没有支票画线制度的规定,但有对现金支票和转账支票的规定。实务中,在支票左上角加两条平行斜线可作为转账支票使用。

(2) 保付支票。保付支票指付款银行在支票上加"保付"字样并签章。银行在保付时,须查核出票人支票存款账户,并将相应金额转入保付支票账户名下。支票一经保付,即由银行承担付款责任,其他债务人一概免责;持票人可以不受付款提示期的限制,在支票过期后提示,银行仍然要付款。

我国《票据法》《日内瓦统一法》和《英国票据法》均无支票保付的规定。

(四) 支票的票据行为

支票的票据行为中,对于出票、背书、保证、付款行为和追索权的行使,适用票据法中对于汇票的相应行为和权利行使的规定,但对支票的特定规定除外。例如,按我国《票据法》,支票的出票人所签发的支票金额不得超过其付款时在付款人处实有的存款金额,否则即为空头支票,而空头支票依法禁止签发。再如上所述的支票的提示期限和汇票的不同。

(五)支票与汇票的区别

支票和汇票虽同是委托式票据,都有三个基本当事人,但支票必须以银行为付款人,而汇票既可以银行,也可不以银行为付款人。另外,还有以下几个主要区别。

(1)用途不同。汇票有两种用途,一是可作为结算和押汇(Settlement)工具,二是可以作为信贷(Credit)工具。而支票只能用作结算。

(2)付款期限不同。就付款期限而言,汇票有即期和远期之分,而支票只能是即期的。因此,支票无须承兑,而远期汇票通常须经承兑。

(3)提示期限不同。按《日内瓦统一法》,支票的出票人和付款人若在同一国内,其提示期限只有8天,而汇票的提示期限可以长达1年。按我国《票据法》,支票的提示期限是自出票日起10天,异地使用的支票,其提示期限按中国人民银行规定。超过提示期限的,付款人可以不予付款,但出票人仍应对持票人承担票据责任。

(4)可否止付不同。支票可以止付,但汇票在承兑后即为不可撤销。

【操作示范】

第一步:根据任务1的要求,找出号码为LC222的信用证中与汇票有关的条款:

(1)AVAIABLE WITH/BY:WITH ANY BANK BY NEGOTIATION IN CHINA

(2)DRAFT AT:AT 45 DAYS AFTER SIGHT

(3)DRAWEE(PAYING BANK):OURSELVES

审核结果为:

(1)此信用证在中国境内任何银行议付有效。

(2)付款期限为见票后45天。

(3)受票人也就是付款行为开证行。

第二步:按照任务2的要求,小李于10月30日缮制了汇票,详见表6-3。

表6-3 汇票

```
                          BILL OF EXCHANGE
DRAWN UNDER   BRITISH   LOYAL   BANK,LONDON,BRITISH, L/CNO.   LC222
DATED:   SEP10,2013   ,PAYABLE WITH INTEREST @ _____ %
NO.  YL120908-TD   EXCHANGE FOR   USD40,000.00   NINGBO,CHINA   OCT 30,2013
AT   45 DAYS AFTER OCT. 28,2013   SIGHT OF THIS SECOND OF EXCHANGE(FIRST OF EXCHANGE
BEING UNPAID)
PAY       TO ORDER OF BANK OF CHINA
THE SUM OF   U.S. DOLLARS FORTY THOUSAND ONLY
TO:     BRITISH   LOYAL   BANK,
         LONDON,BRITISH

                                              YALI FASHION CORP.
                                                   陈志伟
```

【跟学训练】

上海宇达进出口贸易公司与美国 KOLLEN INTERNATIONAL INC. 签订的男士全棉裤子的合同已顺利完成了备货、验货、报关和装运任务,同时,依信用证规定缮制或取得了结汇所需的发票、装箱单、提单、保险单、Form A、质检单、装船通知和受益人证明,其中发票的号码为 YD120061,提单显示的装船日期为 MAR11,2013。请根据以下合同和信用证有关资金单据的条款来缮制信用证项下的汇票(表 6-4)。

表 6-4　汇票

```
                         BILL OF EXCHANGE

   DRAWN UNDER _____,L/CNO. _____
   DATED:_____,PAYABLE WITH INTEREST @ ____%____
   NO. _____ EXCHANGE FOR _____ NINGBO,CHINA _____
   AT_____ SIGHT OF THIS SECOND OF EXCHANGE( FIRST OF EXCHANGE BEING UNPAI)
   PAY _____ OR ORDER
   THE SUM OF _____
              _____

   TO:_____
      _____
```

1. 合同中的支付条款为即期信用证:L/C AT SIGHT

2. 信用证中的资金单据有关的条款

DATE OF ISSUE:20130210

FROM:CITI-BANK HOUSTON,U.S.A.

L/C NO.:PY123

EXPIRY DATE AND PLACE:20130415 CHINA

APPLICANT:KOLLEN INTERNATIONAL INC.

　　　　　　129 HAYWARD WAY,U.S.A

BENEFICIARY:SHANGHAI YUDA IMP. AND EXP. CORP.

　　　　　　NO. 12 XIZANGROAD,SHANGHAI,CHINA

AMOUNT:USD22350.00

AVAILABLE WITHBY:WITH BANK OF CHINA BY NEGOTIATION

DRAFTS AT:AT SIGHT

DRAWEE:CATHAY BANK,NEW YORK,U.S.A

3. 补充资料

B/L dated MAR 11,2013

Invoice No.:YD120061

【课外拓展】

一、思考题

1. 这份汇票的当事人有哪几个？
2. 在什么情况下，汇票的金额与发票金额不一致？
3. 远期汇票起算日有哪几种？以哪一种对卖方最有利？
4. 信用证项下的汇票的出票条款，应表示什么内容？
5. 如果信用证在汇票条款中未明确规定谁为汇票付款人，应怎样缮制？
6. 信用证金额为 USD 40000.00，实际装运后，缮制发票时才发现发票面值为 USD 40010.00，超出信用证金额 10 美元，应怎样制汇票？

二、操作训练题

请缮制附件一操作训练案例库中案例一和案例三中所需汇票。

学习情境七　其他单证的缮制

【学习目标】

1. 知识目标

（1）掌握受益人证明、装船通知、船公司证明等其他单证的缮制方法。

（2）熟悉受益人证明、装船通知、船公司证明等其他单证的主要内容。

（3）了解信用证结算方式下其他单证的种类和作用。

2. 能力目标

（1）能根据信用证条款规定缮制受益人证明。

（2）能根据信用证条款规定缮制装船通知。

（3）能根据信用证条款规定缮制船公司证明。

（4）能根据信用证条款规定缮制费用证明等其他单证。

【工作情景】

宁波雅丽服装公司在完成货物装运后，取得了海运提单，按照信用证要求，受益人在交单议付时还需提供两份单证。

（1）受益人证明：BENEFICIARY'S CERTIFICATE CERTIFYING THAT ONE SET OF NON-NEGOTIABLE DOCUMENTS HAVE BEEN SENT TO APPLICANT AFTER SHIPMENT IMMEDIATELY.

（2）装船通知：SHIPPING ADVICE

【任务描述】

1. 根据上述背景资料，请以外贸单证员小李的身份找出信用证中有关其他单证条款。

2. 公司单证员小李从已缮制或取得的单证中得知此票货物相关信息如下，请根据这些信息和信用证对其他单证的要求，正确缮制受益人证明和装船通知。

（1）B/L DATED OCT. 28, 2013

（2）B/L NO. : COSBL120920

（3）INVOICE NO. : YL120908-TD

（4）LOADING FROM: NINGBO, CHINA

（5）DETINATION: LONDON, BRITISH

(6) SHIPPING MARKS:TAD/LONDON/YG899/NO.1-UP
(7) QUANTITY OF GOODS/PACKAGES:3600 PIECES IN 45CTNS
(8) OCEAN VESSEL:VD TARUS V.37W

【知识准备】

在服装国际贸易中,其他单证是指信用证支付方式下,根据信用证条款规定而提供的单证,主要有受益人证明、装船通知、船公司证明、费用证明等。为保证收汇安全,这些单证必须根据信用证规定制作,以达到单据完整性的要求。这些单据,有的是出口单位自己制作的,有的是外单位出具的。出口单位要分别向出单据单位提出要求,并进行复核,自己制作的,应审慎根据来证规定办理,不得疏漏遗缺。

一、受益人证明和装船通知

(一)受益人证明

受益人证明(Beneficiary's Certificate),是信用证结算方式下,出口商根据信用证要求出具的证明其已履行某种义务或办理某项工作的单据。

实务中常见的受益人证明,一般是关于商品品质、包装、已发装船通知、已寄样品或副本单据等情况的证明。其内容多样、格式简单,可以根据信用证的规定出具并正式签章。受益人证明一般不分正本、副本,但若来证要求正本,则可在受益人证明单据的上方打上"Original"。

缮制时应注意以下内容。

(1)单据上应有适当的名称。

(2)应提供相应的信用证号码及发票号码。

(3)证实的内容与信用证一致。

(4)由受益人出具及签字。

(5)证明的日期不能迟于信用证规定的日期。一般可与提单日期同时。

例如:L/C 条款:"Beneficiary's certificate certifying that non-negotiable documents have been sent to applicant by DHL."

受益人证明例样如表 7-1 所示。

表 7-1 受益人证明

ORIGINAL
(1) Name & Address of the Exporter
(2) Certificate
(3) Date
(4) To whom it may concern
(5) Re:L/C No.   INV. No.
(6) We hereby certify that the following documents have been sent to. applicant by DHL: ①Two copies of B/L;   ②One copies of Packing list;   ③Invoices in two copies.
(7) Signature

(二)装船通知

装船通知(Shipping Advice)是出口企业在订妥舱位或货物装船后,发给进口商的告知装船日期或货物已装船的书面文件。有时进口商为了督促出口商履行通知的义务,就在信用证中要求受益人在交单时提交装运通知的副本作为议付单据之一。

出口人装船后及时发装船通知是十分重要的。在以 CIF、CIP 术语达成的交易,装船通知可让客户了解货物装运情况,并做好接货的准备。在按 FOB、FCA、CFR、CPT 条件签订的合同,及时发装船通知,以便进口商及时办理货物保险。特别是在进口预约保险的情况下,装船通知是保险公司对该批进口货物承担保险责任的凭证,有时进口商要求直接将装船通知发给其指定的保险公司。对国外来证中订明受益人在规定时间内必须将装运情况通知进口人的,则应注意不得逾期。按照惯例,如卖方在 FOB、FCA、CFR、CPT 价格条件下,未及时通知买方保险,货物在运输途中所发生的损失,应由卖方负责。

装船通知应包括以下内容。

(1)各种参编号,如:L/C No、S/C No、Order No、INV No、B/L No…etc.。

(2)各种名称:Name of Commodity/Steamer, Port of Loading/destination, Port of transshipment etc.。

(3)各种日期:date of B/L, ETA, etc。

(4)数量:Quantity of Goods/Packages, etc.。

(5)有关保险的装船通知,还应增加保险公司名称/保险代理人的名称、预保单号码等。

装船通知的例样如表 7-2 所示。

表 7-2 装船通知

Shipping Advice

To:
Re: Invoice No.:
　　L/C No.:
Dear Sirs,
We hereby inform you that the goods under the above mentioned credit have been shipped. The details of the shipment are stated below.
Commodity:
Quantity of Goods/Packages:
Amount:
Ocean Vessel:
B/L No.:
ETD:
ETA:
Port of Loading:
Destination:
Shipping marks:

　　　　　　　　　　　　　　　Signature

如来证订明受益人在规定时间内必须以电讯将装运情况通知收货人/开证人,受益人须按时发出装运通知并按规定通知内容,在议付时必须提供装运通知副本与其他单据一起向银行议付。若来证须提供"Certified copy",则在签字上方打明"Certified True Copy"字样。

二、船公司证明

船公司证明(Shipping Company's Certificate)是船公司出具的单据,是进口商为了满足政府需要或为了解货物运输情况等要求出口商提供的单据。

常见的船公司证明有以下几种。

(一)船籍及航程证明

船籍及航程证明(Certificate of Registry/Itinerary)系船公司说明载货船舶国籍及全部航程停靠港口的证明文件。若信用证中对载货船舶的国籍及全部航程停靠港口有特定要求,必须满足信用证规定。这种信用证常来自阿拉伯国家,其例样如表7-3所示。

表7-3 船籍及航程证明

ITINERARY CERTIFICATE
To whom it may concern: Shanghai…   This is to certify that s.s. "…" flying the flag of The People's Republic of China, from Shanghai to…call at following ports during this present voyage, according to the schedule, and so far as we know that she is not blacklisted by the Arabian Countries.   Signature   (船公司或代理盖章,并表明身份)

(二)船龄证明

船龄证明(Certificate of Vessel's Age)是船公司出具的说明载货船舶船龄的文件。一般船龄在15年以上的为超龄船。若进口方在信用证中规定了载货船舶的船龄,出口方一般须请船公司出具船龄证明,即使信用证没有明确要求出此证明。

中东有些地区来证,因保险费率问题,规定装载船舶的船龄不得超过15年,受益人必须要求船代理或船公司出具装载船龄证明,例样如表7-4所示。

表7-4 船龄证明

CERTIFICATE
To whom it may concern: Shanghai…   RE: Invoice No.   L/C No.   This is to certify that the carrying vessel m.v. ×××fully owned by us is not more than 15 years old and fits for long sea sailing and that she is not included in the black list.   Signature(船公司盖章)

又如科威特来证常要求货须在香港转船,第二程船的船龄不得超过15年,并被允许进

入科威特港,此类条款,在结汇时须提供证明,可请香港运输代理签发。

(三) 船级证明

船级证明(Certificate of Classfication)是船公司出具的说明载货船舶符合一定船级标准的证明。例样如表7-5所示。

表7-5 船级证明

```
                    Lloyd's Register of Shipping
              71 Fenchurch Street, London, EC3M 4BS
        Telephone (01) 709 9166   Telex 888379   Cables Committee, London EC3

Maersk Line (HK) Ltd.
Technical office
17-19th Fl., Sunning Plaza
10 Hysan Avenue, Causeway Bay,
HONG KONG

                        CONFIRMATION OF CLASS
TO WHOM IT MAY CONCERN:
This is to certify that according to current information available in this office, the Class Status of the under-mentioned ship/unit is as follows:
    L.R. Number
    Name of Ship/Unit
    Gross Tonnage
    Date of Build
    Class Status

    Issuing Office
    HONG KONG
                                                        _____
                                                        (SIGNATURE)
```

(四) 转船通知证明

转船通知证明(Certificate of Transhipment Advice)是由船长、船方代理人或发货人证明载货船舶在中途转船,并且由转运人负责将有关转船事项通知收货人的一种文件。如信用证规定必须出具此证明书,证明转船时必须通知收货人第二程船的船名。

(五) 船长收据

船长收据(Captain's Receipt)即船长签字的随船单证收据,是船长在收到随船带交给收货人的单证时出具的收单证明。

进口方为防止单据迟于货物到达或其他原因,常要求出口商将某种单据或一套正本(或副本)单据在装船时交给载货船舶的船长,随船带交收货人。出口商将单据交给船长后,船长签发收单证明即船长收据。船长收据一般注明收到单据的种类、份数,并声明将于到达目的港后交予指定人。船长收据可以由出口商自行根据需要预先缮制,然后交船长审核并签字退回,然后与其他必须提交的单据一起送银行议付。

随船船长收据例样如表7-6所示。

表7-6　船长收据

```
                    CAPTAIN'S RECEIPT
Re:B/L No.    Invoice No.
I,the undersigned Master of the carry vessel S.S…hereby certifying having received from…the following shipping docu-
ments which shall be handed over to M/S…
  1. One copy of B/L;
  2. Copies of invoices;
  3. Copies of packing list;
  4. One original inspection certificate of quality.
                                                       Signature(船长)
```

(六) 集装箱船只证明

有些来证规定须装集装箱船只,除在提单上表示以外,还要另出具一份集装箱船只证明(Certificate of Container Vessel)。为满足L/C要求,应当出具证明议付。如L/C规定:"Shipment to be made by Container Vessel and beneficiary to certify to this effect…"

集装箱船只证明例样如表7-7所示。

表7-7　集装箱船只证明

```
                         Certificate
To whom it may concern:
Ningbo,China
Re:Invoice. No. :
L/C No. :
This is to certify that shipment of the captioned invoice has been effected by the Container Vessel.
                                                  Signature(船公司盖章)
```

(七) 班轮公会船只证明

如来证规定须装班轮公会船只(Conference Line)时,可由船公司代理出具班轮公会船只证明(Certificate of Conference Line),或在提单中表示,或单独出具证明。如办不到,则须修改信用证。其格式可参见前面几种例样。

三、有关费用方面的证明

(一) 运费账单

运费账单,是承运人签发给托运人货物运送的运费收讫凭证。采用CIF或CFR成交时,出口商一般不主动对外提供运费单据,但如信用证规定要提供"Freight Note","Freight Account",

"Invoice for Freight"或"Certificate from Shipping Company certifying amount of freight paid"等时,亦可提供此项运费账单。有的国家按 FOB 征收关税,要求外轮代理公司或外运公司在提单上列明运费或另出凭证,都可按要求办理。有的来证条款还特别规定在发票上加注运费、保费及 FOB 金额。运费金额币制不相同者,应折成发票金额相同的币制。运费账单例样如表 7-8 所示。

表 7-8 运费账单

公司名称: Messrs.:	运 费 账 单 FREIGHT ACCOUNT		单据编号 Note No._____
下列账款已列入你方账户 Please note that we have entered the following items in your account:			日期 Date:_____
船名 m.v.	航次 Voy.	从 From	到 to
提单号码 B/L No.	摘 要 Re:		金 额 Amount
附件 Encl.		签章 Stamp & Signature	

(二)保费收据

以 CIF 条件成交的货物,如果信用证要求出口方提供保险费收据。则出口单位就必须要求保险公司出具保险费收据,使国外进口商于货到验关时,可据以证明 FOB 净值,按此纳税;此外,对实行外汇管制的国家,在申请外汇时,也可作为证明。保费收据例样如表 7-9 所示。

表 7-9 保费收据

中保财产保险有限公司
The People's Insurance(Property)Company of China,Ltd.

保 费 收 据
PREMIUM RECEIPT

日期
Date:_____
兹收到
Received from_____
保费金额
The sum of_____
系付保费单第_____号批单_____国家_____第_____号之保费
Being Premium on the policy No._____ Encl.No._____
承保金额_____ 保率:水险_____ 战争险_____
Amount Insured:_____ Rate: Marine_____ War_____

中保财产保险有限公司
P.P. 宁波分公司

(三)议付时扣佣通知

信用证开足货款金额,并规定议付银行在议付单据时扣除佣金,简称议扣或结汇时扣佣。在此种情况下，商业发票是货款的金额，汇票则是扣佣后的净额。

例 1. At the time of negotiation, negotiating bank should deduct from their payment to the beneficiary 5% of the full CIF value being commission payable to ABC Co. Ltd.

例 2. Credit Note for 5% of invoice value to be deducted from amount negotiated to beneficiary as commission to ABC Co. Ltd.

根据上述条款，可出具扣佣通知书，如表 7-10 所示。

表 7-10　扣佣通知书

CREDIT NOTE

NINGBO, CHINA

To:

Re: Invoice No. ×××　　L/C No. ×××

Please be advised that we have requested our Bankers to instruct the opening bank to pay you the amount mentioned below as your commission which has been deducted from their payment to us.

5% commission on Invoice value USD10,000 = USD500.00

(SIGNATURE)

(四) 借记通知单

在日常业务中，有时有小额款项须向客户收取。例如来证金额微有不足，保险加成超过合同规定，保险责任扩展至内陆城市因而发生超保等，这些超过信用证金额应由客户负担的款项，如果要求客户改证会影响出口商及时出运和结汇，利息损失也许大于可收款项，因此，若缮制借记通知单直接向进口人索取，就可避免改证和托收的烦琐手续和费用。此项借记通知单，一联交财会部门留存，凭以检查索款是否收妥。借记通知单样例如表7-11所示。

表 7-11　借记通知书

DEBIT NOTE

Ningbo, China

To: ×××

Dr. to NINGBO TEXTILE EXP. & IMP. CORP. NINGBO

Particulars	Amount
Re: Invoice No.　　amounting to Sales Confirmation No.　L/C No. Additional Insurance Premium: (　) being difference CIF+10% and CIF+ % (　) from port of discharge to final inland destination (　) Difference in unit price: 　　Sales Confirmation @ 　　L/C received @ (　) Amount in deficit of L/C already deducted from invoice value	Amount

In settlement of the above marked (×), kindly let us have your payment at your earlier convenience.

(SIGNATURE)

【操作示范】

第一步：根据任务1的要求，找出号码为LC222的信用证中关于其他单据的条款。

（1）BENEFICIARY'S CERTIFICATE STATING THAT ONE SET OF NON-NEGOTIABLE SHIPPING DOCUMENTS HAVE BEEN SENT TO APPLICANT AFTER SHIPMENT.

（2）SHIPPING ADVICE

审核结果为：

（1）要求提供受益人证明，证明一整套非议付的装运单据已经在货物装运后寄给申请人。

（2）要求提供装船通知。

第二步：从前期已缮制的单据中找出受益人证明和装船通知中会涉及的相关信息。

（1）Invoice No.：YL120908-TD

（2）Commodity：100% woolen sweater

（3）Quantity of Goods/Packages：3600 pieces in 45ctns.

（4）Amount：USD40,000.00

（5）Ocean Vessel：VD TARUS V.37W

（6）B/L No.：COSBL120920

（7）Date of B/L：OCT 28,2013

（8）Port of Loading：Ningbo，China

（9）Destination：London，British

（10）Shipping marks：TAD/LONDON BRITISH/YG899/CN.NO.1-UP

第三步：按照任务2的要求，小李于10月28日分别缮制了受益人证明（表7-12）和装船通知（表7-13）。

表7-12 受益人证明

YALI FASHION CORP
99 FUQIN ROAD, NINGBO, CHINA
Original
BENEFICIARY'S CERTIFICATE
DATE：OCT 28,2013
INVOICE NO.：YL120908-TD
L/C NO.：LC222
TO WHOM IT MAY CONCERN：
WE HEREBY CERTIFY THAT ONE SET OF NON-NEGOTIABLE DOCUMENTS HAVE BEEN SENT TO APPLICANT AFTER SHIPMENT IMMEDIATELY.
YALI FASHION CORP.
陈志伟

表 7-13 装船通知

YALI FASHION CORP.
99 FUQIN ROAD,NINGBO,CHINA

Shipping Advice

DATE:OCT 28,2013

Re:INVOICE NO.:YL120908-TD
L/C NO.:LC222
Dear Sirs,
We hereby inform you that the goods under the above mentioned credit have been shipped. The details of the shipment are stated below.
Commodity:100% woolen sweater
Quantity of Goods/Packages:3600 pieces in 45ctns.
Amount:USD40,000.00
Ocean Vessel:VD TARUS V.37W
B/L No.:COSBL120920
ETD:OCT 28,2013
ETA:NOV 20,2013
Port of Loading:Ningbo,China
Destination:London,British
Shipping marks:TAD/LONDON/YG899/NO.1-UP

YALI FASHION CORP.
陈志伟

【跟学训练】

上海宇达进出口贸易公司与美国 KOLLEN INTERNATIONAL INC. 签订的男士全棉裤子的合同已顺利完成了备货、验货、报关和装运任务,请根据信用证对单据的要求来缮制受益人证明等其他单据。

1. 信用证中要求其他单据的条款只有一条

BENEFICIARY'S CERTIFICATE STATING THAT ONE SET OF NON-NEGOTIABLE SHIPPING DOCUMENTS HAVE BEEN SENT TO APPLICANT AFTER SHIPMENT.

2. 信用证中对其他单据缮制时会涉及的信息

(1)L/C NO.:PY123

(2)EXPIRY DATE AND PLACE:20130415 CHINA

(3)APPLICANT:KOLLEN INTERNATIONAL INC. 129 HAYWARD WAY,U.S.A

(4)BENEFICIARY:SHANGHAI YUDA IMP. AND EXP. CORP.
NO. 12XIZANG ROAD,SHANGHAI,CHINA

(5)LOADING FROM:CHINA

(6)FOR TRANSPORTATION TO:HOUSTON PORT,USA

(7)LATEST DATE OF SHIPMENT:20130315

(8)DESCRIPTION OF GOODS/SERVICES:COTTON MEN'S TROUSERS AS PER S/

C NO. YD12006

3. 从之前此票货物已缮制或取得的单据中得知的补充信息

(1) B/L DATED MAR. 11, 2013

(2) B/L NO.: COSBL120335

(3) INVOICE NO.: YD120061

(4) LOADING FROM: NINGBO, CHINA

(5) DETINATION: HOUSTON PORT, USA

(6) SHIPPING MARKS: KOLLEN/HOUSTON/YD12006/CN. NO. 1-UP

(7) QUANTITY OF GOODS/PACKAGES: 4500 PCS IN 250 CARTONS

(8) OCEAN VESSEL: M. SUNSHINE V. 15

4. 缮制受益人证明（表7-14）

表7-14 受益人证明

```
                                                              Original
                    BENEFICIARY'S CERTIFICATE

                                                          DATE:
                                                          INVOICE NO.:
                                                          L/C NO.:

TO WHOM IT MAY CONCERN:
    WE HEREBY CERTIFY THAT
```

5. 缮制装船通知（表7-15）

虽然该信用证中没有要求提供装船通知，但是按照《2010年国际贸易术语解释通则》，以CIF成交的合同，卖方交货后有及时通知买方的义务。

表7-15 装船通知

```
                    Shipping   Advice
                                                          DATE:
Re: INVOICE NO.:
    L/C NO.:
Dear Sirs,
    We hereby inform you that the goods under the above mentioned credit have been shipped. The details of the shipment are stated below.
    Commodity:
    Quantity of Goods/Packages:
    Amount:
    Ocean Vessel:
    B/L No.:
    ETD:
    ETA:
    Port of Loading:
    Destination:
    Shipping marks:
```

【课外拓展】

一、思考题

　　1. 受益人证明的主要作用是什么？常见的受益人证明有哪些？

　　2. 采用 CFR 术语成交时，卖方没有及时向买方发出装船通知，会有什么后果？

　　3. 常用的其他(附属)单据有哪些？

　　4. 船公司出具的证明一般有哪些？它们各有什么作用？

二、操作训练题

　　仔细阅读附件一操作训练案例库中的三个案例，并判断哪些其他单据需要缮制，如果需要，请缮制所需的其他单据。

学习情境八　单证的审核

【学习目标】

1. 知识目标

(1)掌握外贸单证的审核方法与常见不符点处理办法。
(2)熟悉 UCP600 中对审单条款规定。
(3)了解信用证外汇结付的几种方式。
(4)了解单证管理的意义和要求。

2. 能力目标

(1)能根据信用证条款完成各种单证的审核工作。
(2)能审核汇付、托收项下的各种单证。
(3)能根据审核结果对单证进行修改。

【工作情景】

2013 年 7 月 20 日,宁波海洋进出口有限公司业务员与美国 NEW WORLD INTERNATIONAL INC. 签订了一份男式全棉衬衣的出口合同,合同金额为 36800.00 美元,所采用的结算方式为远期信用证,货物于 2013 年 8 月 26 日装船,外贸单证员也已完成了全套单证的缮制和申领工作,在到银行交单之前,须由公司单证部经理陈欣对全套单证进行审核。

【任务描述】

要想及时准确地开展审单和交单结汇工作,要根据信用证的具体要求,完成以下任务。
1. 请根据信用证条款以宁波海洋进出口有限公司单证部经理陈欣的身份审核全套出口单证。
2. 对审核结果中单证不符之处进行修改,确保提交银行的单据正确并能成功结汇。
(1)信用证条款
MT:700　　　　　　ISSUE OF A DOCUMENTARY CREDIT
FROM:CITI-BANK LOSANGELES,U.S.A.
SEQUENCE OF TOTAL：　　　＊27:1/1
FORM OF L/C　　　　　　　＊40A:IRREVOCABLE
L/C NO.　　　　　　　　　＊20:66IM6895
DATE OF ISSUE　　　　　　＊31C:20130731

EXPIRY DATE AND PLACE	*31D:20130915 CHINA
APPLICANT	*50:NEW WORLD INTERNATIONAL INC.
	129 HAYWARD WAY,U.S.A
BENEFICIARY	*59:NINGBO HAIYANG IMP. AND EXP. CO.
	NO. 888HUAISU ROAD,NINGBO,CHINA
AMOUNT	*32B:USD36800.00
AVAILABLE WITH BY	*41D:WITH ANY BANK BY NEGOTIATION
DRAFTS AT	*42C:AT 30 DAYS AFTER B/L DATE
DRAWEE	*42D:CATHAY BANK LOS ANGELES,CA.
PARTIAL SHIPMENT	*43P:NOT ALLOWED
TRANSHIPMENT	*43T:NOT ALLOWED
LOADING FROM	*44A:CHINA
FOR TRANSPORTATION TO	*44B:LOS ANGELES PORT,USA
LATEST DATE OF SHIPMENT	*44C:20130831

DESCRIPTION OF GOODS/SERVICES *45A:

POLO BRAND 100% COTTON MEN'S SHIRT AS PER S/C NO. 03M144

DELIVERY CONDITION:CFRLOS ANGELES

ART. NO. :47506   400 DOZEN   USD32.00/DOZ

ART. NO. :47507   800 DOZEN   USD30.00/DOZ

DOCUMENTS REQUIRED   *46A:

+SIGNED COMMERCIAL INVOICE IN3 ORIGINAL AND 2 COPIES SHOWING FREIGHT CHARGES AND INDICATING THE GOODS IS ORIGIN OF CHINA.

+PACKING LIST IN 3 FOLDS.

+FULL SET OF CLEAN ON BOARD OCEAN BILLS OF LADING MADE OUT TO ORDER AND BLANK ENDORSED,MARKED "FREIGHT PREPAID" AND NOTIFYING APPLICANT.

+BENEFICIARY'S CERTIFICATE STATING THAT ONE SET OF NON-NEGOTIABLE SHIPPING DOCUMENTS HAVE BEEN SENT TO APPLICANT AFTER SHIPMENT.

ADDITIONAL CONDITIONS: *47A:

+INSURANCE TO BE COVERED BY BUYER.

+ALL DOCUMENTS MUST SHOW THIS L/C NO.

+A DISCREPANCY FEE OF USD 40.00 OR EQUIVALENT WILL BE DEDUCTED FROM THE PROCEEDS PAID UNDER ANY DRAWING WHERE DOCUMENTS PRESENTED ARE FOUND NOT TO BE IN STRICT CONFORMITY WITH THE TERMS OF THIS CREDIT.

CHARGES   *71B:ALL BANKING CHARGES OUTSIDE OF OUR

COUNTERARE FOR ACCOUNT OF THE BENEFICI-

	ARY
PERIOD FOR PRESENTATION	*48:WITHIN 15 DAYS FROM THE DATE OF B/L BUT NOT LATER THAN L/C EXPIRY DATE.
CONFIRMATION:	*49:WITHOUT
ADVICE THROUGH	*57D:YOUR YINXIAN SUB-BRANCH
BANK TO BANK INFORMATION	*72:THIS CREDIT IS SUBJECT TO THE UNIFORM CUSTOMSAND PRACTICE FOR DOCUMENTARY CREDITS,1993 REVISION,ICC PUBLICATION NO.500

MAC:A75A8689 CHK:39D0ADB5BC9A

(2)补充资料

①发票号码:INV165

②装运船名/航次:JIANHE V.9632W

③提单号码:COS031772

④提单签单人:NINGBO SHIPPING AGENT CO. 吴力

⑤装船日期:AUG 26,2013

⑥运费:USD1586.00

⑦出口企业有权签字人:刘明

⑧唛头:NWI/03M144/LOS ANGELES/NO.1-UP

⑨包装情况:6 DOZEN TO A CARTON　G.W.:@12KGS/CTN　N.W.:@11KGS/CTN
　　　　　MEAS:@80×60×40CM/CTN

(3)全套议付单据(表8-1~表8-5)

表8-1　商业发票

COMMERCIAL INVOICE　　Original

EXPORTER NINGBO HAIYANG IMP. AND EXP. CO. NO. 888HUAISU ROAD,NINGBO,CHINA	INVOICE NO. INV165	INVOICE DATE AUG 20,2013
	CONTRACT NO. 03M144	CONTRACT DATE
	L/C NO. 66IM6895	DATE JULY 31,2013
TO NEW WORLD INTERNATIONAL INC. 129 HAYWARD WAY,U.S.A	ISSUED BY CITI-BANK LOS ANGELES,U.S.A.	
	PAYMENT TERM L/C AT 30 DAYS AFTER B/L DATE	
	PRICE TERMS CFRLOS ANGELES	
FROM　NINGBO　　TO　LOS ANGELES	SHIPPED BY　JIAN HE　V.9632W	
MARKS　　DESCRIPTION OF GOODS　　QUANTITY　　UNIT PRICE　　AMOUNT		

续表

NWI	POLO BRAND 100% COTTON			
03M144	MEN'S SHIRT			
LOS ANGELES	ART. NO. :47506	400 DOZEN	USD32.00/DOZ	USD12800.00
NO. 1-200	ART. NO. :47507	800 DOZEN	USD30.00/DOZ	USD24000.00
TOTAL:		1200 DOZEN		USD36800.00

TOTAL AMOUNT IN WORDS: SAY U.S. DOLLARS THIRTY SIX THOUSAND EIGHT HUNDRED ONLY.

SPECIAL CONDITIONS:

ISSUED BY   NINGBO HAIYANG IMP. AND EXP. CO.

SIGNATURE   刘明

表 8-2 装箱单

PACKING LIST   Original

EXPORTER NINGBO HAIYANG IMP. AND EXP. CO. NO. 888 HUAISU ROAD, NINGBO, CHINA	INVOICE NO. INV165	INVOICE DATE AUG 20,2013
	FROM NINGBO	TO LOS ANGELES
	SHIPPED BY JIAN HE V.9632W	
TO NEW WORLD INTERNATIONAL INC. 129 HAYWARD WAY, U.S.A	SHIPPING MARK NWI 03M144 LOS ANGELES NO. 1-200	

C/NOS	NO. AND KINDS OF PKGS.	GOODS	QTY.	G.W.	N.W.	MEAS.
POLO BRAND 100% COTTON						
	CARTONS	MEN'S SHIRT	DOZEN	KGS.	KGS.	CBM
NO. 1-66	66	ART. NO. :47506	396	792	726	12.672
NO. 67-199	133	ART. NO. :47507	798	1596	1463	25.536
NO. 200	1	{ ART. NO. :47506	4	12	11	0.192
		{ ART. NO. :47507	2			
TOTAL:200			1200	2400	2200	38.400

TOTAL PACKAGES IN WORDS: SAY TWO HUNDRED CARTONS ONLY.

SPECIAL CONDITIONS:

ISSUED BY

SIGNATURE

表8-3 提单

海运提单		B/L NO.	COSO031772
Shipper NINGBO HAIYANG IMP. AND EXP. CO. NO. 888 HUAISU ROAD,NINGBO,CHINA			ORIGINA COSCO
Consignee TO ORDER		中国远洋运输公司 CHINA OCEAN SHIPPING COMPANY BILL OF LADING	
Notify Party NEW WORLD INTERNATIONAL INC. 129 HAYWARD WAY,U. S. A			
* Pre carriage by	* Place of Recceipt		
Ocean Vessel Voy. No. JIAN HE V. 9632W	Port of Loading NINGBO,CHINA		
Port of discharge LOS ANGELES	* Place of Delivery		
Marks & Nos. Container/Seal No. NWI 03M144 LOS ANGELES NO. 1–200	No. of Containers Or Packages 200 CARTONS	Description of Goods (if Dangerous Goods,See Clause 20) MEN'S SHIRT FREIGHT PREPAID	Gross weight Kgs 2400KGS	Measurement 38. 400CBM
		Description of Contents for Shipper's Use Only(Not part of This B/L Contract)		
Total Number of containers and/or packages(In words) Subject to Clause 7 Limitation				
Freight & Charges DECLARED VALUE CHARGE	Revenue Tons	Rate	Per	Prepaid	Collect
Ex Rate:	Prepaid at	Payable at	Place and date of issue NINGBO,CHINA AUG. 26,2013		
	Total Prepaid	No. of Original B(s)/l TWO	Signed for the carrier,COSCO CONTAINER LINES NINGBO SHIPPING AGENT CO. 吴力		

LADEN ON BOARD THE VESSEL
DATE   BY

* Applicable only when document used as a Through Bill of Loading

表 8-4 受益人证明

CERTIFICATE

Original

DATE: AUG 26, 2013
INV. NO.: INV165

TO WHOM IT MAY CONCERN,
　　WE ARE STATING THAT ONE SET OF NON- NEGOTIABLE SHIPPING DOCUMENTS HAVE BEEN SENT TO APPLI-CANT AFTER SHIPMENT.

NINGBO HAIYANG IMP. AND EXP. CO.

表 8-5 汇票

BILL OF EXCHANGE

DRAWN UNDER ___CITI-BANK LOS ANGELES, U. S. A.___, L/C NO. 66IM6895
DATED: ___July 31, 2013___, PAYABLE WITH INTEREST @ ___%___
NO.: ___INV165___ EXCHANGE FOR ___USD36800.00___ SHANGHAI, CHINA ___AUG 27, 2013___
AT ___30 DAYS AFTER B/L DATE___ SIGHT OF THIS SECOND OF EXCHANGE(FIRST OF EXCHANGE BEING UNPAI)
PAY ___TO ORDER OF BANK OF CHINA___
THE SUM OF ___U.S. DOLLARS THIRTY SIX THOUSAND AND EIGHTY HUNDRED ONLY.___
TO: ___CITI-BANK LOS ANGELES, U. S. A.___

NINGBO HAIYANG IMP. AND EXP. CO.

【知识准备】

一、单证的审核

　　实际业务中,当服装出口商按照合同或信用证的要求制单后,通常会在向银行交单前对所有的单证,包括单证的名称、内容及份数,做一次全面、细致的审核,以便确认单证的合格性、确保收款安全。信用证中的指定银行为避免差错、减少风险,特别是防止开证行的借口拒付,在承担议付、承兑、即期付款或延期付款的责任之前,同样必须审单。开证行和开证申请人收到单证后,为确保自身安全,更应进行严格审单。
　　信用证的受益人为保证收款,必须对银行的审单标准、审单要点有一定的了解。

(一) 审单的原则

　　信用证中开证行的付款承诺是有条件的,即单证相符、单单相符。只有在单证相符、单单相符的基础上,开证行才能接受单据,履行其付款义务,受益人才能收到货款。长期以来,银行在审单时通常采取的原则是"单证一致、单单一致,只管单据不管货物,只管信用证不管合同"。

1."单证一致"原则

即按信用证规定提交的各种单证必须与信用证的规定严格一致。信用证的条款、具体要求,甚至文字措辞都要在所提示的单据中体现出来。要做到"单证一致"必须注意以下问题。

(1)由于翻译不同,同一商品会有不同的翻译法,制单时必须按照信用证规定填写。如麻袋,有的信用证用 GUNNY BAG,各种单据则应用 GUNNY BAG,有的信用证用 JUTE BAG,各种单据则应用 JUTE BAG。又如花生,有的信用证用 GROUND NUT,各种单据则应用 GROUND NUT,有的信用证用 PEANUT,各种单据则应用 PEANUT。

(2)由于买方国家使用的语言不同,开证时品名用某种语言,制单时必须使用该种语言。在目前的情况下,还不可能要求买方都用英文开立信用证。有的信用证商品名称用日文、法文、德文等,各种单据则也应用日文、法文、德文等。如活赤贝,英文为 LIVING ARKSHELL,日商开来信用证用 LIVING SARUBOU,则各种单据也应用 LIVING SARUBOU。又如象山牌糖水荔枝,英文为 LYCHEES IN(LIGHT)SYRUP,MOUNT ELEPHANT BRAND,而信用证用西班牙文为 LYCHEES EN ALMIBAR MOUNT ELEPHANT,则各种单据则应用西班牙文。

(3)对于信用证规定的商品名称应全文照写,而不应该随便添字或减字。信用证上品名如用单数,单据上则用单数,信用证上如用复数,单据上则用复数。即使信用证规定的品名有错字、漏字或中英文不符,在没有进行修改或虽已通知对方修改但没有接到修改书的情况下,单据也只能照原样填写,但可以在后面用括号注上正确的写法。这一规定适用于非原则性差错。

(4)在包装规格上,也不能随意修改。信用证如以公吨为单位,包装上则应用公吨为单位;如以公斤为单位,则也用公斤为单位;如公吨用 M/T,就用 M/T,如用 MT,则用 MT。

(5)对于信用证规定的唛头,也不能随便改动。如果来证规定"SHIPPING MARK IS DECIDED BY SELLER'S OPTION",则唛头可以由卖方任意决定。

(6)体现"单证相符"的原则,受益人应符合信用证规定。如信用证是不可转让的,受益人是浙江纺织品进出口公司,出口人是浙江纺织品进出口公司宁波分公司,制单时必须以浙江纺织品进出口公司名义制作,用浙江纺织品进出口公司发票和印章。如信用证是可转让的,则可以用宁波分公司名义制单,用宁波分公司图章盖章。

(7)在注意"单证相符"的原则时,也应注意来证上的原则性差错。如果来证文字有非原则性差错,如上所述,可以照原样填写。如果来证文字差错是原则性差错,不修改信用证有不良政治影响,对安全及时收汇有影响,则必须要求客户修改信用证后才可发货,否则会让资信不好的客户钻空子,以单证不符为借口,拒付或迟付款。如来证规定"FROM CHINESE PORT TO HONGKONG",将中国与香港并列,香港是中国的领土,这样会产生不良政治影响,应修改为"FROM NINGBO TO HONGKONG"。又如"商品包装规格"每箱装 L 码 10 打、M 码 20 打、S 码 10 打,而来证写成了"L SIZE 20 DOZEN、M SIZE 10 DOZEN、S SIZE 10 DOZEN",应要求开证行把信用证的条款修改成"L SIZE 10 DOZEN、M SIZE 20 DOZEN、S

SIZE 10 DOZEN"才能发货装运。

(8)贯彻"单证相符"的规定,在坚持原则性的前提下,也必须掌握灵活性,并非什么情况下都按照信用证原文原句照打。如来证规定"PACKED IN WOODEN CASES OR CARTONS"(用木箱或纸箱包装),应按实际包装情况填写。如来证规定"SHIPMENT FROM ANY CHINESE PORT TO YOKOHAMA JAPAN",则应根据实际装运港口填制。如信用证规定的唛头件号为"1~600",而我们实际出口598件,各种单据上唛头一栏亦写上"1~600"。为慎重起见,在发票内声明"WE HEREBY DECLARE THAT NUMBER OF SHIPPING MARK ON EACH PACKAGE IS 1~600,BUT WE ACTUALLY SHIPPED 598 CARTONS OF GOODS"(兹声明每件货物的唛头号码是1~600,但实际装运的货物是598件)。

(9)"单证相符"还应注意,卖方出具的各种单据的名称、份数和出证机关与信用证一致。如要求出具重量证书(WEIGHT CERTIFICATE),不能出具重量单(WEIGHT LIST);如要求出具保险单(INSURANCE POLICY),不能出具保险凭证(INSURANCE CERTIFICATE);如要求证书三份,不能提供二份;如产地证书要求中国进出口商品检验局出具,则不能提供中国国际贸易促进委员会出具的产地证书。

(10)来证要求单据上有某些特殊条件的,如所有单据上显示信用证号码等,如此特殊要求不损害卖方利益且又不违背国家的法令法规的,制单时按照信用证要求缮制,否则,应要求对方修改信用证条款再发货装运。

(11)各种单据的缮制除必须按照信用证条款制作外,还必须与有关国际贸易惯例和进口国的法令和规定相符。目前,各国银行开来的信用证,绝大多数都在证内注明按照国际商会《跟单信用证统一惯例》(2007年修订本),UCP600即600号版本解释。此外,在缮制单据时,还应注意进口国来证对单据或进口货物有无特殊规定。例如马来西亚政府规定,海关处理进口商品报关时,商业发票上必须注明商品的成本、保险费和运费的金额,而且这三者之和必须等于CIF价格,否则不接受进口报关。又如巴基斯坦某些来证规定,承运人提供的海运提单必须经手签才有效,拒绝接受盖章的海运提单,并且在海运提单上注明装船日期是装完货物的日期而不是接受货物装船的日期。有些巴基斯坦来证还规定不接受挂印度国旗的船只货运。对于这些要求,出口人必须照办,并且出具船籍证明书。

2."单单一致"原则

各种单据除各自应与信用证相符外,单与单之间也应相符,不能相互矛盾,否则,也以有不符点论处。UCP600规定,商业发票中货物的描述必须与信用证中的描述相一致,在其他单据中,货物描述可使用统称,但不得与信用证中货物的描述有抵触。例如,信用证规定货物的名称为"Children's Jackets",发票内货物的描述必须与信用证相一致,但其他单证可以"Jacket"或"Garments"为货物名称。汇票金额一般应与发票上金额一致,除非信用证特别规定。如来证规定:"Available By Your Drafts At Sight Drawn Without Recourse On Applicant For 20%Invoice Value",则汇票金额应为发票金额的20%。

要做到"单单一致",最值得注意的是各单据的签发日期。各种单据签发日期必须合理,符合逻辑性,符合国际贸易惯例。

下面是各种单证签发日期应注意的问题。

(1)汇票日期应等于或晚于发票日期,因为汇票是根据发票开立的,但不能先于提单日期。因为除预付货款外,在装船交货后卖方才能向买方收回货款。

(2)商业发票日期一般可以先于或等于提单日期,也可以迟于提单日期,但不能超过信用证规定的交单日期或合理的交单日期;海关发票的签发日期不应迟于提单日期;形式发票是出口前将报价出售货物开立的一种非正式发票,日期应先于装运日期。

(3)提单日期不得超过信用证规定的最迟的装运期,但一般不能早于信用证的开立日期。

(4)保险单的日期应根据投保日期填制,除信用证有特别规定外,其日期应先于或等于提单日期,因为在装船前必须办理投保手续。如果保险单据签发日期(即投保日期)在提单日期之后,则应用信用证特别许可,注明保险责任任何时开始生效。

(5)装箱单、重量单的日期与发票日期相同或略迟于发票日期,但不应早于发票日期。

(6)一般产地证书日期可迟于发票日期,但不要迟于提单日期。普惠制产地证书上发票号码及日期必须按照正式商业发票填写,签证当局签署日期和出口商签署日期不得早于发票日期。

(7)商检证书的签发日期最迟不能晚于提单日期,因为货物在装船前检验合格才能装船,但也不能过分早于装运日期,特别是某些鲜活商品和容易变质的商品,以免使买方因检验时间太早而怀疑货物的质量是否符合证书上所描述的检验结果。

(8)出口许可证日期应先于或等于提单日期。

(9)受益人证明或声明日期应根据所证明内容而定。如要求证明所装货物的船样已于装运前送交买方大使馆确认许可才开始装运,此时日期应早于提单日期;但如要证明船开后受益人寄单据申明,则受益人申明书的日期应在提单日期之后。

(10)电报抄本日期亦根据信用证具体要求或早于、或迟于提单日期如信用证规定在装船后卖方必须"立刻""马上"发电报给买方,"立刻""马上"一词意思中国银行规定为三天时间,则电报抄本日期应迟于提单日期。如信用证规定在装船至少前二天发电报,则电报抄本日期必须为装船二天前的日期。

(11)船长收据或证明日期应等于或晚于提单日期,因为装船后才能证实已装数量、重量。另外装船后才能提供写上具体数字的单据。

(12)船公司证明在证明船籍、船龄、航程时的日期应先于或等于提单日期,因为船籍、船龄、航程符合信用证规定后才能装上该船。运费收据日期应先于或等于提单日期。

以上各种单据的签发日期有一大特点,大都以提单日期为界线,这是值得我们注意的。

3."只管单据,不管货物"原则

信用证业务中,银行处理的是单据,而不是货物,银行审单只是根据单据表面确定是否与信用证条款相符。即使所载货物与单据有出入,开证行还是应该履行付款责任。

例如,信用证上货物为"合约10项下针织品一批",交单时,单证完全一致,开证行指出货物与合同不符,错装了合约11项下的货物而拒付,应由买卖双方自行解决。

(二) 审核各种单证时应注意的问题

根据UCP600在审单时应注意以下问题。

(1)规定的单证表面是否与信用证条款相符须按UCP600有关条文所反映的国际标准银行惯例来确定。在审核单证时,对信用证中没有特别规定的,可以依据UCP600的相关条款进行衡量,以确定单证的合格性。对信用证中没有规定的,UCP600中也没有相关条款的,则应按银行行业习惯来解释、处理。审单中应把"严格相符"原则与"实质一致"原则有机地结合起来,做到有依据的内容应"严格相符",没有依据的内容则"实质一致",这是符合银行行业习惯的做法。

(2)若信用证项下的单证与单证之间表面出现的彼此不一致,将被视为单据表面与信用证条款不符。例如:信用证未规定货物的包装标志,受益人可以自行设计标志,但如各单证所显示的标志彼此不一致,即视作单据表面与信用证条款不符。

(3)银行对信用证未规定的单证将不予审核。银行仅与信用证规定的单证有关系,没有责任审核交单人交来的额外单证。如银行收到此类单证,银行应将它们退回交单人或仅作转递而不须承担责任。银行通常选择将它们退回交单人,以避免不必要的麻烦,因为额外单证中可能含有与信用证规定不符之处。

(4)银行审单的合理时间是不超过收到单证次日起的5个银行工作日。

对开证行及/或保兑行而言,必须在5个银行工作日内审单完毕,如果单单相符、单证相符即应在5个银行工作日内履行偿付责任;如果偿付是在多于5个工作日后办理,将会被认为延迟偿付,交单人可以索取迟付利息;如果审单不符,可以联系申请人请其接受不符点,但若申请人不愿接受不符点,开证行及/或保兑行仍必须在5个工作日内发出拒付电通知指定银行,如果超过5个工作日,开证行及/或保兑行无权拒付。

对指定银行而言,当它承诺议付、付款或承兑汇票时,也可以享有5个工作日的审单时间。如果它没有承诺议付、付款、承兑汇票,仅是接受单据,予以审核,确定单证相符后寄单给开证行索汇,仍然可以享有5天的时间。

对其他银行而言,如果接到受益人提交的单证,被要求转递或寄单给开证行时,应尽快行事,使单证在信用证的有效期内到达开证行。因为,信用证下的其他银行是不能享有5天的审单时间的。

(5)如信用证载有某些条件,但并未规定须提交与之相符的单证,银行将视这些条件为未予规定而不予置理。一些信用证中会出现一些条件,但又不列明受益人提交与之相符单据的要求,这些条件即被视为非单据条件。例如:信用证列有"由15年以下船龄的船舶装载货物"的条款,但并未列明受益人须提交证明"载货船舶船龄在15年以下"的相应单证,则当受益人提交的单证中未含有此项信息时,银行将予接受。国际商会银行技术和实务委员会在其对UCP600的立场声明第三号中指出,非单据条件破坏了现行跟单信用证原则,与

UCP600 的第二条、第四条、第五条 b 款、第十三条 a 款相对抗。为此,银行委员会再次提醒各开证行——跟单信用证或其修改书载有一项或多项条件而未明确由何种单证为之证实者,按十三条 c 款的规定,银行将认为这些条件不发生效力而不予置理。据此,银行视作为有效交单而予以接受的将是信用证规定的其表面与信用证各项条款相符的单据。银行开证时,应在所要求的单证内载明相应的条件或指明某项单据用于证实某特定条件。

(三)审单的基本方法

审单是单证工作中最为关键的一环,因为审单工作直接关系到单证的质量和收汇的安全。审单有纵审和横审两种方法,实务中通常把两种方法结合起来使用。

1. 纵审法

根据信用证的条款逐字逐句地审核各种单据的内容以求"单证一致"的审单法称为"纵审"。在纵审时,应注意以下几点。

(1)仔细分析信用证,信用证中每涉及一种单证,即按单证条款核对相对应的单证,以达到单证一致。如果发现有与信用证不一致之处,应做好记录,以免遗漏。

(2)按信用证审核完所有的单证后,剩下的则属于交单人交来的信用证未规定的单证,应选择退还交单人。

2. 横审法

以商业发票为中心,与其他单据相对照,要求单证与单证之间所共有的项目相互一致,即"单单一致"的审单法为"横审"。

横审时应注意:以发票为中心,将其他单据与发票的相同资料(如发票、装箱单和运输单据上共有的货物的标记、包装、件数等)及有关的项目(如发票的金额与保险单的保险金额)予以核对。

(四)审单的重点项目

根据国际商会第 515 号出版物《国际商会跟单信用证操作指南》,"单据审核要点"包括以下内容。

1. 汇票审核要点

(1)确保汇票有正确的信用证参考号。

Ensure that the draft bears the correct documentary credit reference number.

(2)有当前的日期。

That it has a current date.

(3)汇票的出票人签字和/或名称与受益人的名称一致(如系转让信用证,可以是第二受益人或称作为受让人所签发的汇票)。

That the signature and/or the name of the Drawer correspond with the name of the Beneficiary.

(4)汇票有正确的受票人,注意不应以申请人为汇票的受票人。

That it is drawn on the correct drawee, it should not be drawn on the applicant.

(5)汇票的大小写金额一致。

That the amount in figures and words correspond.

(6)汇票的期限与信用证的要求一致。

That the tenor is as required by the documentary credit.

(7)收款人的名称已被验明。

That the name of the payee is identified.

(8)如果须要背书,已正确地背书。

That if it requires an endorsement it is properly endorsed.

(9)没有限制性背书。

That there are no restricted endorsements.

(10)它包含信用证所要求的必要条款。

That it contains any necessary clauses as required by the documentary credit.

(11)汇票金额不超过信用证允许的金额。

That the amount drawn for does not exceed the balance available in the documentary credit.

(12)汇票金额与发票金额相符。

That the value of the draft and the invoice corresponds.

(13)除非信用证授权,不开立"无追索权"的汇票。

That it is not drawn "without recourse" unless authorized by the documentary credit.

2. 发票审核要点

(1)确保发票由信用证的受益人出具。

That it is issued by the beneficiary of the documentary credit.

(2)除非信用证另有规定,发票的抬头应为信用证的申请人。

That the applicant is indicated as the invoiced party. unless otherwise stated in the documentary credit.

(3)不能冠名为"形式发票"或"临时发票"。

That it is not titled "Proforma" or "Provisional" invoice.

(4)货物的描述必须与信用证的货物描述一致。

That the description of the goods corresponds with the merchandise description in the documentary credit.

(5)没有额外的、可能导致对(货物)状态和价值产生疑问的描述。

That no additional detrimental description of the goods appears that may question their condition or value.

(6)信用证中提及的货物、价格、条款和条件等细节必须包含在发票中。

That the details of the goods, prices, and terms as mentioned in the documentary credit are included in the invoice.

(7)发票显示的其他事项如:唛头、数量、运输信息等须与其他单据一致。

That any other information supplied in the invoice. such as marks, numbers, transportation information, etc, is consistent with that of the other documents.

(8)发票上的货币必须与信用证货币相一致。

That the currency of the invoice is the same as that of the documentary credit.

(9)发票的金额必须与汇票金额一致。

That the value of the invoice corresponds with that of the draft.

(10)发票金额不能超过信用证允许金额。

That the value of the invoice does not exceed the available balance of the documentary credit.

(11)如不允许分批装运,发票必须包括信用证要求装运的全部货物。

That the invoice covers the complete shipment as required by the documentary credit if no partial shipments are allowed.

(12)如信用证要求,发票须经签字、公证、履行法律手续及认证等。

That if required by the documentary credit the invoice is signed, notarized, legalized, certified, etc.

(13)有关装运、包装、重量、运费及其他相关的信息应与其他单据所显示的一致。

That the information relative to the shipment, packaging, weight, freight charges or other related transport charges corresponds with that appearing on the other documents.

(14)提交正确的正本和副本份数。

That the correct number of original(s) and copy(ies) is presented.

3. 运输单证审核要点

(1)确保提交全套的正本单证。

Ensure that the full set of originals issued is presented.

(2)除非信用证另有授权,不能提交"租船合约"。

That it is not a "charter party" transport document, unless authorized in the documentary credit.

(3)应符合UCP600相关运输条款的一切其他条件。

That all other conditions stipulated in the appropriate transport articles of UCP600 are complied with.

(4)运输单证的收货人必须符合信用证的规定。

That the name of the consignee is as required in the documentary credit.

(5)运输单证如果须要背书,应做好正确的背书。

That if the transport document requires endorsement it is appropriately endorsed.

(6)运输单证上载明托运人或其代理人的名称。

That it bears the name of the shipper or his agent.

(7)确保运输单证的通知方的名称、地址(如果有的话)按信用证要求填写。

That the name and address, if any, of the notifying party is as required in the documentary credit.

(8)货物的描述应总体上与信用证的一致;唛头、数量以及其他的规格(如果有的话)必须与其他单证上的相同。

That the description of the goods generally corresponds to the description of the goods as stated in the documentary credit. and that the marks and numbers as well as other specifications, if any, are identical to those appearing on the other documents.

(9)运输单证上的"运费预付"或"运费到付"的显示必须与信用证的条款相符。

That the indication of "freight prepaid" or "freight to collect" as required by the terms of the documentary credit, appears on it.

(10)运输单证上没有能够使其成为"瑕疵"或"不清洁"的条款。

That there are no clauses on the transport document that may render it "foul" of "unclean".

4. 保险单证的审核

(1)确保提交与信用证规定相符的保险单、保险凭证、保险声明书。

Ensure that the policy/certificate/declaration as required by the documentary credit is presented.

(2)提交签发的全套正本保险单证。

That the full set of the insurance document issued is presented.

(3)保险单证由保险公司、保险商或他们的代理人签发。

That it is issued and signed by the insurance company or underwriter or their agents.

(4)保险单的签发日期或保险责任的生效日期最迟应在已装船或已发运或接受监管之日。

That the date of issuance or date from which cover is effective at the latest from the date of loading on board or dispatch or taking in charge of the goods. as the case may be.

(5)保险金额必须符合信用证的规定或者符合 UCP600 相关条款的规定。

That the value of the goods insured is as required by the documentary credit or as defined in related terms of UCP600.

(6)除非信用证另有规定,保险单证必须使用与信用证相同的货币出具。

That it is issued in the same currency as the documentary credit, unless otherwise allowed in the documentary credit.

(7)对保险货物的描述必须与发票上的货物描述相符。

That the goods description corresponds with that of the invoice.

(8)承保的责任应是从指定的装货港或接受监管点起到卸货港或交货点为止。

That it covers the merchandise from the designated port of embarkation or point of taking in charge to port of discharge or point of delivery.

(9)已经投保了信用证规定的险别,并且险别都明确表示。

That it cover the specified risks as stated in the documentary credit and that the risks are clearly defined.

（10）货物的描述、数量等内容必须与运输单证上的相关内容相符。

That the marks and numbers. etc. correspond with those of the transport document.

（11）如果被保险人的名称不是保兑行、开证行或者进口商，则应进行相应的背书。

That if the assured named is other than the confirming bank, issuing bank or buyer. it bears the appropriate endorsement.

（12）保险单证上的所有其他资料必须与其他单证上所载明的一致。

That all other information appearing on the document is consistent with that of the other documents.

（13）如果有任何更改，应被适当地证实。

That if any alteration is noted in the document it is properly authenticated.

5. 产地证审核要点

（1）确认它是单一的单证，没有与其他单证联合。

Ensure that it is a unique document and not combined with any other document.

（2）已按信用证的要求进行签字、公证、合法化、签证等。

That it is signed, notarized, legalized, visaed as required by the documentary credit.

（3）产地证上的信息与其他单证上的记载相一致。

That the data on it is consistent with that of the other documents.

（4）产地证上的产地国家被指定，并且符合信用证的要求。

That the country of origin is specified, and that it meets the requirements of the documentary credit.

6. 重量单/证书的审核要点

（1）确保它是单一的单证，没有与其他单证联合。

Ensure that it is a unique document and not combined with any other document.

（2）如果信用证要求证明书，或信用证有其他规定时，应经过签字。

That it is signed if a certificate is called for, or as otherwise stated in the documentary credit.

（3）所有在重量单/证书上的信息应与其他单证记载的相一致。

That the data on it is consistent with that of the other documents.

7. 包装单的审核要点

（1）确保它是单一的单证，没有与其他单证联合。

Ensure that it is a unique document and not combined with any other document.

（2）必须符合信用证的要求。一张详细的包装单应列出每件包装、纸箱等内容的清单以及其他有关资料。

That it corresponds with the requirement of the documentary credit. A detailed packing list requires a list of contents of each package, canon, etc. and other relevant information.

(3)所有在包装单上的资料须与其他单证上的一致。

That the data on it is consistent with that of the other documents

8. 检验证书的审核要点

(1)确认由信用证上指定的检验机构(如果有的话)出具检验证书。

Ensure that the inspection firm nominated in the documentary credit, if any, issued the certificate.

(2)确认已经签字。

That it is signed.

(3)检验证书应符合信用证的检验要求。

That the certificate complies with the inspection requirements of the documentary credit.

(4)除非信用证另有规定,检验证书不能包括有关货物、规格、品质、包装等不利的描述。

That it contains no detrimental statement as to the goods. specifications, quality, packaging, etc. unless authorized by the documentary credit.

9. 其他单证审核要点

如果信用证要求"证明书"的单证时,此单据必须经签字。

It should be noted that when documentary credits require a document to be issued as a "certificate". the document must be signed.

(五)审单时常见的不符点

单据与信用证规定不符虽然五花八门,但也有一些特别容易发生或经常可以见到的不符点。以下列出最常见的单证不符点,值得出口商在制单和审单时特别加以注意。

1. 汇票

(1)出票日期迟于有效期。

(2)汇票金额大于信用证金额,汇票金额大小写不一致,货币名称与发票或信用证不一致。

(3)汇票的付款期限与信用证规定不符。

(4)汇票的出票人与信用证受益人名称不一致。

(5)出票人未签字。

(6)汇票的付款行不是信用证指定的银行。

(7)收款人未背书或背书不正确。

(8)更改汇票没有加盖更正章。

(9)未按规定列明"出票条款"或"利息条款"。

(10)漏列或错列信用证号码。

2. 商业发票

(1)该发票的开立人不是信用证的受益人。

(2)买方名称与信用证上的申请开证人不同。

(3)货物数量与信用证不符或不在允许的增减幅度之内。

(4)发票金额超支或不在允许的伸缩幅度内。

(5)单价未按信用证规定或不在允许的幅度内,价格条件与信用证不符。

(6)遗漏信用证要求、表明和证明的内容。

(7)货物描述与信用证不符。

(8)货物包装,注有"用过""旧货""重新装配"等字样。

3. 海运提单

(1)收货人、被通知人名称与信用证规定不符。

(2)起运港或卸货港与信用证规定不符。

(3)未按信用证"禁止转运"要求而转运。

(4)提交不洁净提单。

(5)所列货物与信用证不符。

(6)没有"已装船"的批注,或"已装船"批注后未列日期或批注日期迟于信用证规定的日期。

(7)未按信用证规定,证明运费已付或到付。

(8)注有"货装甲板"的批注。

(9)未按信用证规定进行背书。

(10)未提交全套有效的提单。

(11)未注明承运人的名称。

(12)承运人或船长的签字未表明身份。

(13)承运人或船长的代理人签字时,未表明所代表的承运人的名称及身份。

(14)包装件数、唛头与发票不一致。

4. 保险单

(1)保险单并非由规定的保险公司或保险商出具。

(2)保险货币或金额与信用证规定不符。

(3)所列货物与信用证不符。

(4)包装件数、唛头等与其他单据不一致。

(5)起运港或卸货港与信用证规定不符。

(6)被保险人即受益人未背书或背书不正确。

(7)未按信用证规定列明险别。

(8)未提供全套保险单据。

(9)保单日期迟于提单日期。

5. 检验证书

(1)检验日期迟于运输单据的日期,UCP600中并未提到,须根据具体商品而定。

(2)检验证书的发货人、品名、报验数量、质量、标记及号码(唛头)与信用证的规定或与发票上的记载不一致。

(3)检验项目及内容与信用证要求不一致。

(4)擅自涂改。

(5)单据名称与信用证规定不符。

6. 产地证

(1)所列商品与信用证内容不一致。

(2)未经信用证指定的机构签署。

(3)份数有误。

7. 装箱单

(1)内容未按信用证要求填写。

(2)所列包装方法与发票所列不符。

(3)所列货物与发票不符。

8. 其他常见的不符点

(1)单单之间商品名称、唛头、毛净重等不一致。

(2)所提交的单证种类不齐或份数不足。

(3)单据未按UCP600要求由授权人签字或加盖印章,未标有可以证实的符号等。

(4)交单日期晚于信用证交单到期日或晚于信用证规定的从装运日算起必须提交单证的时间,或如无此时间规定,交单日期晚于装运日后的21天,致使信用证逾期。

二、单证不符的处理方法

信用证结算方式中,银行不仅仅扮演了代理的角色,而且还出借了自己的信用。正因为银行信用的介入,解决了国际贸易中买卖双方互不信任的矛盾,进口商可以不必担心付款后出口商不交货,出口商也不必担心出运了货物后收不到货款,信用证业务的安全性大大提高。所以,尽管信用证这一结算方式费用高、手续烦琐,但长期以来受到世界各国从事进出口贸易的商人的青睐,成为至今为止使用最广泛的支付工具。

(一)单证相符的重要性

信用证是纯单据业务,因此作为受益人的出口商,一旦选择了信用证方式结算货款,就应扫清单证上的一切不符点,保证做到单单相符、单证相符,以便安全收汇,充分享受信用证业务的优势,成为真正的受益人。如果受益人提交的是有不符点的单证,则开证行可以免去其第一性付款责任,受益人是否能收到款项完全取决于开证申请人是否接受该单证,此时的银行信用已降为商业信用。而且如果进口人拒绝接受单证,其后果甚至比一般的托收方式还差。

如果把一笔信用证业务比作一场游戏的话,信用证的当事人就是游戏的参与者,信用证条款和UCP600等国际惯例就是游戏规则,能否掌握这些游戏规则至关重要。谁运用得好,谁就能在游戏中取胜。如果使用不当,如出口商一旦接受了含有不利条款的信用证或在操作中失误,则信用证的风险会大于托收等其他结算方式,受益人也就成为了受害人。据国际商会统计,交到银行柜台的单证中,含有不符点的比例高达60%。也就是说,60%的受益人在信用证交易中只能得到依据商业信用收款,信用证的安全可靠性大打折扣。

从理论上讲,做到单证相符、单单相符并不难,只要能将信用证上的所有条款落实在相应的单据上就可以了,实际上却并非如此简单。其主要原因有以下几点。

(1)信用证中所需要的单证除了发票、装箱单和受益人证明外,其余的都是由其他机构出具的,如提单、检验证书、产地证等,受益人对单证的内容难以把握和控制。当受益人提出更改以符合信用证要求时,可能不被理会。

(2)一些不法商人带有欺诈企图,甚至与银行勾结,开出的信用证条款越来越复杂,通常会有意制造陷阱使受益人上当,给受益人和银行的单证和收汇工作带来很大困难。

(二)单证不符的后果

前些年,我国的一些企业重拿订单、轻单证质量。有些业务员以为老客户信誉好,单证不符也照样能收到货款,把制单看得很简单。其实,只有单证相符条件下的付款才是开证行的付款,属银行信用;如单证不符则是客户的付款,属商业信用。再有,客户资信的好坏只能相对而言,与政治、经济、市场、商品及经营状况等都有密切的关系。以前或现在没有出问题不等于将来不会出问题。客户急于要货时,单据的不符点再多,他也愿意接受;但一旦不想要货,则会在鸡蛋里挑骨头,抓住一点,即全面否定,拒绝接受单据履行付款义务。

近几年来,外贸体制发生了很大的改变,很多企业实行独立核算制度。为此,业务员对单证越来越重视,因为在信用证项下出口商凭以收汇的是一套合格的单证。如单证不符,受益人要承担很大的损失和风险:开证行拒付要收取不符点处理费;双方银行来回交涉要产生通信费;货物到港而客户不提货时要增加仓储费用和保险费用;若是工艺品和食品等商品还会有损坏或过期变质的风险;进口商不想要货物,货物运回来要增加的运输费用;货物转让给新买主会有新的商业风险;进口商还会以单证不符为由提出降价的要求,或将即期付款改为远期付款,从而引起利息损失、汇率变动的风险;最惨的就是开证行退单但受益人已丧失货权,导致银货两空。总之,不符点单证可以使一笔业务无利可图,甚至赔钱,严重的可使受益人破产倒闭。

(三)议付行对单证不符的处理

在遇到出口人提交的单证有不符时,议付行应及时作相应的处理,使最终的收汇不受影响,议付行对单证不符的处理有以下几种方法。

(1)将单证退回受益人修改。若不符点是由于受益人在制单时的疏忽所致,通常由议付行退还受益人让其修改,再交银行议付。例如,商业发票上开航日期为9月10日,而提单上为9月13日,或是受益人提交的单证不全,要求受益人补齐等。

(2)担保议付。要求受益人提供一份保证书,然后再进行议付,保证书要注意单证不符的具体内容,如开证行拒付受益人保证退款并支付议付银行所遭受损失和付出的一切费用。

(3)向开证行发电要求授权议付。致电开证行要求授权议付,即"电提",议付行应用电讯等方式将不符点告诉开证行,征询可否议付,得到开证行的授权后再行议付,这里有一个前提,即受益人同意或要求这样做并承担费用。

(4)作为寄单行将单证寄开证行,款项收妥后再付给受益人。如单证有不符点,又没有去电征求开证行的授权,银行就不能议付,而是内部作托收处理,对外作为寄单行将单据寄交开证行,并列明不符点。说明如拒收单据须按 UCP600 规定通知寄单行。银行称之为"表提"。

但此时开证行已不承担保证付款的责任。银行信用已成为商业作用。如开证申请人放弃不符点,开证行就会付款;如寄单行说明按托收处理,则开证行就成为代收行,按托收统一规则处理,对受益人是不利的。

(5)照常议付。如不符点是模棱两可的,或是微不足道的,可用内部确认的办法,要求受益人承认不符,而对外照常议付。

(四)开证行对单证不符的处理

作为开证行,收到议付行(或付款行、承兑行)寄来的单证后,也要进行审核,若有不符点决定拒付的,要注意以下几点。

(1)开证行提出的不符点必须明确,且以单证为依据,没有提出具体不符点的拒付不能构成完整的拒付通知。

(2)开证行提出的不符点必须是合理的,即开证行提出的不符点必须是实质性的不符点。

(3)开证行必须以自身的名义提出不符点拒付,不得以开证申请人认为单证有不符点为由提出拒付。

(4)开证行必须在合理的时间内提出拒付,即:在收到单据次日起 5 个银行工作日内提出拒付。超过了规定期限视作放弃拒付,即使单证有不符点也只能付款。例如:一家银行开来见票后 30 天付款的信用证,我方议付行表提不符点向开证行寄单索汇,开证行在收到单据后翌日的第 6 个工作日才向议付行发出拒付电,虽然不符点确实成立,但因为开证行已过了拒付时限,最后开证行只能承兑、付款。

(5)开证行必须一次性地提出所有不符点。如果开证行第一次提出不符点后遭交单行的有理反拒付,开证行再提出新的不符点是不能接受的。如:某交单行正点向开证行交单,遭开证行以"已过装运期和信用证有效期"为由拒付,在交单行回电称"信用证修改书已将装效期展延"进行反拒付后,开证行又提出"检验证书未提供"的新不符点。虽然,新不符点成立,但交单行认为开证行没有一次性提出所有不符点,最后开证行不得不付款。

(6)拒付电必须包含拒绝接受的字样,并声明代为保留单证听候处理或径退单。值得注意的是,在声明代为保留单证听候处理时,开证申请人之后的赎单须经受益人同意。有时,开证申请人接受了不符点,开证行即放单,然后向交单行付款或承兑,并没有按拒付电中所声明的"听候处理"。万一此时受益人已将货物转卖,就不会接受这种处理,使开证行陷入被动。所以,开证行在拒付通知中除了表明"听候处理"外,通常还表明只要议付行没有反对意见,一旦申请人愿意赎单就予以放单并向交单行付款。

(五)遭拒付后受益人的处理

受益人在遭开证行拒付后,应按下列步骤进行处理。

(1)对照留底单据审核不符点是否成立。若不符点不成立,应立即通过交单行进行反拒付。反拒付成功的话,开证行不应扣减不符点费。

(2)若开证行提出的不符点确实成立,受益人应立即争取在有效期内更改全部或部分单证并重新寄单,开证行在第二次收到单证后应视作全新单证予以重新审核,可提出与第一次不同的不符点;如受益人就开证行的部分退单进行修改,则开证行只能就原不符点修改之处提出不符点,无权再提新的不符点。

(3)如不能更改单证,受益人应尽快联络开证申请人赎单提货,避免引起滞港费、仓储费等额外费用。

(4)进口商若不能马上赎单,受益人应立即查询货物的下落,了解货物是否到港、是否被提等情况。如果货物被提走,那么不管单证是否有不符点,不管进口商是否赎单,开证行必须付款。

(5)跟证托收,即信用证方式下的托收。它是处理"不符点"的最后一招。对出口企业来说,在实际业务中,出口合同原来规定凭信用证付款,国外客户也已按约开来信用证,但装运、制单后,单证不符情况严重,议付行为维护其自身信誉,不同意"表提"和"电提",询问开证行是否同意接受"不符点"交单。这种情况下,信用证已经失效,出口人只好采取托收方式(D/P or D/A),委托银行寄单代收货款。由于此项托收的内容与原来的信用证有关,为了便于进口人了解该项托收的来龙去脉,托收行仍将单证交给代收行收款,所以将此方法称为"跟证托收"。实际上,开证行已不再承担保证付款的责任。

三、结汇

信用证项下的出口单证经银行审核无误后,银行按照信用证规定的付汇条件,采取下述几种方式将外汇结付给出口单位。

(一)议付

议付亦称押汇,指议付银行以单据为质押品先垫付汇票或发票面值给出口单位,结算时须按面值扣除从议付日起到估计收到开证银行或偿付银行票款之日的利息。UCP600对议付作了更为明确的表述,银行如仅仅审核单证而不支付价款不能作为议付。

议付行为减少风险不是每笔交单都愿意做押汇,通常只在下列条件下接受押汇。

(1)开证行资信良好。

(2)单证严格相符。

(3)指定为该银行议付的或信用证规定可以自由议付的。

(4)开证行所在的国家政治、经济局势稳定,外汇不紧张,可自由汇兑。

出口单据叙做押汇,议付银行仍保留汇票或发票金额的追索权,如开证银行拒付,议付银行将会向出口商追还垫付款。议付银行与出口商之间在叙做押汇时一般都由出口商提供"质押书"(Letter of Hypothecation)之类的书面文件。对垫付款项的追索往往作了有利于银行的规定。

(二) 付款

付款与议付在概念上是有区别的,在付款信用证的条件下,付款银行如接受开证银行的授权,对信用证受益人作了付款,事后就没有追索权,这是付款与议付的主要区别。另外,议付须扣付汇程利息,付款则不应扣除汇程利息。

(三) 承兑

承兑适用于信用证项下的远期汇票。承兑由开证行本身承兑,或由开证行授权指定的银行承兑,如被授权银行同意承兑,并对出口商的远期汇票加以承兑,承兑行就必须在汇票到期日向出票人支付票款。如承兑行不同意承兑或承兑后到期不付款,开证行必须承兑以开证行为付款人的汇票并到期付款。

(四) 收妥结汇

议付银行收到出口商单据后不立即叙做押汇而将单据寄给开证行,待开证行(或偿付行)将外汇划给议付行后再转划给出口商。这种方式叫作收妥结汇,议付行不承担任何风险,严格地说,它的身份不是议付行而是代收行。收妥结汇,代收银行不垫付外汇资金因此也不扣除汇程利息,无证托收如 D/P、D/A 等也都通过此种方式向外收汇。

(五) 定期结汇

议付行在收到出口商提交的单据后,经审核无讹,将单据寄到国外索汇,并自交单日起一定期限内将货款外汇结付给出口商。此项期限是分不同国别地区,根据索汇时间加上银行处理单据的必要时间而做出的。一般地说,银行在所定期限内是可以收到外汇的,因此也不须垫付外汇资金,对出口商不扣付押汇利息。

(六) 担保结汇

在单据不符合信用证条款的情况下,议付银行应出口商要求,由出口商向银行出立"担保书"(Letter of Indemnity),承担开证行/开证人提出异议时所发生的一切损失和风险,议付行凭此付款或接受单据。同时向开证行寄单,寄单时列明单证中存在的不符点。如开证行/开证人拒付,则议付行凭"担保书"向出口商追回票款,如开证行/开证人同意付款,则"担保书"不再有效。担保结汇有很大风险,除非出口商与开证人关系极为良好,而且是在取得其书面同意下办理的,否则不宜轻率为之。

四、单证管理

外贸单证是外贸业务活动的重要凭证,尽管货物已经出运,单据已交银行,外汇亦已收妥,但事后由于各种因素,往往须要查阅这些单据的留底。例如客户对品质、数量的索赔,运输途中共同海损事件的发生,进口清关时对单证内容提出异议,中间商对佣金事项的查询,开证行提出单证不符,拒绝付款等诸如此类的事件一经发生,就要寻根究底,翻查底单直至原始凭证。因此外贸企业应十分重视单证管理工作。

(一)单证管理的意义

对外贸易单证是对外贸易业务活动的重要资料,是商品流通的原始凭证。它反映了整个商品流转过程,是业务档案资料的主要组成部分,具有重要的分析参考价值。因此,加强单证管理是一项非常重要的工作。

(1)为完成履约提供保证。在对外贸易业务活动中,通过对单证的缮制交付,登记整理,统计分析,可以使有关人员做到心中有数,与顺利组织货源,衔接生产出运、保证安全及时收汇有密切的关系。对企业控制工作进程,完成贸易任务有着重要意义。

(2)为统计分析提供原始资料,提高外贸工作管理水平。检查分析外贸企业各项业务工作质量和效率,均可从单证资料中提取数据,如对合同履约率、客户付款天数、费用指标以及流通费用、资金周转率等各项指标的资料积累等。分析这些数据,从而促进外贸企业经营和管理的改善。

(3)为查询和处理业务差错事故提供资料。在外贸业务活动中,难免会出现一些操作不当,工作失误。当有商品数量溢缺,品名规格(等级)不符,国别(地区)错运、多装、少装等差错事故发生时,必须查明原因,分清责任,吸取教训,加强教育,采取措施,防范今后,以达到安全优质,不断提高外贸工作质量。这些均要外贸单证提供必要的资料。

(二)单证管理要求

1. 要建立完备的单证档案管理制度

出口单证是出口业务活动的重要凭证,有时甚至货物已出运,单据已交银行,外汇亦已收妥,但事后由于各种因素,往往须要查阅这些单据的留底。例如客户对品质、数量的索赔,运输纠纷起诉,进口清关时对单证内容提出异议,中间商对佣金事项的查询,开证行提出单证不符,拒绝付款……诸如此类的情形一经发生,就要寻根究底,翻查底单直至原始凭证。因此,每套单据应有一套副本留存档卷备查。

出口单据副本的归档方法可分为分散归档和集中归档两种。分散归档是由各分管环节各自将本环节缮制和经营的副本单据分类归档。例如提单由办理运输的环节按运输日期归档,商业发票按发票号码分别由制单环节归档等。集中归档是在交单后将全套副本集中起来进行保管。一般地说,业务量大、部门多、分工细的单位适宜于分散归档;业务量不大,工作线条比较简单的单位适宜于集中归档。

档卷的编排以查找方便为原则。如采取集中归档的方式,可以按合同号码编组,也可以按发票号码排列,各单位可视情况自行设计。保存期限以2~3年较为恰当。因为与贸易有关的某些国际条约,诉讼时效有的自货到后起算2年有效,档案保管的时限应与之相适应。

目前,电脑制单已很普遍,档案管理除保留必要的书面资料外,还可以发挥电脑的作用,保存在电脑磁盘中。并且充分利用电脑来加强单证工作的管理,使档案管理更趋科学化。

2. 要经常分析提高单证工作的质量和效率

第一,培训单证人员,使其能适应业务发展的需要,掌握最新的知识和操作技能。现在国际贸易日新月异的发展,国家管理的变化常带来不断的新要求和新方法。

第二,结合对外履约情况,客户发展等方面的考察,应经常分析单证工作如何进一步提高质量和效率,为实现企业目标,发挥更大作用。比如可以从审核督促、人员分工,工作考核,流程重组等多方面加以改进,使单证工作真正完善。

【操作示范】

根据前述的工作情景和任务描述,操作如下:

第一步:首先审核商业发票。仔细对照商业发票,看发票抬头人、货名,包括数量、规格、单价、金额、数量是否与信用证要求一致,经比对,发票内容中有三个不符点。

(1)品名描述没有完全按照信用证填写,应加上 AS PER S/C NO.03M144。

(2)没有按照信用证的要求写明运费是多少,应注明:freight charges:USD1586.00。

(3)没有注明货物是中国产,应在空白处加上"The goods is origin of China"。

第二步:审核装箱单。将装箱单上所记载的商品的名称、规格、总件数、总毛重、总净重和总尺码与信用证和发票进行比对,有一个不符点:未注明 L/C NO.,应在单据空白处注明 L/C NO.:66IM6895。

第三步:审核提单。货名、唛头、毛重、尺码、提单的签发日期和份数等内容与信用证和发票对比,有三处不符点。

(1)未注明 L/C NO.,应在单据空白处注明 L/C NO.:66IM6895。

(2)未批注 ON BOARD 日期,应加上 ON BOARD AUG 26,2013。

(3)未表明提单签单人的身份,应在签单处注明 AS AGENT FOR THE CARRIER。

第四步:审核受益人证明。依信用证中描述,发现有两处不符点。

(1)未标明 L/C NO.,应在空白处注明 L/C NO.:66IM6895。

(2)开立人没有签字,应加上法人"刘明"的签字。

第五步:审核汇票。出票条款、大小写金额及货币名称、付款期限、汇票金额、出票人、受款人、出票人印章或签字是否有遗漏,经与信用证和发票核对,发现三处不符点。

(1)大写金额写错了,应为 U.S. DOLLARS THIRTY SIX THOUSAND EIGHT HUNDRED ONLY。

(2)受票人填写错误,受票人应改为 CATHAY BANK LOS ANGELES,CA.。

(3) 付款期限是提单日后 30 天,汇票上应注明提单日期,应改为 30 DAYS AFTER AUG26,2013。

【跟学训练】

根据下列信用证及相关资料,审核所给的单据是否满足了"单证一致"与"单单一致",若发现单据有不符点,请予以修改。

1. 信用证

RECEIVED FROM:SANWHKHHAXXX
UFJ BANK LIMITED,
HONG KONG BRANCH HONG KONG
MESSAGE TYPE:MT700 ISSUE OF A DOCUMENTARY CREDIT
27:SEQUENCE OF TOTAL 1/1
40A:FORM OF DOC. CREDIT IRREVOCABLE
20:DOC. CREDIT NUMBER
 BONY0100345
31C:DATE OF ISSUE 20130110
31D:EXPIRY DATE 20130315 PLACE CHINA
50:APPLICANT
 ABC CO. LTD. HONGKONG
59:BENEFICIARY
 ZHEJIANGGREAT CORPORATION HANGZHOU CHINA
32B:AMOUNT CURRENCY USD AMOUNT 80000,00
39A:PERCENTAGE CREDIT AMOUNT TOLERANCE.(%)
 05/05
41D:AVAILABLE WITH/BY
 ANY BANK
 BY NEGOTIATION
42C:DRAFTS AT…
 60 DAYS AFTERSIGHT
42D:DRAWEE
 ISSUING BANK
43P:PARTIAL SHIPMENTS
 ALLOWED
43T:TRANSSHIPMENT
 PROHIBITED

44A:LOADING IN CHARGE

　　SHANGHAI,CHINA

44B:FOR TRANSPORT TO …

　　HONGKONG

44C:LATEST DATE OF SHIP.

　　20130305

45A:DESCRIPT. OF GOODS

　　MEN'S DOWN JACKET　　QUANTITY:10000PCS

　　UNIT PRICE:USD8.00　　TT AMOUNT:USD80000.00

　　ORIGIN:CHINA　　　　　CFR HONGKONG

PACKING:STANDARD EXPORT PACKING

46A:DOCUMENTS REQUIRED

+ SIGNED COMMERCIAL INVOICE ONE ORIGINAL AND FIVE COPIES.
+ PACKING LIST INDICATING COLOR AND QUANTITY ONE ORIGINAL AND THREE COPIES.
+ FULL SET OF CLEAN ON BOARD OCEAN BILLS OF LADING MADE OUT TO ORDER OF SHIPPER AND ENDORSED INBLANK,MARKED FREIGHT PREPAID NOTIFY APPLICANT.
+ CERTIFICATE OF ORIGIN ISSUED BYCHINA COUNCIL FOR THE PROMOTION OF INTERNATIONAL TRADE.
+ CERTIFICATE OF QUANTITY IN DUPLICATE ISSUED BY BENEFICIARY
+ BENEFICIARY'S FAX COPY OF SHIPPING ADVICE TO APPLICANT AFTER SHIPMENT ADVISING L/C NO. SHIPMENT DATE,VESSEL NAME,NAME,QUANTITY AND WEIGHT OF GOODS.

47A:ADDITIONAL COND.

1. A DISCREPANCY HANDLING FEE OF USD50.00(OR EQUIVALENT)AND THE RELATIVE TELEX/SWIFT COST WILL BE DEDUCTED FROM THE PROCEEDS NO MATTER THE BANKING CHARGES ARE FOR WHOEVER ACCOUNT.
2. DISCREPANT DOCUMENTS WILL BE REJECTED BUT IF INSTRUCITONS FOR THEIR RETURN ARE NOT RECEIVED BY THE TIME THE APPLICANT HAS ACCEPTED AND/OR PAID FOR THEM,THEY MAY BE RELEASED TO APPLICANT. IN SUCH EVENT BENEFICIARY/NEGOTIATING BANK SHALL HAVE NO CLAIM AGAINST ISSUING BANK.
3. TOLERANCE OF 5 PERCENT MORE OR LESS ON QUANTITY OF GOODS AND AMOUNT IS ACCEPTABLE.

4. ALL DOCUMENTS MUST BEAR THIS L/C NO.

71B:DETAILS OF CHARGES

　　ALL BANKING CHARGES OUTSIDE LC ISSUING BANK ARE FOR ACCOUNT BENEFICIARY INCLUDING OUR REIMBURSEMENT CHARGES.

48:PRESENTATION PERIOD

　　WITHIN 10 DAYS AFTER THE DATE OF SHIPMENT BUT WITHIN THE CREDIT VALIDITY.

49:CONFIRMATION

　　WITHOUT

78:INSTRUCTIONS

1. DOCUMENTS MUST BE SENT THROUGH NEGOTIATING BANK TO OUR ADDRESS: G/F FAIRONT HOUSE, 8 COTTON TREE DRIVE, CENTRAL, HONG KONG IN 1 LOT BY COURIER SERVICE.

2. UPON RECEIPT OF COMPLIANT DOCUMENTS, WE SHALL REIMBURSE YOU AS INSTRUCTED.

3. EACH DRAWING/PRESENTATION MUST BE ENDORSED ON THE REVERSE OF THE CREDIT.

2. 补充资料

（1）INVOICE NO.:911R121101　DATE:JAN 15,2013

（2）SHIPPING MARKS:G-III

　　　　　　　HONGKONG

（3）QUANITITY OF SHIPMENT:10000PCS

（4）PACKED IN CARTON:100PCS/CTN

（5）GROSS WEIGHT PER CARTON:100KGS

　　NET WEIGHT PER CARTON:90KGS

（6）MEASUREMENT:7.50CBM

（7）DATE OF SHIPMENT:JAN 25,2013

（8）VESSEL NAME AND VOL. NO.:MAYFLOWER V.1398

　　Container No.:FSCU9094853

（9）SHIPPING COMPANY:COSCO,SHANGHAI

（10）B/L NO.:CJ2650

（11）S/C NO.:03ZA0101

（12）H. S. CODE:6203.3200

（13）BLACK:5000PCS;　WHITE:5000PCS

（14）交单日期是:JAN 28,2013

（15）出口企业有权签字人:覃杰汉

(16) 提单签单人: COSCO CONTAINER LINES 潘睿

3. 全套议付单据见表 8-6~表 8-12。

表 8-6 商业发票

ZHEJIANG GREAT CORPORATION
HANGZHOU CHINA

COMMERCIAL INVOICE

To: ABC CO. LTD. HONGKONG　　　　　　　　Invoice No.: 911R121101

　　　　　　　　　　　　　　　　　　　　　Invoice Date: JAN 15, 2013

　　　　　　　　　　　　　　　　　　　　　S/C No.: 03ZA0101

　　　　　　　　　　　　　　　　　　　　　S/C Date:

From: SHANGHAI, CHINA　　　　　　　　　　To: HONGKONG

Letter of Credit No.: BONY0100345　　　　　Issued By: SANWHKHHA×××
　　　　　　　　　　　　　　　　　　　　　　　　　　　UFJ BANK LIMITED,

　　　　　　　　　　　　　　　　　　　　　HONG KONG BRANCH
　　　　　　　　　　　　　　　　　　　　　HONG KONG

Marks and Numbers	Number and kind of package Description of goods	Quantity	Unit Price	Amount
G-III HONGKONG	MEN'S DOWN JACKET PACKED IN CARTON: 100PCS/CTN BLACK WHITE	 5000PCS 5000PCS	USD8.00	CFR HONGKONG USD80000.00
	TOTAL: 10000PCS			USD80000.00

SAY USD EIGHTY THOUSAND ONLY.
TOTAL:

ZHEJIANG GREAT CORPORATION

覃志汉

ONE ORIGINAL AND FIVE COPIES.

表8-7 装箱单

ZHEJIANG GREAT CORPORATION
HANGZHOU CHINA

PACKING LIST

To: ABC CO. LTD. HONGKONG

Invoice No.: 911R121101

Invoice Date: JAN 15, 2013

S/C No.: 03ZA0101

S/C Date:

From: SHANGHAI, CHINA　　　　　　　　　**To**: HONGKONG

Letter of Credit No.: BONY0100345　　　　**Date of Shipment**: JAN 25, 2013

Marks and Numbers	Number and kind of package Description of goods	Quantity	Package	G. W	N. W	Meas.
G-III HONGKONG	MEN'S DOWN JACKET PACKED IN CARTON: 100PCS/CTN BLACK RED CFR HONGKONG	 5000PCS 5000OCS	 50CTNS 50CTNS	 5000KGS 5000KGS	 4500KGS 4500KGS	7.50 CBM
	TOTAL: 10000PCS		100 CTNS	10000KGS	9000KGS	7.50 CBM

SAY TOTAL: SAY USD EIGHTY THOUSAND ONLY.

ZHEJIANG GREAT CORPORATION

ONE ORIGINALAND THREE COPIES.

表 8-8　提单

1. Shipper Insert Name, Address and Phone ZHEJIANG GREAT CORPORATION HANGZHOU CHINA	B/L No. BONY0100345
2. Consignee Insert Name, Address and Phone ABC CO. LTD. HONGKONG	中远集装箱运输有限公司 COSCO CONTAINER LINES TLX:33057 COSCO CN FAX:+86(021) 6545 8984 ORIGINAL Port-to-Port or Combined Transport BILL OF LADING
3. Notify Party Insert Name, Address and Phone (It is agreed that no responsibility shall attsch to the Carrier or his agents for failure to notify) TO ORDER OF SHIPPER AND ENDORSED IN BLANK, MARKED FREIGHT PREPAID NOTIFY APPLICANT	

4. Combined Transport * Pre-carriage by	5. Combined Transport * Place of Receipt	RECEIVED in external apparent good order and condition except as other-Wise noted. The total number of packages or unites stuffed in the container, The description of the goods and the weights shown in this Bill of Lading are Furnished by the Merchants, and which the carrier has no reasonable means of checking and is not a part of this Bill of Lading contract. The carrier has Issued the number of Bills of Lading stated below, all of this tenor and date, One of the original Bills of Lading must be surrendered and endorsed or sig-Ned against the delivery of the shipment and whereupon any other original Bills of Lading shall be void. The Merchants agree to be bound by the terms And conditions of this Bill of Lading as if each had personally signed this Bill of Lading. SEE clause 4 on the back of this Bill of Lading (Terms continued on the back Hereof, please read carefully). * Applicable Only When Document Used as a Combined Transport Bill of Lading.
6. Ocean Vessel Voy. No. MAYFLOWER V. 1398	7. Port of Loading SHANGHAI CHINA	
8. Port of Discharge HONGKONG	9. Combined Transport * Place of Delivery	

Marks & Nos. Container/Seal No. G-III HONGKONG	No. of Containers or Packages PACKED IN CARTON: 100PCS/CTN 100CTNS	Description of Goods (If Dangerous Goods, See Clause 20) MEN'S DOWN JACKET　　QUANTITY:10000PCS UNIT PRICE:USD8. 00　　TT AMOUNT:USD80000. 00 ORIGIN:CHINA　　　　　CFR HONGKONG PACKING:STANDARD EXPORT PACKING	Gross Weight Kgs 10000KGS	Measurement 7. 50CBM
		Description of Contents for Shipper's Use Only (Not part of This B/L Contract)		

10. Total Number of containers and/or packages (in words)
Subject to Clause 7 Limitation

11. Freight & Charges FERIGHT PREPAID Declared Value Charge	Revenue Tons	Rate	Per	Prepaid	Collect
Ex. Rate:	Prepaid at	Payable at	Place and date of issue JAN 25, 2013 SHANGHAI		
	Total Prepaid	No. of Original B(s)/L	Signed for the Carrier, COSCO CONTAINER LINES 潘睿		

LADEN ON BOARD THE VESSEL MAYFLOWER V. 1398
DATE 030125　　　　　BY COSCO CONTAINER LINES

表 8-9　原产地证

ORIGINAL

1. Exporter ZHEJIANG GREAT CORPORATION HANGZHOU CHINA	Certificate No. **CERTIFICATE OF ORIGIN** **OF** THE PEOPLE'S REPUBLIC OF CHINA
2. Consignee ABC CO. LTD. HONGKONG	
3. Means of transport and route FROM SHANGHAI TO HONGKONG BY SEA	5. For certifying authority use only
4. Country/region of destination	

6. Marks and numbers	7. Number and kind of packages; description of goods	8. H. S. Code	9. Quantity	10. Number and date of invoices
G—III HONGKONG	MEN'S DOWN JACKET　　QUANTITY:10000PCS UNIT PRICE:USD8.00　　TT AMOUNT:USD80000.00 ORIGIN:CHINA　　　　　CFR　HONGKONG PACKING:STANDARD EXPORT PACKING ＊＊＊＊＊＊＊＊＊＊＊＊＊＊＊＊＊＊	6203.3200	1000PCS	911R121101 JAN. 15,2013

11. Declaration by the exporter The undersigned hereby declares that the above details and statements are correct, that all the goods were produced in China and that they comply with the Rules of Origin of the People's Republic of China. ZHEJIANG GREAT CORPORATION HANGZHOU CHINA WE HEREBY CERTIFY THAT GOODS EXPORTED ARE WHOLLY OF CHINESE ORIGIN ＊＊＊＊＊＊＊＊＊＊＊＊＊＊＊＊＊＊＊ SIGUNATURE: 沈虹 SHANGHAI JAN 22,2013 ------------------------------------ Place and date, signature and stamp of authorized signatory	12. Certification It is hereby certified that the declaration by the exporter is correct. CHINA COUNCIL FOR PROMOTION OF INTERNATIONAL TRADE ＊＊＊＊＊ JAN 22,2013 ------------------------------------ Place and date, signature and stamp of certifying authority

表 8-10 装船通知

ZHEJIANG GREAT CORPORATION HANGZHOU CHINA

SHIPPING ADVICE

TO: ABC CO. LTD. HONGKONG   ISSUE DATE: JAN 25, 2013

OUR REF. NO.: B/L NO.: CJ2650

L/C NO: BONY0100345

Dear Sir or Madam:

We are Please to Advice you that the following mentioned goods has been shipped out, Full details were shown as follows:

Invoice Number:	911R121101
Bill of loading Number:	CJ2650
Ocean Vessel:	MAYFLOWER V. 1398
Port of Loading:	SHANGHAICHINA
Date of shipment:	JAN 25, 2013
Port of Destination:	HONGKONG
Estimated date of arrival:	JAN 30, 2013
Containers/Seals Number:	FSCU9094853
Description of goods:	MEN'S DOWN JACKET QUANTITY: 10000PCS
	UNIT PRICE: USD8.00 TT AMOUNT: USD80000.00
	ORIGIN: CHINA CFR HONGKONG
	PACKING: STANDARD EXPORT PACKING
Shipping Marks:	G-III
	HONGKONG
Quantity:	10000PCS
Gross Weight:	10000KGS
Net Weight:	9000KGS
Total Value:	USD80000.00

Thank you for your patronage. We look forward to the pleasure of receiving your valuable repeat orders.

Sincerely yours,

ZHEJIANG GREAT CORPORATION HANGZHOU CHINA

表 8-11 受益人证明

ZHEJIANG GREAT CORPORATION HANGZHOU CHINA

CERTIFICATE

To: ABC CO. LTD. HONGKONG Invoice No.: 911R121101
                           Date: JAN 25,2013

L/C NO: BONY0100345
WE HEREBY THAT DOCUMENTS HAVE BEEN SENT THROUGH NEGOTIATING BANK TO OUR ADDRESS: G/F FAIRONT HOUSE,8 COTTON TREE DRIVE,CENTRAL,HONG KONG IN 1 LOT BY COURIER SERVICE.

ZHEJIANG GREAT CORPORATION HANGZHOU CHINA
覃志汉

表 8-12 汇票

BILL OF EXCHANGE

DRAWN UNDER UFJ BANK LIMITED,HONG KONG BRANCH HONG KONG **L/C NO.** BONY0100345 **DATED:** JAN 10, 2013 **PAYABLE WITH INTEREST** @ _____ %
NO.: 911R121101 **EXCHANGE FOR** USD80000.00 SHANGHAI,CHINA JAN 30,2013
AT *** SIGHT OF THIS SECOND OF EXCHANGE(FIRST OF EXCHANGE BEING UNPAI) PAY TO ORDER OF BANK OF CHINA
THE SUM OF UNITED STATED DOLLARS EIGHT THOUSAND ONLY

TO: UFJ BANK LIMITED,HONG KONG BRANCH HONG KONG

ZHEJIANG GREAT CORPORATION HANGZHOU CHINA

【课外拓展】

一、思考题

1. 出口人在履约过程中一般需要缮制或提交哪些单证?

2. 审单的目的和依据是什么? 如何进行审单?

3. 如何正确认识信用证与合同的关系,信用证是纯单据业务这一性质的本质含义是什么?

4. 信用证业务中,有许多单证,如发票、提单、装箱单、汇票等,一般说来,它们的出单顺序是怎样的?

5. 举例在信用证结算的情况下,单据中出现哪些不符点才能构成进口商拒付的理由?

二、操作训练题

参见附件一操作训练案例库,对三个案例所做的单证进行审核,小组成员之间可交换审核。

学习情境九　进口单证的缮制

【学习目标】

1. 知识目标

(1) 掌握进口开证申请书的填写方法。

(2) 熟悉申请开证的手续。

(3) 了解开证行在开立信用证时对进口商的资格审查。

2. 能力目标

(1) 能准备进口所需资料。

(2) 能向银行办理开证手续。

(3) 能根据进口合同缮制开证申请书。

【工作情景】

2013 年 3 月 16 日，浙江得美进出口贸易有限公司进口部的业务员马全仁代表公司与法国的 NEVY CORP 公司签订了一份服装进口合同，合同金额为 50 万美元，合同规定用即期议付信用证方式结算，作为进口方，若合同采用信用证方式结算，须在合同签订后马上向银行提出申请开证。

【任务描述】

请你替马全仁所在的浙江得美进出口贸易有限公司向中国银行宁波分行申请开证，要想成功向中国银行宁波分行申请开证，必须完成以下工作任务。

工作任务 1：准备好申请开证的各项文件。

工作任务 2：缴付保证金和支付开证手续费。

工作任务 3：根据公司与法国 NEVY CORP 公司签订的进口合同（表 9-1），填写开证申请书。

【知识准备】

服装进口贸易如以信用证方式成交，那么进口企业须在进口合同签订后，按照合同规定填制开证申请书，向有关银行办理开证手续。

一、申请开证的手续

若双方签订的合同中,采用信用证方式付款,那么作为进口商,应在合同规定的时间内向有关银行或其他金融机构办理申请开立信用证手续,具体手续如下。

(一)递交有关合同的副本及附件

进口人在向银行申请开证时,要向银行递交进口合同的副本以及所需附件,如进口许可证、进口配额证、某些部门的审批文件等。

(二)填写开证申请书

进口人根据银行规定的统一的开证申请书格式,填写一式三份,一份留业务部门,一份留财务部门,一份交银行。填写开证申请书,必须按合同条款的具体规定,写明对信用证的各项要求,内容要明确、完整,无词意不清的记载。

开证申请书是银行开立信用证并保证对出口商有条件付款的依据,包括两部分内容。

1. 开证申请书正面的内容

主要包括以下项目。

(1)申请日期。

(2)申请人名称(全称)及详细地址、联系电话等。

(3)申请开证的总金额。

(4)与申请书相关的合同号码。

(5)受益人的名称(全称)及详细地址、电话号码等。

(6)要求开出信用证采用何种方式(电开、信开、简电开出后紧跟着航邮寄送电报证实书)。

(7)信用证的性质(如可撤销或不可撤销、是否加具保兑、是否可转让等)。

(8)申请开证中对所需要的单据条款,包括所需单据的种类、份数、出具单据的机构以及其他特殊要求。

(9)对汇票的要求,包括汇票的付款期限、付款人、金额等。

(10)本合同项下的货物名称、规格、数量、单价、价格条件、唛头、包装条件及其所必需的描述。

(11)对于装货期、交单期及有效期限的要求。

(12)对于装运地点、交单地点及有效地点的要求。

(13)对于货物是否允许分批、是否允许转运的要求。

(14)对于国外议付行费用的要求及解释。

(15)其他特殊要求。

(16)信用证内容必须注明依据 UCP600 开出,且各项条款与规定要符合国际惯例的规定和解释。

2. 开证申请书反面的内容

信用证反面是申请人对开证行的声明，用以明确双方责任，主要有以下几项内容。

(1) 声明申请人同意按照有关国际惯例 UCP600 办理该信用证项下一切事宜，并承担由此产生的一切责任。

(2) 声明委托银行开立信用证，并保证银行按时支付货款、手续费、利息及一切费用。

(3) 明确收到单据后，申请人在多少个工作日内复审单据，并在规定期限内通知银行接受与否。

(4) 声明该信用证及其项下业务往来函电及单据如因邮、电或其他方式传递过程中发生遗失、延误、错漏等银行概不负责。

(5) 声明若信用证需要修改，应由申请人及时通知银行，并及时核对信用证副本或修改副本是否与原申请书相符。

(6) 声明如申请书字迹不清或词意含混而引起的后果由申请人负责。

国际商会第 516 号出版物为开证申请人和开证银行制订了申请书标准格式，并已开始推广使用。

3. 开证申请书的填制方法

开证申请书是银行开出信用证的依据。各银行出立的申请书格式不尽相同，但主要内容基本上相同，均包括两个部分，第一部分是信用证的内容，在申请书的正面，也是开证银行凭此向国外出口商付款的依据。第二部分是进口商对开证银行的声明和保证，用以明确双方的责任，在申请书的背面。

进口企业申请开立信用证时须填写第一部分内容，下面以中国银行的进口开证申请书（表 9-4）为例，说明开证申请书的填制方法。

(1) 申请开证日期（Date of Applicant）。在申请书的右上角填写申请日期。

(2) 信用证的传递方式。申请书已列出几种传递方式，分别是信开（by airmail）、简电通知（with brief advice by teletransmission）、快递（by express delivery）、电传（by teletransmission）、SWIFT 等。申请人只须在选中的传递方式前面的方框中打"×"即可。

(3) 信用证的性质和编号、有效期和到期地点。

信用证的性质：申请书已列明"不可撤销跟单信用证"（Irrevocable Documentary Credit），不必重新填写。如须增加保兑或可转让等内容，可在本栏空白处另加注。

信用证编号（L/C No.）：编号由开证银行编列。

信用证的有效期及到期地点（Date and Place of Expiry）：有效期通常掌握在装运期后 15 天到期，到期地点一般在议付地。

(4) 申请人。填写合同买方即进口企业的全称、详细地址、注明联系电话、电传、账号及申请日期。

(5) 受益人。填写合同卖方即国外出口商的全称；详细地址、注明联系电话、电传等号码。

(6) 通知银行(Advising Bank)。由开证行填写。

(7) 信用证金额。填写合同规定的总值,分别用数字和文字两种形式表示,并注明币别。

(8) 分批与转运。应根据合同规定在所选择项目前的方框中打"×"。

(9) 装运条件。应根据合同规定填写装运地(港)和目的地(港)名称以及最迟装运日期,如有转运地(港)也应列明。

(10) 贸易条件。应根据合同成交的贸易术语在相对应的贸易术语代码前的方框中打"×",如果是其他条件,则应先在"Other terms"前的方框中打"×",然后再在该项目的空白处打上有关的贸易术语。

(11) 信用证的兑付方式。申请书上已印有4种选择,如"即期付款"(by sight payment)、"承兑"(by acceptance)、"议付"(by negotiation)、"延期付款"(by deferred payment)等,可根据合同的付款方式确定选项;并在其前面的方框中打"×"。如果是延期付款信用证,还应在该选项"at"之后加注延期付款的具体条件,例如收到单据后××天付款,或类似文句。

(12) 汇票条款。主要包括汇票的金额、付款的期限和付款人的规定。

汇票金额:根据合同规定填写信用证项下应支付发票金额的百分之若干。例如"…for 100% of the invoice value…"。

付款期限:根据合同支付条件填写即期或远期支付。如果是远期支付必须填写具体的付款时间(天数),例如,"…at 60 days after sight"等。

付款人:根据UCP600的规定,信用证项下汇票的付款人必须是开证行或其指定的付款行,不能填写开证申请人。例如:"…on ×× bank"。

(13) 单据条款。信用证申请书一般均印就有提供选择的单据条款13条,其中第1~第12条是具体的单据,第13条"其他单据"栏目,可将本笔交易中所需的除上述12项单据外的其他单据的要求填列在此处。

填制单据条款时应注意以下几点。

①在所选单据前的括号中打"×"。

②在所选单据条款中,还应加注具体要求和内容。如一式几份、有关单据内容等。

③如选中的单据条款中又有几项内容供选择,可在所选内容前的括号中打"×",如没有括号可打"×"时,可将选中的内容保留,其余的用"×"将条款全部掩盖掉。例如,单据条款中第7项(重量单/装箱单)如要求受益人提供装箱单,则将该条款中的重量单"×"号打掉。如:Weight List/,保留"Packing list"(装箱单)。

④申请人必须根据合同规定填写单据条款,不能随意提出超出合同规定的要求,也不能降低或减少合同规定的要求。

(14) 货物条款。填写合同项下的货物,包括品名、规格、数量、包装、单价等,所有内容应与合同规定一致,尤其是单价条款,不得有误。如合同规格等内容繁多,可加注"详情按××号合同"(details as per S/C No. ××)。

(15) 附加条款。信用证申请书已印有7条,其中第1~第6条是具体的条款要求,如有需要可在条款前的括号中打"×";内容不完整的,可根据合同规定和申请人的需要填写清楚。第7条是"其他条款",对上述没有包括的条款,可视需要填写在该栏目中。

(16)申请人签字盖章。申请书下面还应填列有关部门申请人的开户银行(填银行名称)、账户号码、执行人、联系电话、申请人签字盖章等内容。

(三)缴付保证金

按照国际贸易的习惯做法,进口人向银行申请开立信用证,应向银行缴付一定比例的保证金,其金额一般为信用证金额的百分之几到百分之几十,一般根据进口人的资信情况而定。在我国的进口业务中,开证行根据不同企业和交易的情况,要求开证申请人缴付一定比例的人民币保证金,而后银行开证。

(四)支付开证手续费

银行除经营资产、负债业务外,还经营一般的中间业务,如开立信用证、代办托收款项、代客户买卖票据等业务,收取一定的手续费。进口人在申请开证时,必须按规定支付一定金额的开证手续费。

(五)银行开立信用证

在进口人申请开证时,银行为减轻自身的风险,通常进行"三查一保"。"三查"是指审查开证申请书和开证人声明,审查开证人的资信情况,查验有关进口开证必须提供的有效文件;"一保"是指开证人必须向开证行交纳开证保证金。

1.审查开证申请书和开证人声明

开证申请书既是开证行开立信用证的根据,又是开证行与开证人之间的法律性书面契约。开证人声明是开证人申请开立信用证应承担的义务和责任的书面承诺。开证行收到申请人填制好的开证申请书以后,必须对以上两个内容进行审查。主要是审核申请书正面的内容,重点有以下几点。

(1)申请书的内容有无违反国际惯例的条例。
(2)申请人、受益人的名称、地址是否齐全。
(3)申请开证的金额大小写是否齐全、一致。
(4)货物描述中的单价与数量的乘积与总价是否一致,有无折扣、佣金。
(5)货物的规格是否齐全,有无附件说明等。
(6)申请书中的单据条款是否合理,有无前后矛盾之处。
(7)申请书中的附加条款及其他说明是否合理,有无前后矛盾之处。
(8)申请书下面的企业公章,法人代表签字(章)和财务专用章等是否齐全。

2.审查开证申请人的资信情况

开证申请人的资信好坏直接关系到开证银行的利益,因此,开证行要严格审核申请人的资信情况,一般要掌握以下原则。

(1)如果申请人是首次申请开证,开证银行应严格审核申请人的注册情况、经营状况、财务状况及经济效益以及申请人是否有进出口经营权。

(2)如果申请人不是首次申请开证或与开证行有业务往来关系,主要审查以往的业务往来中有无不良记录以及目前的经营状况、财务状况和经济实力等。

(3)审查开证时应提供的有效文件。开证行在接受开证申请书时,应查验申请人同时提供的有效文件,如进口许可证,贸易进口付汇核销单,有关部门的登记文件等。

(4)收取开证保证金。信用证一经开出,开证行就要承担第一性付款的责任,所以,开证行为了保证自身资金的安全和信誉,应对不同的开证申请人采取不同的办法,收取不同比例的保证金或抵押品,或第三者出具的担保等,主要是为了防止申请人违约、破产或因为市场行情的变动导致申请人无力付款赎单的风险。

开证行向申请人收取保证金一般有以下几种办法。

①申请人与开证行有业务往来,资信好,或办理了抵押、质押手续的,或有其他金融机构、有实力的公司为其出面担保的,开证银行免收保证金。

②申请人与开证行有业务往来,但账户金额有限,或有过不良记录、信誉欠佳的,或首次申请开证又无担保和抵押品、质押品的,开证银行要收取全额保证金。

③申请人在开证行的账户余额或抵押品或质押品小于开证金额,或担保人不愿全额担保等,开证银行要收取一定比例的保证金。

开证行对以上所述内容审核无误,并收取保证金或抵押品、质押品以后,即按申请书的要求开立正式信用证,并根据申请人的指示向通知行发出信用证,同时将信用证副本送交申请人,收取开证手续费。

二、进口人申请开证时应注意的问题

(1)开证时间。如合同规定开证日期,就必须在规定限期内开立信用证;如合同有装运期的起止日期,那么最迟必须让卖方在装运期的第一天就收到信用证;如合同只规定最后装运期,那么买方应在合理的时间内开证,一般掌握在合同规定的交货期前一个月或一个半月。总之,要让卖方在收到信用证以后能在合同规定的装运期内出运货物。

(2)申请开证前,要落实进口批准手续及外汇来源。

(3)开证时要注意证同一致,必须以对外签订的正本合同(包括修改后的正本合同)为依据,合同中规定要在信用证上明确的条款都必须列明,不能使用"参阅第××号合同"或"第××号合同项下货物"等条款,也不能将有关合同作为信用证附件附在信用证后,因为信用证是一个独立的文件,不依附于贸易合同。

(4)如合同规定为远期付款时,要明确汇票期限,价格条款必须与相应的单据要求以及费用负担、表示方法等相吻合。如CIF价格条件下,开证申请书应表明要求卖方提交"运费已付"的提单,要求卖方提交保险单据,表明保险内容、保险范围及投保金额。

(5)由于银行是凭单付款,不管货物质量如何,也不受买卖合同的约束,所以为使货物质量符合合同规定,买方可在开证时规定要求对方提供商品检验机构出立的装船前检验证明,并明确规定货物的规格品质,指定检验机构(合同中应事先订明),这样,交单时如发现检验结果与证内规定不一致,可拒付货款。

(6)信用证内容必须明确无误,应明确规定各类单据的出单人(商业发票、保险单和运输单据除外),明确规定各单据应表述的内容。

(7)在信用证支付方式下,只要单据表面与信用证条款相符合,开证行就必须按规定付款。所以,进口人对卖方的要求,在申请开证时,应按合同有关规定转化成有关单据,具体规定在信用证中。如信用证申请书中含有某些条件而未列明应提交与之相应的单据,银行将认为未列此条件,对此将不予理会。

(8)一般信用证都应明确表示可撤销或不可撤销,如无此表示,根据UCP600规定,应视作不可撤销的信用证,我国基本上都使用不可撤销信用证。

(9)国外通知行由开证行指定,进口方不能指定,但如果出口商在订立合同时,坚持指定通知行,进口商可在开证申请书上注明,供开证行在选择通知行时参考。

(10)不准分批装运、不准中途转运、不接受第三者装运单据,均应在信用证中明确规定,否则,将被认为允许分批、允许转运、接受第三者装运单据。

(11)对我方开出的信用证,如对方(出口人)要求其他银行保兑或由通知行保兑,我方原则上不能同意(在订立买卖合同时,应说服国外出口人免除保兑要求,以免开证时被动)。

(12)我国银行一般不开可转让信用证(因为对第一受益人资信难以了解,特别是对于跨地区和国家的转让更难掌握)。但在特殊情况下,如大额合同项下开证要求多家出口商交货,照顾实际需要可与银行协商开出可转让信用证。另外,我国银行一般也不开有电报索偿条款(T/T reimbursement clause)的信用证。

【操作示范】

第一步:根据工作任务1的要求,准备好开证的各项文件。本合同是羽绒服的进口业务,得美公司在向银行申请开证时,须要向银行递交进口合同的副本。

第二步:根据工作任务2的要求,向开证银行缴付保证金和支付开证手续费。因为浙江得美进出口贸易有限公司在中国银行信用额度已用完,所以要在中国银行开立的账户上存入相当于开证金额的人民币费用,即50万×6.12=306万元人民币,开证手续费一般按千分之一或千分之一点五收取(最低每笔人民币300元),各家银行规定不一,得美公司按千分之一付给银行3060元开证费和电报费。

第三步:根据工作任务3的要求,按照双方签订的合同(表9-1)条款,填写开证申请书,将填好的开证申请书(表9-2)交给中国银行宁波分行,得美公司申请进口开证的任务就全部完成了。

表 9-1　进口合同

浙江得美进出口贸易有限公司
Zhejiang Demei Import&Export Trade Co.Ltd.
168 Zhongshan Road E.1 Ningbo China

TEL:86574-87654331　　　　　FAX:86574-87654332

TO:Nevy Corp.

No.21 Ssg-017 Broadway,Room 300

Marseilles, France

日期:

Date:Mar 16,2013

购货合同

PURCHASE ORDER

品名及规格 Commodity and Specification	数量 Quantity	单价及价格条款 Unit Price&Terms	金额 Amount
Women's down jacket	5000PCS	CIF　NINGBO USD100.00/PC	USD500000.00
Total amount in words:Say U.S.dollars five hundred thousand only.			

装运条款:

Shipment:shipment on or before SEP 30,2013 with partial shipments are not allowed transshipment is allowed from Marseilles,France to Ningbo,China

付款方式:

Payment:the buyer shall open through a bank acceptable to the seller an irrevocable l/c at sight to reach the seller 30 days before the month of shipment and remained valid for negotiation in china until the 15 day after the date of shipment。

保险:

Insurance:the seller shall cover insurance against all risks for 110% of the total invoice value as per relevant ocean marine cargo clause of p.I.C.c.Dated Jan 1,1981.

检验:

Inspection:the goods should be inspected by ciq after arrival of Ningbo port.

Confirmed By

Zhejiang Demei

Import&Export Trade Co.Ltd.

买方(The Buyers):

马金仁

Confirmed By

NEVY CORP.

卖方(The Sellers):

JACK

表 9-2 开证申请书

DOCUMENTARY CREDIT APPLICATION

To: BANK OF CHINA, NINGBO BRANCH Date: Aug 25, 2013

Beneficiary: Nevy Corp.
No.21 Ssg-017 Broadway, Room 300,
Marseilles, France

Applicant: Zhejiang Demei Import&Export Trade Co. Ltd., 168 Zhongshan Road E.1 Ningbo China

Partial shipment:
( ) allowed
(×) not allowed

Transhipment:
(×) allowed
( ) not allowed

Latest date of shipment: Sep 30, 2013
Place and date of expiry: Oct 21, 2013
Issued by:
( ) teletransmission ( ) express delivery
( ) brief advice (×) SWIFT

Loading on board/dispatch/taking in charge:
From: Marseilles, France
To: Ningbo, China
Price term: CIF NB

Amount (Both in figures and words):
USD500000.00
Say U.S.Dollars Five Hundred Thousand Only.

Credit available with ( ) _____
(×) by negotiation/ ( ) by acceptance with beneficiary" draft for __100__ % of the invoice value at × sight on issuing bank.
( ) by sight payment// ( ) by defered payment at _____ days.

Commodity:
Women's down jacket

Shipping mark:
no mark

Documents required:
1. (×) Signed commercial invoice in __4__ folds indicating L/C no. and contract no.
2. (×) Full set of clean on board ocean bill of lading made out to order and blank endorsed marked (×) "freight prepaid"
( ) "to collect" notify the applicant
3. (×) Insurance policy/certificate in __2__ folds for 110% of the total invoice value as per relevant ocean marine cargo clause of PICC dated Jan1, 1981.
4. (×) Packing list in __3__ folds
5. (×) Certificate of origin in __2__ folds
6. (×) Certificate of quality in __2__ folds issued by CIQ.
7. (×) Beneficiary of certificate certifying that ( ) one set of non-negotiable documents has been sent to applicant.
8. Other documents, if any

Additional instruction:
1. (×) All banking charges outside the issuing bank are for beneficiary's account.
2. (×) Documents must be presented within __15__ days after the date of shipment but within the validity of this credit.
3. ( ) Both quantity and amount ____ % more or less are allowed.
4. (×) This Credit is subject to U C P 600.
5. Other terms, if any.

联系人: 马全仁   电话号码: 0574-87654331   传真号: 0574-87654332

【跟学训练】

根据下列合同资料填写开证申请书。

买方:新达利贸易公司　宁波市大庆南路 180 号 TEL:0574-87666666

卖方:WASHING MEET IMP. AND EXP TRDDE CORP.
　　　558 OTOLIMACH TOKYO,JAPAN TEL:028-54654321

品名:女式针织游泳衣(women's knitted swimming suit)

单价:每套 4.8 美元 CIF 宁波

数量:1000 套

包装:每 20 套装一纸箱

装运时间:2013 年 1 月 30 日前,不准分批装运和转运

装运港:神户

开证方式:电开

支付方式:即期议付信用证

保险:按发票金额加一成投保一切险和战争险。

单据条款:商业发票一式五份,证明货物是日本产。

　　　　　装箱单一式三份。

　　　　　全套清洁已装船正本提单,做成凭开证行指示,注明运费预付。

　　　　　检验检疫机构出具的品质检验证书一份。

　　　　　保险单正本一份,作空白背书。

　　　　　受益人证明一份,证明受益人已经在装船后马上将全套副本单据寄给了申请人。

特殊条款:所有单据都必须表明信用证号码。

合同号:XDL061128

开户行及账号:中国工商银行宁波分行 1289098765

【课外拓展】

一、思考题

1.进口商如何申请开立信用证?

2.开证行审查开证申请人资信情况时应从哪几个方面入手?

3.进口商开立信用证时须要注意哪些问题?

4.为什么说申请开立信用证时一般不能使用"参阅第××号合同"或"第××号合同项下货物"等条款,也不能将有关合同作为信用证附件?

二、操作训练题

宁波超越纺织品进出口公司(Ningbo Chaoyue Textiles Import & Export Corporation)与美国 CRYSTAL KOBE CO.LTD 公司签订含 55%腈纶纤维 45%棉的女士短衫(LADIES'55% A-

CRYLIC 45% COTTON KNITTED BLOUSE)的销售合同(表9-3),请为进口商 CRYSTAL KOBE LTD 向美国纽约银行申请开立信用证并填写开证申请书(表9-4)。

表9-3 销售合同

宁波超越纺织品进出口公司

Ningbo Chaoyue Textiles Import&Export Corporation

168 Zhongshan Road E.1 Ningbo China

TEL:86574-87654331　　FAX:86574-87654332

TO:CRYSTAL KOBE CO. LTD.　　　　　编号 No.21 SSG-017
BROADWAY,ROOM 300　　　　　　　　日期
NY 10018 U.S.A.　　　　　　　　　　Date:AUG 26,2013

销 售 确 认 书
SALES CONFIRMATION

货号 ART.NO.	品名及规格 COMMODITY AND SPECIFICATION	数量 QUANTITY	单价及价格条款 UNIT PRICE&TERMS	金额 AMOUNT
H32331 SE	LADIES'55%ACRYLIC 45%COTTON KNITTED BLOUSE	500 DOZEN	CIFC3%NEW YORK USD 48.5 PER DOZ	USD24250.00
			TOTAL AMOUNT	USD24250.00

装运条款:

SHIPMENT:SHIPMENT ON OR BEFORE NOV.20,2013 WITH PARTIAL SHIPMENTS ARE NOT ALLOWED TRANSSHIPMENT IS ALLOWED FROM SHANGHAI TO NEW YORK.

付款方式:

PAYMENT:THE BUYER SHALL OPEN THROUGH A BANK ACCEPTABLE TO THE SELLER AN IRREVOCABLE L/C AT SIGHT TO REACH THE SELLER 30 DAYS BEFORE THE MONTH OF SHIPMENT AND REMAINED VALID FOR NEGOTIATION IN CHINA UNTIL THE 15 DAY AFTER THE DATE OF SHIPMENT.

保险:

INSURANCE:THE SELLER SHALL COVER INSURANCE AGAINST ALL RISKS FOR 110% OF THE TOTAL INVOICE VALUE AS PER RELEVANT OCEAN MARINE CARGO CLAUSE OF P.I.C.C.DATED JAN 1,1981.

注意:请完全按本售货确认书开证并在证内注明本售货确认书号码。

IMPORTANT:PLEASE ESTABLISH L/C EXACTLY ACCORDING TO THE TERMS AND CONDITIONS OF THIS S/C AND WITH THIS S/C NUMBER INDICATED.

CONFIRMED BY　　　　　　　　　　　　CONFIRMED BY
CRYSTAL KOBE LTD.　　　　　　　　　**Ningbo Chaoyue Textiles Import&Export Corporation**
买方(The Buyers):　　　　　　　　　　卖方(The Sellers):
DAVY JIM　　　　　　　　　　　　　陈林俊

表 9-4 进口开证申请书

DOCUMENTARY CREDIT APPLICATION

To: BANK OF CHINA, NINGBO BRANCH   Date:

Beneficiary   Applicant

Latest date of shipment:

Partial shipment: Transhipment: **Place and date of expiry**:
( ) allowed   ( ) allowed   **Issued by**:
( ) not allowed   ( ) not allowed   ( ) teletransmission   ( ) express delivery
                                                 ( ) brief advice   ( ) SWIFT

Loading on board/dispatch/taking in charge: **Amount**(Both in figures and words):
From:
To:
Price term:

Credit available with ( ) _____
( ) by negotiation/ ( ) by acceptance with beneficiary" draft for ____ % of the invoice value at __ sight on issuing bank.
( ) by sight payment// ( ) by defered payment at _____ days.

Commodity: Shipping mark:

Documents required:
1. ( ) Signed commercial invoice in _____ folds indicating L/C no. and contract no.
2. ( ) Full set of clean on board ocean bill of lading made out to order and blank endorsed marked ( ) "freight prepaid"
( ) "to collect" notify the applicant
3. ( ) Insurance policy/certificate in ____ folds for ____ % of the total invoice value as per relevant ocean marine cargo clause of PICC dated Jan.1,1981.
4. ( ) Packing list in ____ folds
5. ( ) Certificate of origin in ____ folds
6. ( ) Certificate of quality in ____ folds issued by CIQ.
7. ( ) Beneficiary of certificate certifying that ( ) one set of non-negotiable documents has been sent to applicant.
8. Other documents, if any

Additional instruction:
1. ( ) All banking charges outside the issuing bank are for beneficiary's account.
2. ( ) Documents must be presented within _____ days after the date of shipment but within the validity of this credit.
3. ( ) Both quantity and amount ____ % more or less are allowed.
4. ( ) This Credit is subject to U C P 600.
5. Other terms, if any.

联系人: 电话号码: 传真号:

综合制单训练

第一部分 服装贸易采用汇付方式下的制单

一、训练指导

(1)汇付(Remittance),又称汇款,是最简单的服装贸易结算方式。采用汇付方式结算货款时,卖方将货物发运给买方后,有关货运单据由卖方自行寄送买方;而买方则通过银行将货款汇交给卖方。这对银行来说,只涉及一笔汇款业务,并不处理单据。

(2)汇付方式涉及四个基本当事人,即汇款人(买方)、汇出行(买方所在地银行)、汇入行(卖方所在地银行)和收款人(卖方)。汇付有电汇、信汇和票汇三种汇款方法。其中电汇是最常用的汇付方式。

(3)电汇(T/T)是由汇款人委托汇出行用电报、电传、环球银行间金融电讯网络(SWIFT)等电讯手段发出付款委托通知书给收款人所在地的汇入行,委托它将款项解付给指定的收款人。电汇的优点是交款迅速,手续简便,但其费用较高。

(4)出口电汇业务不需要开立汇票。制单时必须按出口销售合同的规定,单证的内容要做到正确、简洁,排列要行次整齐,重点项目要突出醒目。单据的种类和份数应根据实际业务的需要出具。

(5)在实际业务中,服装出口商为了避免结汇风险,如为航空运输,服装出口商通常要求进口商先电汇预付货款;如果是海运方式,服装出口商要先将海运提单用传真发送至买方,证明货物已装船。买方确认货物装运后,办理电汇支付手续,获取全套正本单据后提货。

二、训练资料

(一)第一套练习

以下是采用FOB术语的电汇方式制单,请注意相关单据的做法。

1.销售合同

WEIYI FASHION CORP.

16 DALIANG STREET, SHANGHAI, CHINA

S/C NO: PC111

Date: MAY 10, 2012

SALES CONTRACT

TO: TIDY FASHION S.A.

666, NEW STREET, PARIS, FRANCE

Dear Sirs,

We hereby confirm having sold to you the following goods on terms and conditions as specified bellows:

Name of Commodity, Specification, Packing	Quantity	Unit Price	Total Amount
Cotton men's suit(棉制男式西服套装) CH226 CH229	2000SETS 1000SETS	USD30.00/PC USD35.00/PC	FOB SHANGHAI USD60000.00 USD35000.00
Total:	3000SETS		USD95000.00
Total Amount(In Words): SAY U.S.DOLLARS NINETY FIVE THOUSAND ONLY.			

Port of loading: Shanghai, China

Port of destination: Brest, France.

Latest date of shipment: Aug 30, 2012

Partial shipment: Allowed

Transshipment: Allowed

Insurance: to be effected by buyer

Payment: 10%T/T in advance　90%T/T after shipment

Confirmed by:

The Seller: WEIYI　FASHION CORP.　　　　The Buyer: TIDY FASHION S.A.

　　李红光(SIGNATURE)　　　　　　　　　　*Willing*(SIGNATURE)

2.补充资料

(1)发票号: TD666

(2)包装情况: 10SET TO ONE CARTON.

　　G.W./N.W.: @7/6KGS　MEASUREMENT: @60×50×40cm

(3)装船情况: Puhai V.999　On board date: AUG 10, 2012

　　　　　　B/L No.: BL12112

(4)提单签发人: Shanghai Puhai Shiping Co.　　刘明山

(5)普惠制产地证书号: 330965871308, 原产地标准:"P", HS CODE: 6203199010

3.制单要求

请根据上述合同和补充材料的内容缮制发票、装箱单、FORM A 和提单等单据。

(二) 第二套练习

以下是采用 CPT 术语的电汇方式制单,请注意相关单据的做法。

1.销售确认书

LIULU GARMENT IMP.AND EXP.CORP.

16 XIAOWEN STREET,NINGBO,CHINA

S/C NO:LL88

Date:OCT 28,2013

SALES CONFIRMATION

TO:KUKI A.G.

12,Kiddy Road,Germany

Dear Sirs,

We hereby confirm having sold to you the following goods on terms and conditions as specified bellows:

Name of Commodity,Specification,Packing	Quantity	Unit Price	Total Amount
Children's ski suit			CPT FRANKFORT
60	200 PCS	EUR16.00/PC	EUR3200.00
70	100 PCS	EUR16.20/PC	EUR1620.00
80	100 PCS	EUR16.40/PC	EUR1640.00
Total:	400 PCS		EUR6460.00
Total Amount(In Words):SAY EURO SIX THOUSAND FOUR HUNDRED AND SIXTY ONLY.			

Shipment:from Ningbo,China to Frankfort,Germany by air not later than Nov30,2013

Partial shipment:Not Allowed

Transhipment:Allowed

Insurance:to be effected by buyer

Payment:T/T

Confirmed by :

The Seller:LIULU GARMENT IMP. AND EXP. CORP.   The Buyer:KUKI A.G.

张虹学 (SIGNATURE)   *LIYEN* (SIGNATURE)

General Manager   Manager

2.补充资料

(1)发票号:LL222

(2)包装情况:20PCS TO ONE CARTON. 20CARTONS TO ONE PALLET

每箱毛净重:@6/5KGS　　每箱体积:@60cm×50cm×40cm

(3)航班号及飞行日期:201322255　　Nov 20,2013

(4)普惠制产地证书号:330656789

3.制单要求

请根据上述合同和补充材料的内容缮制发票、装箱单、普惠制产地证、空运单等单据。

第二部分　服装贸易采用托收方式下的制单

一、托收操作指南

(1)托收是服装国际贸易结算中常用的方式之一,是出口人委托银行向进口人收款的一种方法。按交单方式可分为付款交单和承兑交单。

(2)按照《托收统一规则》的规定,在托收业务中,银行只提供服务,不提供信用。既不保证付款人必须付款的责任,也无检查审核货运单据是否齐全、是否符合买卖合同的义务。

(3)由于托收方式纯属商业信用,出口人须承担较大风险,必须谨慎从事,通常采用付款交单方式,并争取以CIF或CIP条件成交。如果为CFR或FOB交易条件,为保障我方利益,可由我方另行加保卖方利益险。当买方未投保或不付款赎单时,我方可向保险公司索赔。

(4)运输单据一般作指示性抬头和空白背书。如以代收行为抬头时,应先与该银行联系确定。

(5)运输单据的被通知人一栏,要详列进口人的名称和地址,以便承运人到货时及时通知。

(6)严格按照出口合同规定的条件装运货物并制作单据,以防买方寻找借口拒付货款。

(7)对于资信欠佳和对诚信程度缺乏了解的客户,应采用部分付款交单托收和部分信用证相结合的支付方式,以确保货款的收汇安全。

(8)在采用部分付款交单托收和部分信用证相结合的支付方式条件下,应分别开立两张汇票,其总额是发票的总值,全套单据附在托收项下。

(9)托收项下的汇票付款期限,应根据托收委托申请书的要求缮制。如为即期付款交单,在汇票付款期限中填写"D/P at Sight";如为远期付款交单,则填写"D/P××days after sight";如为远期承兑交单,填写"D/A××days after sight"即可。

(10)托收项下汇票中的"Value Received"后,应写上合同号或发票号、商品件数、商品的总称,以便于查找。汇票中的付款人(To…)处,应填写进口商公司的全称及详细地址,不能填代收行。

二、训练资料

(一) 第一套练习

以下是即期付款交单方式下的制单,请注意汇票的填法。

1. 销售合同

售货合同
SALES CONTRACT

(1) 卖方: 太阳升贸易有限公司　　　　　　合同编号
THE SELLSES;SUNRISE TRADING CO.,LTD.　　S/C NO.SR13008

(2) 地址: 中国上海江苏路19号　　　　　　合同日期
ADDRESS:19 JIANGSU ROAD　　　　　　　　DATE:MAR 27, 2013
　　　　　SHANGHAI, CHINA.
TEL:(021)×××××　FAX:(021)×××××
E-mail:christina@163.com

(3) 买方 THE BUYERS:TOMMY C.V.

(4) 地址 ADDRESS:HELI 48,ROTTERDAM,THE NETHERLANDS
　　　　E-mail:Heli@www.heli.com

买卖双方同意按下列条件购进、售出下列商品:
THE SELLERS AGREE TO SELL AND THE BUYERS AGREE TO BUY THE UNDERMENTIONED GOODS ACCORDING TO THE TERMS AND CONDITIONS AS STIPULATED BELOW:

商品名称及规格 NAME OF COMMODITY&SPECIFICATION	数量 QUANTITY	单价 UNIT PRICE	总值 TOTAL VALUE
JOGGING SUIT(运动套装)			CFRC 3% AMSTERDAM
Art.No.KB5200	840sets	EUR18.20/set	EUR15288.00
Art.No.KP6300	600sets	EUR15.50/set	EUR 9300.00
Art.No.KY5200	600sets	EUR13.60/set	EUR 8160.00
TOTAL:	2040sets		EUR32,748.00
TotalAmount(In Words):SAY EURO THIRTY TWO THOUSAND SEVEN HUNDRED AND FORTY EITHT ONLY.			

　　(5) 包装:PACKING;PACKED IN CARTONS OF 12 SETS

　　(6) 唛头:SHIPPING MARKS:TONNY/XD06008/AMSTERDAM/NO.1-UP

　　(7) 装船港口:PORT OF SHIPMENT:ANY CHINESE PORT

　　(8) 目的港口:PORT OF DESTIMATION:AMSTERDAM THE NETHERLANDS

　　(9) 装船期限:TIME OF SHIPMENT:NOT LATER THAN MAY 31,2013

　　(10) 付款条件:TERMS OF PAYMENT: D/P AT SIGHT

　　(11) 不可抗力:因人力不可抗拒事故,使卖方不能在合同规定期限内交货或不能交货,卖方不负责任,但是卖方必须立即以电报通知买方。如果买方提出要求,卖方应以挂号函向买方提供由中国国际贸易促进会或有关机构出具的证明,证明事故的存在。

FORCE MAJEURE:The Sellers shall not be held responsible if they, owing to Force Majeure causes, fail to make delivery within the time stipulated in the contract or can't deliver the goods.However,in such a case the sellers shall inform the Buyers immediately by cable.The Sellers shall send to the Buyers by registered letter at the request of the Buyers a certificate attesting the existence of such a cause or causes issued by China Council for the Promotion of International Trade or by a competent Authority.

(12)异议索赔:品质异议须于货到目的口岸之日起30天内提出,数量异议须于货到目的口岸之日起15天内提出,买方须同时提供双方同意的公证行的检验证明。卖方将根据具体情况解决异议。由自然原因或船方、保险商责任造成的损失,卖方将不予考虑任何索赔。信用证未在合同指定日期内到达卖方,或FOB条款下,买方未按时派船到指定港口,或信用证与合同条款不符,买方未在接到卖方通知所规定的期限内电改有关条款时,卖方有权撤销合同或延迟交货,并有权提出索赔。

DISCREPANCY AND CLAIM:In case discrepancy on the quality of the goods is found by the Buyers after arrival of the goods at the port of destination, claim may be lodged within 30 days after arrival of the goods at the port of destination,while for quantity discrepancy, claim may be lodged within 15 days after arrival of the goods at the port of destination,being supported by Inspection Certificate issued by a reputable public surveyor agreed upon by both party.The Sellers shall, then consider the claim in the light of actual circumstances.For the losses due to natural cause or causes falling within the responsibilities of the Ship-owners or the Underwriters. the Sellers shall not consider any claim for compensation.In case the Letter of Credit does not reach the Sellers within the time stipulated in the Contract, or under FOB price terms Buyers do not send vessel to appointed ports or the Letter of Credit opened by the Buyers does not correspond to the Contract terms and the Buyers fail to amend thereafter its terms by telegraph within the time limit after receipt of notification by the Sellers, the Sellers shall have right to cancel the contract or to delay the delivery of the goods and shall have also the right to lodge claims for compensation of losses.

(13)仲裁:凡因执行本合同所发生的或与合同有关的一切争议,双方应友好协商解决。如果协商不能解决,应提交中国国际经济贸易仲裁委员会,根据该委员会的有关仲裁程序暂行规则在中国进行仲裁的,仲裁裁决是终局的,对双方都有约束力。仲裁费用除另有裁决外由败诉一方承担。

ARBITRATION:All disputes in connection with the contract or the execution thereof,shall be settled articable by negotiation.In case no settlement can be reached,the case under dispute may then be submitted to the"China International Economic and Trade Arbitration Commission" for arbitration.The arbitration shall take place in China and shall be executed in accordance with the provisional rules of Procedure of the said Commission and the decision made by the Commission shall be accepted as final and binding upon both parties for setting the disputes.The fees, for arbitration shall be borne by the losing party unless otherwise awarded.

卖方:	买方:
THE SELLERS:	THE BUYERS:
SUNRISE TRADING CO.LTD.	TOMMY C.V.
SHANGHAI CHINA	ROTTERDAM THE NETHERLAND
李骏炜	*STIVEN*

2. 补充资料

(1) INVOICE NO.: SR13567

(2) PACKING: 12SES TO ONE CARTON.

G.W./N.W.: @8/7KGS MEASUREMENT: @60cm×50cm×30cm

(3) VESSEL NAME AND VOY.NO.: LONGSHEN V13678

B/L ISSUED BY TMSC SHIPPING AGENT 吴天明

(4) B/L NO.: TMSC888

(5) ON BOARD DATE: MAY 8, 2013

(6) H.S.CODE: 6211339019

3. 制单要求

请根据上述合同和补充材料的内容缮制发票、装箱单、装船通知、提单和汇票等单据。

(二) 第二套练习

以下是承兑交单方式下的制单,请特别注意汇票的填法。

1. 销售确认书

SALES CONFIRMATION

S/C No.: XNJC06-86

Date: Nov 18, 2012

Seller:

Ningbo Kelang Imp. & Exp. Corp.

No.11 Zhongxing Road,

Ningbo, China

Buyer:

Mijey Industrial Co., Ltd

No.562 Stone Street,

Barcelona, Spain

Name of Commodity Specification,	Quantity	Unit Price	Total Amount
100% full men's vest			CIF Barcelona
Art.55	2000 PCS	USD3.50/PC	USD 7000.00
Art.56	6000 PCS	USD5.10/PC	USD30600.00
Total:	8000 PCS.		USD37600.00
Total Amount(In words): SAY U.S. DOLLARS THIRTY THOUSAND SIX HUNDRED ONLY.			

Packing: 100pcs to a carton

Shipment: from Ningbo, China to Barcelona, Spain by sea not later than Feb 16, 2013

Partial shipment: Allowed

Transhipment: Allowed

Insurance: to be covered by seller for 110% invoice value against all risks.

Payment: D/A at 30 days after sight

Confirmed by:

The Seller: Ningbo Kelang Imp.and Exp.Corp.　　　　The Buyer: Mijey Industrial Co.,Ltd

　　　赵学兵（SIGNATURE）　　　　　　　　　　　　**LILLY SAN**（SIGNATURE）

2. 补充资料

（1）INVOICE NO: KL13825

（2）PACKING: 100pcs to a carton

　　　G.W./N.W.: @8/7KGS MEASUREMENT: @50cm×40cm×30cm

（3）VESSEL NAME AND VOY.NO.: MAERSK V67990

　　　B/L ISSUED BY SINOTRAN SHIPPING CORP 刘向阳

（4）B/L NO.: BL13269

（5）ON BOARD DATE: Feb 10, 2013

3. 制单要求

请根据上述合同和补充材料的内容缮制发票、装箱单、保险单、汇票。

第三部分　服装贸易采用信用证方式下的制单

一、操作指南

（1）信用证是一种带有条件的银行付款书面承诺，所谓"带有条件"是指受益人应在规定的时间内，提交符合信用证条款规定的单据。

（2）信用证是一种银行信用，开证行承担第一性的付款责任。

（3）信用证是一份自足的文件，不受贸易合同的约束，是制单的唯一依据。

（4）信用证业务是一种纯粹单据的交易，只要单证一致、单单一致，开证行就必须履行付款义务。

（5）在实际业务中，通常使用不可撤销跟单议付即期信用证或远期信用证。由于贸易方式的不同，也采用其他类型的信用证，如可转让信用证、对开信用证和对背信用证等。

（6）由于银行付款的唯一依据是信用证，因此必须对信用证条款进行严格审核，对不能接受的内容应及时向开证人提出改证要求。

（7）经开证行同意开出的信用证修改通知书，必须经有关各当事人同意后才能生效。

（8）在以信用证方式收取货款的交易中，必须做到单证相符、单单相符，要求提供的各种单据的份数不能短缺，并在信用证规定的交单有效期内及时交单。

（9）如果信用证没有规定交单期限，按照国际商会《跟单信用证统一惯例》的规定，应在运输单据签发日的第 21 天内，并在信用证有效期内交单。

（10）单证的内容应力求正确、完整和简明，重点项目突出。

（11）对于信用证没有规定的内容，可以参照贸易合同或有关材料制单。

二、训练资料

(一) 第一套练习

以下为 SWIFT 信用证，注意进一步掌握 SWIFT 信用证的格式语言，并学习假远期汇票的做法。

1. 信用证

FROM：NEW YORK BANK，NEW YORK，U.S.A.

SEQUENCE OF TOTAL	27：1/1
L/C NO.	20：LC130886
DATE OF ISSUE：	31C：JUL 04，2013
EXPIRY DATE AND PLACE	31D：AUG 21，2013 NINGBO
APPLICANT	50：BOSS CORPORATION，NEW YORK，U.S.A
	NO.886 NEW YORK STREET，U.S.A.
BENEFICIARY	59：NINGBO YINXIAN FOREIGN TRADE CO.LTD
	NO.1 CAIHONG ROAD，NINGBO，CHINA
CURRENCY CODE，AMOUNT	32B：USD30000.00
AVAIABLE WITH-BY	41D：WITH ANY BANK BY NEGOTIATION IN CHINA
DRAFT AT	42C：AT 45 DAYS AFTER SIGHT
DRAWEE	42D：ISSUING BANK
PARTIAL SHIPMENT	43P：NOT ALLOWED
TRANSHIPMENT	43T：ALLOWED
LOADING AT/FROM	44A：ANY CHINESE PORT
FOR TRANSPORTATION TO	44B：NEW YORK，U.S.A
THE LATEST DATE OF SHIPMENT	44C：JUL 31，2013
DESCRIPTION OF GOODS	45A：

4,000PCS OF TIE-DYED SKIRT(扎染裙)AS PER PORFORMA INVOICE NO.BO555

USD7.50/PC TERMS OF DELIVERY：CIF NEW YORK

DOCUMENTS REQUIRED	46A：

1.SIGNED COMMERCIAL INVOICE IN 4 COPIES SHOWING THAT THE QUALITY OF SHIPMENT IS IN ACCORDANCE WITH THE STIPULATION OF S/C.

　　SHOWING　FOB VALUE，FREIGHT CHARGES AND PREMIUM.

2.FULL SET OF CLEAN ON BOARD OCEAN BILL OF LADING CONSIGNED　TO　ORDER OF ISSUING BANK SHOWING FREIGHT PREPAID AND NOTIFYING APPLICNAT.

3.CERTIFICATE OF ORIGIN ISSUED BY AUTHRIZED PARTY.

4.BENEFICIARY'S CERTIFICATE STATING THAT 2 COPIES OF SIGNED INVOICE,PACKING LIST AND COPY OF BILLS OF LADING HAVE BEEN SENT TO THE ACCOUNTEE BY COURIER SERVICE AFTER SHIPMENT.

5.INSURANCE POLICY COVERING ALL RISKS AND WAR RISKS FOR 110 PERCENT OF INVOICE VALUE ENDORSED IN BLANK SHOWING CLAIMS PAYABLE AT DESTINATION IN THE CURRENCY OF THE DRAFT.

ADDITIONAL CONDITIONS 47A：

ALL DOCUMENTS MUST SHOW THE L/C NO.

PLS NOTE IF DOCS PRESENTED CONTAIN DISCREPANCY, A FEE OF USD30 WILL BE DEDUCETED.

PERIOD FOR PRESENTATION： 　　48：DOCUMENTS MUST BE PRESENTED WITHIN 21 DAYS AFTER SHIPMENT DATE BUT WITHIN L/C VALIDITY.

CHARGES 　　71B：ALL BANKING COMMERCIAL CHARGES OUTSIDE OF NEW YORK ARE FOR THE BENEFICIARY'S ACCOUNT.

CONFIRMATION INSTRUCTIONS 　　49：WITHOUT

INSTRUCTIONS TO PAY/ACCOUNT/NEG BK 78：

+THE AMOUNT OF EACH DRAFT MUST BE ENDORSED ON THE REVERSE OF THIS CREDIT.

+ALL DOCUMENTS MUST BE FORWARDED TO US BY COURIER SERVICE IN ONE LOT.ADDRESSED TO NEW YORK BANK,NAMDAEMUNRO 2-GA,CHUNG GU,NEW YORK,USA.

+BENEFICIARY'S USANCE DRAFTS MUST BE NEGOTIATED AT SIGHT BASIS AND PRESENTED TO DARWEE BANK FOR DISCOUNT AT BUYER'S ACCOUNT.

ADVISE THRU BANK—NAME/ADDR. 　　57D：

THE INDUSTRIAL COMMERCIAL BANK OF CHINA,NINGBO BRANCH,CHINA.

———— END OF MESSAGE ————

2.补充资料

（1）INV.NO.：NB13066

（2）VESSEL NAME：FATH V989　　B/L NO.：COSCU136588

（3）PACKING：@40PCS/CTN　　G.W./N.W.：@12/11　　@60cm×50cm×40cm

（4）INSURANCE AGENT：PICC DELET NEW YORK

　　3655 MENHATONG STREET, NEW YORK

　　TEL：001-656-65437689

（5）H.S.CODE：62043200

（6）SHIPPING MARK：

（7）BOSS

NEW YORK

NO.1-UP

3.制单要求

请按照信用证的要求,缮制全套装船单据。

(二) 第二套练习

本练习的目的在于熟悉日本开来的信用证,并学习分批装运单据的缮制。

1.信用证

SUMITOMO MITSUI BANKING CORPORATION,JAPAN

P.O.BOX886,OSAKA,JAPAN

PLACE AND DATE OF ISSUE:

OSAKA,OCTOBER 6,2012

CREDIT NUMBER:LC20121006

THIS CREDIT REFERS TO OUR PRELIMINARY ADVICE BY CABLE OF TODAY

IRREVOCABLE DOCUMENTARY CREDIT

EXPIRY PLACE AND DATE:AT COUNTER OF NEGOTIATING BANK JANUARY 15,2013

APPLICANT:

TOYOHAN CO.,LTD.

56,NISHIK I 6-CHOME,NAKAKU,OSAKA,JAPAN

BENEFICIARY:

ZHEJIANG ZHONGHUA TEXTILES I/E CORP.

12 CUIBAI ROAD,NINGBO,ZHEJIANG,P.R.OF CHINA

ADVISING BANK:BANK OF CHINA NINGBO BRANCH

AMOUNT USD142000.00

CREDIT AVAILABLE WITH FREELY NEGOTIABLE BY ANY BANK BY NEGOTIATION AGAINST PRESENTATION OF THE DOCUMENTS DETAILED HEREIN AND OF YOUR DRAFT

(S) AT SIGHT FOR FULL INVOICE COST DRAWN ON SUMITOMO MITSUI BANKING CORPORATION, TOKYO,JAPAN

PARTIAL SHIPMENTS:ALLOWED

TRANSHIPMENT:PROHIBITED

+SIGNED COMMERCIAL INVOICE IN TRIPLICATE INDICATING THE CREDIT NUMBER.

+MARINE INSURANCE POLICY OR CERTIFICATE IN DUPLICATE,ENDORSED IN BLANK,FOR 110% OF THE INVOICE COST INCLUDING:OCEAN MARINE CARGO CLAUSES(ALL RISKS),OCEAN MARINE CARGO WAR RISK CLAUSES AND OCEAN MARINE CARGO STRIKES RISKS AND CIVIL COMMOTIONS CLAUSES OF THE PEOPLE'S INSURANCE COMPANY OF CHINA INCLUDING WAREHOUSE TO WAREHOUSE CIAUSE,CLAIMS PAYABLE IN JAPAN IN CURRENCY OF DRAFTS.

+FULL SET OF CLEAN ON BOARD COMBINED TRANSPORT BILL OF LADING ISSUED BY SINOTRANS DATED NOT LATER THAN DECEMBER 31,2005 MADE OUT TO ORDER OF SHIPPER AND ENDORSED TO SUMITOMO MITSUI BANKING CORPORATION, JAPAN, MARKED "FREIGHT PREPAID" NOTIFY

APPLICANT.NON- NEGOTIABLE B/L IN TWO COPIES.

+COPY OF BENEFICIARY'S CABLE OR TLX OR FAX TO THE APPLICANT ADVISING CONTRACT No.,L/C No.,AMOUNT,QUANTITY OF CARGO SHIPPEDG.W.AND N.W.B/L No.,NAME,VOYAGE No., OF STEAMER AND DATE OF SHIPMENT.

+PACKING LIST IN TRIPLICATE.

+BENEFICIARY'S CERTIFICATE STATING THAT ALL OF THE NON-NEGOTIABLE SHIPPING DOCUMENTS HAVE BEEN HANDED TO SINOTRANS.FOR TRANSMISSION TO THE SUMITOMO WAREHOUSE CO.,LTD.,JAPAN

+BENEFICIARY'S CERTIFICATE STATING THAT G.S.P.CERTIFICATE OF ORIGIN FORM"A"H.S.NO. 611520 BY CHINESE GOVERNMENT AND/OR CUSTOMS STATING FULL DETAILS AND L/C NO, HAVE BEEN SENT DIRECTLY TO APPLICANT IMMEDIATELY AFTER SHIPMENT

COVERING:

4 000 DOZEN OF WOMEN'S HOSE D/NO.7834 USD15.50 PER DOZ.CONTRACT NO.12AB23

5 000 DOZEN OF WOMEN'S HOSE D/NO.7835 USD16.00 PER DOZ.CONTRACT NO.12AB24

TRADE TERMS:CIF OSAKA

SPECIAL CONDITIONS:

+COPIES OF INVOICE AND PACKING LIST AND B/L MUST BE SENT TO APPLICANT DIRECTLY AND BENEFICIARY'S CERTIFICATE TO THIS EFFECT REQUIRED

+THE GOODDS MUST BE SHIPPED BY CONTAINER AND B/L MUST SHOW THIS EFFECT.

+REIMBURSEMENT CLAIMS BY TELECOMMUNICATIONS ARE PROHIBITED.

+ALL BANKING CHARGES (INCLUDING ADVISING COMMISSION. PAYMENT COMMISSION,AND/OR NEGOTIATION COMMISSION REIMBURSEMENT COMMISSION) OUTSIDE JAPAN ARE FOR ACCOUNT OF BENEFICIARY

THE NEGOTIATING BANK MUST SEND THE DRAFTS TO THE DRAWEE BANK AND ALL DOCUMENTS TO US BY REGISTERED AIRMAIL IN TWO CONSECUTIVE LOTS,

SHIPPING PORTION:

1st LOT OF 3 000 DOZEN (D/NO.7834,1 000 DOZEN / D/NO.7835,2 000 DOZEN) MUST BE SHIPPED WITHIN NOV.30,2012

2nd LOT OF 2000 DOZEN (D/NO.7834,1 000 DOZEN / D/NO.7835,1 000 DOZEN) MUST BE SHIPPED WITHIN DEC,15,2012

3rd LOT 4 000 DOZEN (D/NO.7834,2 000 DOZEN / D/NO.7835,2 000 DOZEN) MUST BE SHIPPED WITHIN DEC.31,2012

DOCUMENTS MUST BE PRESENTED FOR NEGOTIATION WITHIN 8 DAYS AFTER THE DATE OF ISSUANCE OF TRANSPORT DOCUMENT.BUT WITHIN THE CREDIT VALIDITY.

WE HEREBY ISSUE THIS DOCUMENTARY CREDIT IN YOUR FAVOUR.

IT IS SUBJECT TO THE UNIFORM CUSTOMS AND PRACTICE FOR DOCUMENTARY CREDIT(2007 REVISION,INTERNATIONAL CHAMBER OF COMMERCE,PUBLICATION NO.600) AND ENGAGES US IN ACCORDANCE WITH THE TERMS THEREOF,AND ESPECIALLY IN ACCORDANCE WITH THE TERMS OF AR-

TICLE 10 THE REOF.

　　THE NUMBER AND DATE OF CREDIT AND NAME OF OUR BANK MUST BE QUOTED ON ALL DRAFTS REQUIRED.IF THE CREDIT IS AVAILABLE BY NEGOTIATION,EACH PRESENTATION MUST BE NOTED ON THE REVERSE OF THIS ADVICE BY THE BANK WHERE THE CREDIT IS AVAILABLE.

YOURS FAITHFULLY,

(Signatare)

2.补充资料

（1）Packed in carton of 10dozen each

（2）Shipment arrangement：

First lot：latest Nov.30.2012 per M/V"Song Ming" B/L NO.12777

Second lot：latest Dec.15.2012 per M/V"Song Li" B/L NO.12856

Third lot：latest Dec.31.2012per M/V"Song Xu" B/L NO.12963

（3）Shipping Marks：TOYOHAN / OSAKA / NO.1-up

（4）Measurement：@ 80X60X50CM

（5）G.W/N.W.：@ 10/9KGS

（6）第一批发票号：CQ12755

（7）出口企业有权签字人：陈志兵

（8）第一批提单签单人：日本韩进宁波运输代理公司　张罗齐

3.制单要求

请按照信用证的要求,缮制全套议付单据。

（三）第三套练习

以下是一封从新加坡开来的信用证,其中有许多特殊条款,制单时请务必注意阅读,以防错漏。

1.信用证

DOCUMENTARY LETTER OF CREDIT

FROM：OVERSEAS CHINESE BANKING CORPORATION,SINGAPORE

ADVISING BANK：CHINA EVERBRIGHT BANK,SHANGHAI

IRREVOCABLE DOCUMENTARY CREDIT NO.666888 DATED：MAY 26,2012

DATE AND PLACE OF EXPIRY：JULY 10,2012 IN BENEFICIARY'S COUNTRY

BENEFICIARY：SHANGHAI JINHAI IMP.& EXP.GROUP GARMENTS BRANCH

　　　　　　NO.50 LANE 424 YAOHUA ROAD

　　　　　　SHANGHIA CHINA

APPLICANT：ANTAK DEVELOPMENT PTE LTD

101 KIT CHENER ROAD JALAN PLA2A SINGAPORE

TEL NO:3423457

FAX NO:4723456

AMOUNT:USD84400.00 CIF SINGAPORE

(UNITED STATES DOLLARS FIFIY SIX THOUSAND AND THREE HUNDRED ONLY)

PARTIAL SHIPMENT NOT ALLOWED

TRANSHIPMENT NOT ALLOWED

SHIPMENT FROM CHINA PORT TO SINGAPORE

LATEST SHIPMENT DATE:JUNE 26,2012

THIS CREDIT IS AVAILBLE WITH THE ADVISING BANK BY NEGOTIATION AGAINST PRESENTATION OF THE DOCUMENTS DETAILED HEREIN AND BENEFICIARY'S DRAFT(S) AT SIGHT DRAWN ON ISSUING BANK FOR FULL INVOICE VALUE.

DOCUMENTS REQUIRED(IN TWO—FOLD UNLESS OTHERWISE STIPULATED):

SIGNED COMMERCIAL INVOICE

SIGNED WEIGHT/PACKING LIST

CERTIFICATE OF CHINESE ORIGIN

INSURANCE POLICY/CERTIFICATE ENDORSED IN BLANK FOR 110%CIF VALUE

COVERING:WAR RISK AND ALL RISKS

FULL SET PLUS ONE PHOTOCOPY OF CLEAN ON BOARD OCEAN BILLS OF LADING MADE OUT TO ORDER OF BANK OF CHINA,SINAPORE MARKED FREIGHT PREPAID

AND NOTIFY APPLICANT EVIDENCING SHIPMENT OF:

1094L:700 DOZEN MEN'S COTTON WOVEN LABOURER SHIRTS(USD24640.00)

286G:800 DOZEN MEN'S COTTON WOVEN SHIRTS(USD38880.00)

678X:160 DOZEN MEN'S COTTON WOVEN SHIRTS(USD20880.00)

S/C NO.HOSH3178B CIF SINGAPORE

SHIPPING MARKS:

ANTAK

HOSH3178B

SINGAPORE

NO.1-190

OTHER TERMS AND CONDITIONS:

1. ALL BANK CHARGES,INCLUDING REIMBURSEMENT CHARGES,OUTSIDE SINGAPORE ARE FOR

ACCOUNT OF BENEFICIARY.

2.THE NUMBER AND DATE OF THIS CREDIT,AND THE NAME OF ISSUING BANK MUST BE QUOTED ON ALL DOCUMENTS.

3.A FEE OF USD40(OR ITS EQUIVALENT)TO BE DEDUCTED FROM THE PROCEEDS UPON EACH PRESENTATION OF DISCREPANT DOCUMENTS EVEN IF THE

CREDIT INDICATES THAT ALL BANKING CHARGES ARE FOR THE ACCOUNT OF APPLICANT AND ACCEPTANCE OF SUCH DOCUMENTS DOES NOT IN ANY WAY ALTER THE OTERH TERMS AND CONDITIONS OF THIS CREDIT.

4.THE WHOLE CONSIGNMENT TO BE UNDER ONE BILLS OF LADING.

5.BENEFICIARY'S CERTIFICATE TO CERTIFY THE FOLLOWINGS ARE REQUIRED:

(A)INVOICE/WEIGHT/PACKING LIST AND NON—NEGOTIABLE BILL OF LADING MUST BE AIRMAILED TO THE APPLICANT IMMEDIATELY AFTER SHIPMENT.

(B)COPIES OF INVOICE AND BILLS OF LADING HAVE BEEN FAXED TO APPLICANT IMMEDIATELY AFTER SHIPMENT.

6.INSURANCE POLICY OR CERTIFICATE MUST SHOW CLAIMS SETTLING AGENT AS:"CHINA INSURANCE CO.LTD SINGAPORE".

7.BILLS OF LADING TO EVIDENCE THE FOLLOWINGS:

(A)SHIPMENT EFFECTED INTO 20 FEET CONTAINER LOAD(CY—CY).

(B)SHIPMENT EFFECTED BY CONTAINERISED VESSEL ONLY.

(C)SHOWING APPLICANT'S ADDRESS,TELEPHONE NOS.AND FAX NO.

(D)SHOWING CARRIER/CARRIER'S AGENT AS:"CHINA OCEAN SHIPPING

(GROUP) CO."

(E)SHOWING CONTAINER NUMBER.

8.SHIPMENT OF THE WHOLE CONSIGNMENT EFFECTED INTO LOOSE CARGO LOAD IS NOT ACCEPTABLE.

9.PACKING:GOODS MUST BE PACKED IN STRONG CARTONS AND STRAPPED WITH STRONG NYLON STRAPS.WEIGHT/PACKING LIST TO SHOW THIS EFFECT IS REQUIRED.

10.ALLOWED TO INCREASE OR DECREASE THE QUANTITY AND AMOUNT BY 5%.

INSTRUCTIONS TO THE NEGOTIATING BANK:

THE AMOUNT AND DATE OF EACH NEGOTIATION MUST BE ENDORSED ON THE REVERSE OF THE ORIGINAL CREDIT BY THE NEGOTIATING BANK.

ALL DOCUMENTS ARE TO BE SENT TO ISSUING BANK IN ONE LOT.

UPON RECEIPT OF DOCUMENTS IN CONFORMITY WITH THE TERMS AND CONDITIONS OF THIS CREDIT,WE SHALL CREDIT OUR HEAD OFFICE ACCOUNT WITH US.

THIS CREDIT IS ISSUED SUBJECT TO UNIFORM CUSTOMS AND PRACTICE FOR DOCUMENTARY CREDITS(2007 REVISION)ICC PUBLICATION NO.600

BANK OF CHINA, SINGAPORE

AUTHORISED SIGNATURE：

2.补充资料

(1)发票号：SHGM 7056　　　　　日期：2012 年 6 月 15 日

(2)包装：

男式棉织衬衫			
货号/规格	装运数量	每箱毛/净重	每箱尺码
S	700DOZ	7KGS/6KGS	68cm×46cm×45cm
M	800DOZ	7KGS/6KGS	68cm×46cm×45cm
L	160DOZ	7KGS/6KGS	68cm×46cm×45cm

包装情况：

一件一塑胶袋装,6 件一牛皮纸包,10 打一外箱。

(3)提单号码：COSCU12116　　集装箱号：COSU8975652

(4)承运船名及航次：ZHONGHE　　V.129865

(5)提单签单人及签发日期：China Ocean Shipping Company 刘勇

(6)B/L DATE：2012 年 6 月 20 日

(7)装运港：上海

(8)保险单号码：SZDB 331　　　日期：2012 年 6 月 19 日

(9)保险代理：

CHINA INSURANCE CO.LTD.4 BATIERY ROAD#08—0018th FLOOR BANK OF CHINA BUILDING SINGAPORE 0104

(10)出口企业有权签字人：王国新

3.制单要求

请按照信用证的要求,缮制全套议付单据。

附件一 操作训练案例库

一、信用证结算方式制单

1. 信用证

TO: BANK OF COMMUNICATIONS NINGBO BRANCH, CHINA
FM: NATIONAL AUSTRALIA BANK, SYDNEY, AUSTRALIA
L/C NO.AND DATED: NO.6548, SEP21, 2013
AMOUNT: USD36800.00
BENEFICIARY: NINGBO XINGSHIJI IMP.AND EXP.CO.
　　　　　　58 YAOGA ROAD, NINGBO CHINA
APPLICANT: CLOTHES CARE CO. LTD
　　　　　　290 BOTANY ROAD ALEXANDRIA NSW 2015 AUSTRALIA
EXPIRY DATE: NOV 15, 2013 IN CHINA
AVAILABLE BY BENEFICIARY'S DRAFT IN DUPLICATE AT 30 DAYS SIGHT DRAWN
ON US FOR FULL INVOICE VALUE
ACCOMPANIED BY THE FOLLOWING DOCUMENTS:

1. HAND-SIGNED COMMERCIAL INVOICE IN TRIPLICATE SHOWING IMPORT ORDER NO. DECLARING THAT THE FINAL PROCESS OF MANUFACTURE OF THE GOODS FOR WHICH SPECIAL RATES ARE CLAIMED HAS BEEN PERFORMED IN CHINA AND THAT NOT LESS THAN ONE-HALF OF THE FACTORY COST OF THE GOODS IS REPRESENTED BY THE VALUE OF LABOUR AND MATERIAL OF CHINA..

2. 2/3 ORIGINAL CLEAN SHIPPED ON BOARD OCEAN BILLS OF LADING MADE OUT/CONSIGNED/ISSUED TO THE ORDER OF ISSUING BANK, MARKED FREIGHT PREPAID AND NOTIFY APPLICANT.

3. BENEFICIARY'S CERTIFICATE STATING 1/3 ORIGINAL AND 2 COPIES B/L HAVE BEEN SENT TO THE ACCOUNTEE BY COURIER SERVICE IMMEDIATELY AFTER SHIPMENT.

4. MARINE INSURANCE POLICY OR CERTIFICATE IN DUPLICATE, FOR FULL CIF VALUE PLUS 10 PERCENT, ENDORSED IN BLANK, COVERING THE INSTITUTE CARGO CLAUSES(A) OR ALL RISKS, AND THE INSTITUTE WAR CLAUSES AND SHOWING CLAIMS PAYABLE AT DESTINATION IN THE CURRENCY OF THE DRAFT.

5. PACKING LIST IN 3 FOLDS.

6. INSPECTION CERTIFICATE OF QUALITY SHOWING THAT SHRINKAGE IS UNDER 8 PCT.
COVERING:

14,000PCS 210GRAM/M2, POLO BRAND POLY COTTON SHIRT IN ROYAL BLUE AS PER CONTRACT NO.XSJ130981

SIZE	S	M	L	XL	XXL
RATIO	1PC	2PC	5PC	5PC	1PC
UNIT PRICE	USD2.5/PC	USD2.5/PC	USD2.5 /PC	USD2.8 /PC	USD2.8 /PC

SHIPPING MARK：

C.C.C.

NO.1-UP

SHIPMENT FROM NINGBO PORT IN CHINA TO SYDNEY AUSTRALIA NOT LATER THAN NOV.07,2013.

PARTIAL SHIPMENT：ALLOWED

TRANSHIPMENT：ALLOWED

SPECIAL CONDITIONS：

1.ALL SHIPPING DOCUMENTS SHOULD MENTION/QUOTE/SHOW/INDICATE L/C NO.

2. ALL BANKING CHARGES OUTSIDE ISSUING BANK INCLUDING DISCOUNT CHARGES AND INTEREST ARE FOR ACCOUNT OF BENEFICIARY.

3.DOCUMENTS MUST BE PRESENTED FOR NEGOTIATION WITHIN 8 DAYS AFTER ISSUING DATE OF TRANSPORT DOCUMENT.

4.A DISCREPANCY FEE OF USD 40.00 OR EQUIVALENT WILL BE DEDUCTED FROM THE PROCEEDS IF DOCUMENTS ARE PRESENTED WITH DISCREPANCY.

ALL DRAFTS DRAWN HEREUNDER MUST BE MARKED WITH THE NUMBER AND DATE OF THIS CREDIT.

THE NEGOTIATING BANK MUST FORWARD ALL THE REQUIRED DOCUMENTS TO US BY TWO SEQUENTIAL REGISTERED AIRMAILS.

THE CREDIT IS SUBJECT TO UCP 2007 REVISION（ICC 600）

2.补充资料

（1）出口人于2013年11月4日向宁波外轮代理公司办理了托运手续，并于11月6日装上 SEALAND V.16758 海轮,提单号：BL135556

（2）提单签发人：NINGBO GRAND SHPPING AGENT CO. 王之博

（3）货物纸箱装,每箱装40PCS,每箱毛重11公斤,每箱净重10公斤,体积@ 80cm×60cm×50cm.

（4）发票号：XS13898

（5）保险单编号：PICC20135890

（6）保险勘查理赔代理机构：

PICC SYDNEY BRANCH

799 Roosevelt Rd Bldg 3, Suite 215f, SYDNEY, AUSTRALIA

TEL：0061-2-2-96679136

FAX：0061-2-2-96679028

（7）品质证书编号：CN20135268

二、电汇结算方式制单

1. 销售确认书

SALES CONFIRMATION

S/C No.：XNJC06-86

Date：Sep 08, 2013

Seller　　　　　　　　　　　　Buyer：

Hongtai Imp.and Exp.Corp.　　Mengdong Trading Company

NO.32 Chouzhou Road,　　　　No.12 Lenin Ziegler Street,

Yiwu, Zhejiang, China　　　　　Moscow, Russia

Name of Commodity, Specification,	Quantity	Unit Price	Total Amount
Women's genuine leather gloves	8000pairs	USD5.50/pair	CFR Vostochny USD44000.00
Total Amount (In Words): SAY U.S.DOLLARS FORTY FOUR THOUSAND ONLY.			

Packing：100pairs to a carton

Shipment：from Ningbo, China to Vostochny, Russia by sea not later than Nov 16, 2013

Partial shipment：Allowed

Transhipment：Allowed

Insurance：to be covered by buyer.

Payment：10%T/T in advance　90%T/T after shipment

Confirmed by：

The Seller：Hongtai Imp.and Exp.Corp.　　　　　　　The Buyer：Mengdong trading company

　　陈英元（SIGNATURE）　　　　　　　　　　　　　　　　*PoroB*（SIGNATURE）

2. 补充资料

（1）INVOICE NO：HT12065

（2）PACKING：100pair to a carton

G.W./N.W.:@ 15/14KGS　　　MEASUREMENT:@ 60cm×50cm×40cm

（3）VESSEL NAME AND VOY.NO.:COSCO V229

B/L ISSUED BY SINOTRAN SHIPPING CORP 李志和

（4）B/L NO.:BL124678

（5）ON BOARD DATE:Nov.10,2013

（6）普惠制产地证编号为:GP0012462,产品完全原产于中国。

（7）品质证书编号:CN20125214

三、托收结算方式制单

1. 销售合同

杭州雅丝乐服装贸易有限公司
HANGZHOU YASILE FASHION TRADE CO.LTD
68 WENCHUI ROAD HANGZHOU,CHINA
SALES CONTRACT

TEL:0571-87212016　　　　　　　　　　　　S/C NO:YS13065

FAX:0571-87212018　　　　　　　　　　　　DATE:AUG 11,2013

TO MESSSRE:

TKAMLA CORPORATION
6-7.KAWARA MACH
OSAKA,JAPAN

Dear Sirs.

We hereby confirm having sold to you the following goods on terms and conditions as specified below:

DESCRIPTIONS OF GOODS	QUANTITY	U/PRICE	AMOUNT
Woman coat style no.11 style no.22	1000 pcs 1200 pcs	CIF OSAKA USD 40.50/pc USD 46.00/pc	USD40500.00 USD 55200.00
Total:	2000 pcs		USD 95700.00

Loadign port:China

Destination:Osaka port

Partial shipment:Allowed

Transhipment:Prohibited

Payment:D/P at sight

Insurance:for 110 percent of the invoice value covering all risks and war risk.

Time of shipment: latest date of shipment Oct.30,2013

The Buyer: The Seller:

TKAMLA CORPORATION HANGZHOU YASILE FASHION TRADE CO.LTD

Yamamoto 马伟飞

2. 补充资料

（1）发票号：YSINV13068

（2）装箱情况：货物纸箱装，每箱装 10PCS，每箱毛重 10 公斤，每箱净重 9 公斤，体积@86cm×62cm×50cm；

（3）装运情况：2013 年 10 月 22 日从上海装运，船名、航次：COSCO V.132652；提单号：COSCOBL35648；提单签单人：中远集装箱上海伟业运输代理公司 张华明

（4）普惠制产地证编号为：GP0101639，产品完全原产于中国。

（5）保险单编号：PICC20131205

（6）保险勘查理赔代理机构：

  PICC OSAKA BRANCH

  48, Hirabayashi-minami 2-Chome, Suminoe-ku, Osaka City

  TEL:81-6-62291181

  FAX:81-6-62291184

（7）品质证书编号：CN20134589

附件二　空白单据

一、空白合同

SALES CONFIRMATION

卖方　　　　　　　　　　　　　　　　　　　　　　　　　　　NO.：
Seller：

　　　　　　　　　　　　　　　　　　　　　　　　　　　　　DATE：

买方
Buyer：

经买卖双方同意成交下列商品，订立条款如下：
This contract is made by and agreed between the BUYER and SELLER, in accordance with the terms and conditions stipulated below.

唛头 Marks and Numbers	名称及规格 Description of goods	数量 Quantity	单价 Unit Price	金额 Amount

总值 TOTAL：

Shipment （装运）：

Packing(包装)

Insurance（保险）：

Terms of payment（付款条件）：

Others（其他说明）

The Buyer　　　　　　　　　　　　　　　　　　　　　　　　　　　The Seller

二、商业单据

1. 商业发票

COMMERCIAL INVOICE

EXPORTER		INOVICE NO.	INVOICE DATE
		CONTRACT NO.	CONTRACT DATE
		L/C NO.	DATE
TO		ISSUED BY	
		PAYMENT TERM	
		PRICE TERMS	
FROM	TO	SHIPPED BY	
SHIPPING MARK	DESCRIPTION OF GOODS	QUANTITY UNIT PRICE	AMOUNT

TOTAL AMOUNT IN WORDS:

SEPECIAL CONDITIONS:

ISSUED BY

SIGNATURE

2. 加拿大海关发票

<table>
<tr><td colspan="3" align="center">CANADA CUSTOMS INVOICE
Revenue Canada Revenu Canada FACTURE DES DOUANES CANADIENNES
Customs and Excisd Douanes et Accuse</td><td>Page
of
de</td></tr>
<tr><td colspan="2">1. Vendor (Name and Address)/ Vendeur (Nom et adresse)</td><td colspan="2">2. Date of Direct Shipment to Canada / Date d'expedition directe vers li Canada
3. Other Reference (Include Purchaser's Order No.)
Autres references (Inclure le n'de commande de l'acheteur)</td></tr>
<tr><td colspan="2" rowspan="3">4. Consignee (Name and Address)/ Destinataire (Nom et adresse)</td><td colspan="2">5. Purchaser's Name and Address (if other than Consignee)
Nom et adresse de l'acheteur (S'il differe du destinataire)</td></tr>
<tr><td colspan="2">6. Country of Transshipment / pays de transbordement</td></tr>
<tr><td>7. Country of Origin of Goods
Pays d'origine des marchandises</td><td>If shipment includes goods of different origins enter origins against items in 12.</td></tr>
<tr><td colspan="2">8. Transportation Give Mode and Place of Direct Shipment to Canada Transport Preciser mode at point d'ex pedition directe vers le Canada</td><td colspan="2">9. Conditions of Sale and Terms of Payment
(i.e. Sale, Consignment Shipment, Leased Goods, etc.)
Condetions de vente et modalites de paiement
(p. ex. Vente, expedition en consignation, Iocation de merchandises,)</td></tr>
<tr><td colspan="4">10. Currency of Settlement / Devises du paiement</td></tr>
<tr><td rowspan="2">11. No. of Pkgs Nbre de colis</td><td rowspan="2">12. Specification of Commodities (Kind of Packages, Marks and Numbers, general)</td><td rowspan="2">13. Quantity (State Unit)
Quantite (Preciser l'unite)</td><td align="center">Selling Price / Prix de vente</td></tr>
<tr><td>14. Unit Price prix unitaire   15. Total</td></tr>
<tr><td colspan="2" rowspan="2">18. If any of fields 1~17 are included on an attached commercial invoice, check this box
Si les renseignements des zones 1 a 17 figurent sur la facture commerciale, cocher cette boite
Commercial Invoice No. / N'de la facture commerciale _____ ☐</td><td colspan="2" align="center">16. Total Weight / Poids Total</td></tr>
<tr><td>Net   Gross / Brut</td><td>17. Invoice Total
Total de La facture</td></tr>
<tr><td colspan="2">19. Exporter's Name and Address (if other than Vendor)
Nom et adresse de l'exportateur (S'il differe du vendeur)</td><td colspan="2">20. Originator (Name and Address)/ Ezpedeteur d'origine (Nom et adresse)</td></tr>
<tr><td colspan="2">21. Departmental Ruling (If applicable)/ Decision du Ministere (S'ily a lieu)</td><td colspan="2">22. If fields 23~25 are not applicable, check this box / Si les zones 23 a 25 sont sans objet, cocher cette boite ☐</td></tr>
<tr><td colspan="2">23. If included in field 17 indicate amount:
Si compres dans le total a la zone 17. preciser
(1) Transportation charges espenses and insurance from the place of direct shipment to Canada
Les frais de transport, depenses et assurances a partir du point de 'xpedit-on directe vers le Canada
$ _____
(2) Costsfor construction, erection and assembly incurred after importation into Canada
Les couts de construction d'erection et d'assemblage après importation au Canada
$ _____
(3) Export packing
Le cout de l'emballage d'expor-tation
$ _____</td><td>24. If not included in field 17 indicate amount:
Si non compris dans le total a la zone 17. preciser
(1) Transportation charges, expenses and insurance to the place of direct shipment to Canada
Les frais de transport, depenses et assurances jusqu'au point d'e-pedition directe vers le Canada
$ _____
(2) Amounts for commissions other than buying commissions
Les commissions autres que celles verses pour l'achat
$ _____
(3) Export packing
Le cout de l'emballage d'ex-portation
$ _____</td><td>25. Check (If applicable):
Cochar (S'ily a lieu)
(1) Royalty payments or subsequent proceeds are paid or payable by the purchaser
Des redevances Du produits ont ete ou seront verses par l'acheteur
☐
(2) The purchaser has supplied goods or services for use in the production of these goods
L'acheteur a fourni des march-andises Du des services pour la production des merchandises
☐</td></tr>
</table>

3. 哥伦比亚领事发票

REPUBLICADE COLOMBIA

FC-O　　　　1.FACTURA CONSULAR NO.　　　　CNO.: 051544

　　　　　　　　　　　　　　　　　　　　　　　　　Pagina No.:

2. Pais de venla: United Kingdom
3. Pais de origon: United Kingdom
4. Lugar de embarqus: May 16, 2004
5. Nombre dol barco o Comparia Aeres: m.v. Percador Atlantis Lynes
6. Consignaiario: Nombre y direccion: Cobbrah co Lindin　　　　ISTAMPILAS
7. Destinatario: Nombre y direccion:　　　　　　　　　　　　　　US $ 5.00
8. Remitente: Nombre y direccion:
9. Numero de paginas: 28
10. Numero de conocimienio o guka: 17
11. aduana de doslino: Barranquilla

12. Cantidad y clase de bultos	13. Marca y Numeros	14. PESO, EN KILOS		15. No. de unidades	16. DENOMINACION COMERCIAL DE LA MERCANCLA	17. PRECIO DE LA MERCAN CIA
		Bruto	Neto			
28 cases	1/28	1,972	1,750	56	Knitting machines Cobbrah 14	U.S. $ 16,850.00
					SUMAN	
18. Total en pesos colombianls $						
Registre de importacion No.						
Oficina expedidora：					U.S. $	
Cantided aulorizede: US $						16,850

4. 形式发票

PROFORMA INVOICE
(WITHOUT ENGAGEMENT)

Your Ref.:   Our Ref.:

货号 Art. No.	品名及规格 Commodity and Specification	数量 Quantity	单价及价格条款 Unit Price & Terms	金额 Amount
			总金额 Total Amount	

装运期限
Shipment:

付款方式
Payment:

特约条款
Special Clause:

注意
Important:

   This invoice is supplied to enable you to apply for the necessary Import Licence; actual orders shall be subject to our confirmation.

目的地
Destination:

保险
Insurance:

卖方 (The Seller)

5. 装箱单

PACKING LIST

EXPORTER	INVOICE NO	INVOICE DATE
	FROM	TO
	SHIPPED BY	
TO	SHIPPING MARK	

C/NO.	NO. AND KINDS OF PKGS	GOODS	QTYS.	G.W.	N.W.	MEAS.

TOTAL PACKAGES IN WORDS:
SPECIAL CONDITIONS:

ISSUED BY

三、官方单据

1. 一般原产地证

1. Exporter	Certificate No. **CERTIFICATE OF ORIGIN** **OF** **THE PEOPLE'S REPUBLIC OF CHINA**
2. Consignee	
3. Means of transport and route	5. For certifying authority use only
4. Country / region of destination	

6. Marks and numbers	7. Number and kind of packages; description of goods	8. H.S. Code	9. Quantity	10. Number and date of invoices

11. Declaration by the exporter The undersigned hereby declares that the above details and statements are correct, that all the goods were produced in China and that they comply with the Rules of Origin of the People's Republic of China. Place and date, signature and stamp of authorized signatory	12. Certification It is hereby certified that the declaration by the exporter is correct. Place and date, signature and stamp of certifying authority

2. 普惠制原产地证

1. Goods Consigned from (Exporter's business name, address, country)	Reference No. **GENERALIZED SYSTEM OF PREFERENCES** **CERTIFICATE OF ORIGIN** (Combinced declaration and certificate) **FORM A** Issued in THE PEOPLE'S REPUBLIC OF CHINA (country) See Notes overleaf
2. Goods Consigned to (Consignee's name, address, country)	
3. Means of Transport and Route (as far as known)	4. For Official Use

5. Item number	6. Marks and numbers of packages	7. Number and kind of packages, description of goods	8. Origin criterion (see Notes overleaf)	9. Gross Weight or other quantity	10. Number and date or invoice

11. Certification It is hereby certified, on the basis of control carried out, that the declaration by the exporter is correct. Place and date, signature and stamp of certifying authority	12. Declaration by the exporter The undersigned hereby declares that the above details and statements are correct; that all the goods were produced in CHINA (country) and that they comply with the origin requirements specified for those goods in the Generalized System of Preferences for goods exported to (IMPORTING COUNTRY) Place and date, signature and stamp of anthorized signatory

3.《亚太贸易协定》原产地证

CERTIFICATE OF ORIGIN
Asia-Pacific Trade Agreement

(Combined declaration and certificate)

1. Goods consigned from (Exporter's business name, address, country)	Reference No. Issued in .... (country)
2. Goods consigned to (Consignee's name, address, country)	3. For official use

4. Means of transport and route

5. Tariff item number:	6. Marks and numbers of packages:	7. Number and kind of packages/ description of goods:	8. Origin criterion (see notes overleaf)	9. Gross weight or other quantity:	10. Number and date of inyoices:

11. Declaration by the exporter The undersigned hereby declares that the above details and statements are correct; that all the goods were produced in .... (country) and that they comply with the origin requirements specified for these goods in the Asia-Pacific Trade Agreement for goods exported to .... (Importing Country) .... Place and date, signature of authorized Signatory	12. Certification It is hereby certified on the basis of control carried out, that the declaration by the exporter is correct. .... Place and date, signature and stamp of Certifying Authority

4.《中国—东盟自由贸易区》优惠原产地证书 FORM E

1. Goods consigned from (Exporter's business name, address, country)	Reference No. **ASEAN–CHINA FREE TRADE AREA PREFERENTIAL TARIFF CERTIFICATE OF ORIGIN** **(Combined Declaration and Certificate)**
2. Goods consigned to (Consignee's name, address, country)	**FORM E** Issued in <u>THE PEOPLE'S REPUBLIC OF CHINA</u> (Country) See Notes overleaf
3. Meane of transport and route (as far as known) Departure date Vessel's name/Aircraft, etc. Port of discharge	4. For official use ☐ Preferential Treatment Given Under ASEAN–CHINA Free Trade Area Preferential Tariff _____ ☐ Preferential Treatment Not Given (Please state reason/s) _____ ------------------------------------ Signature of Authorised Signatory of the Importing Country

5. Item number	6. Marks and numbers on packages	7. Number and type of packages, description of goods (including quantity where appropriate and HS number of the inporting Country)	8. Origin criterion (see Notes overleaf)	9. Gross weight or other quantity and value (FOB)	10. Number and date of invoices

11. Declaration by the exporter The undersigned hereby declared that the above details and Statement are correct; that all the goods were produced in _____ CHINA _____ (Country) and that they comply with the origin requirements specified for these goods in the ASEAN–CHINA Free Treade Area Preferential Tariff for the goods exported to _____ (Importing Country) _____ Place and date, signature of authorised signatory	12. Certification It is hereby certified, on the basis of control carried out, that the Declaration by the exporter is correct. _____ Place and date, signature and stamp of certifying authority

5. 品质检验证书

中华人民共和国出入境检验检疫
ENTRY-EXIT INSPECTION AND QUARANTINE
OF THE PEOPLE'S REPUBLIC OF CHINA

正本
ORIGINAL

品 质 证 书
QUALITY OF CERTIFICATE

编号
No.

发货人
Consignor _____

收货人
Consignee _____

品名　　　　　　　　　　　　　　　　　　　　　　　标记及号码
Description of Goods_____　Marks & No.

报检数量 / 重量
Quantity / Weight Declared _____

包装种类及数量
Number & Type of Packing _____

运输工具
Means of Conveyance _____

检验结果
Results of Inspection:

印章　　　签证地点 Place of Issue _____ 签发日期 Date of Issue_____
Official Stamp
　　　　　授权签字人 Authorized Officer_____ 签名 Signature_____

四、保险单据

中保财产保险有限公司
The people insurance (property) company of china.Ltd

发票号码：　　　　　　　　　　　　　　　　　　　　　保险单号次：

海 洋 货 物 运 输 保 险 单
MARINE CARGO TRANSPORTATION INSURANCE POLITY

被保险人：
Insured：

中保财产保险有限公司（以下简称本公司）根据被保险人的要求，及其所缴付约定的保险费，按照本保险单承担险别和背面所载条款与下列特别条款承保下列货物运输保险，特签发本保险单。

　　This policy of insurance withnesses that the people insurance (property) company of china, Ltd. (hereinafter called "The Company"), at the request of the insured and in consideration of the agreed premium paid by the insured, undertakes to insure the undermentioned goods in transportation subject to the conditions of the policy as per the clauses printed overleaf and other special clauses attached hereon.

保险货物项目 Discription of Goods	包装　单位　数量 Packing　Unit　Quantity	保险金额 Amount Insured

承保险别　　　　　　　　　　　　　　　　　　　　货物标记
Condition　　　　　　　　　　　　　　　　　　　　Marks of Goods：

总保险金额：
Total Amount insured：_____

保费_____　装载运输工具_____　开航日期_____
Premium　As arranged　Per conveyance S.S _____ Sig.on or abt _____
起运港　　　　　　　　　　　目的港
From　　　　　　　　　　　　To

所保货物，如发生本保险单项下可能引起索赔的损失或损坏，应立即通知本公司下述代理人查勘。如有索赔，应向本公司提交保险单正本（本保险单共有__份正本）及有关文件。如一份正本已用于索赔，其余正本则自动色效。

　　In the event of loss or damage which may result in a claim under this Policy, immediate notice must be given to the company agent as mentioned hereunder.Claims, if any, one of the Original Policy wich has been issued in __ Original(s) together with the relevant documents shall be surrendered to the company.If one of the Original Policy has been accomplished, the others to be void.

　　　　　　　　　　　　　　　　　　　　　　　　　　中保财产保险有限公司

赔款偿付地点
Claim payable at _____
日期　　　　　　　　　　　在
Date _____　at _____
地址：
Address：

五、运输单据

1. 海运提单

Shipper		B/L NO. （　　）
Consignee		
Notify Party		**COSCO　ORIGINA** 中国远洋运输公司 **BILL OF LADING**

* Pre carriage by	* Place of Receipt
Ocean Vessel Voy.No.	Port of Loading
Port of discharge	* Place of Delivery

Marks& Nos. Container/Seal No.	No. of Containers Or Packages	Description of Goods(if Dangerous Goods, See Clause 20)	Gross weight Kgs	Measurement
		Description of Contents for Shipper's Use Only(Not part of This B/L Contract)		

10. Total Number of containers and/or packages(In words)
    Subject to Clause 7 Limitation

11.Freight & Charges	Revenue Tons	Rate	Per	Prepaid	Collect

Ex Rate：	Prepaid at	Payable at	Place and date of issue
	Total Prepaid	No.of Original B(s)/l	Signed for the carrier, COSCO CONTAINER LINES

LADEN ON BOARD THE VESSEL
DATE　　　　　　BY

* Applicable only when document used as a Through Bill of Loading

2. 航空主运单

Shipper's Name and Address	Shipper's Account Number	Not negotiable
		Air Waybill　　中国东方航空公司 Issued by　**CHINA EASTERN AIRLINES** **2250 HONGQIAO ROAD** **SHANGHAI CHINA**
Consignee's Name and Address	Consignee's Account Number	Copies 1, 2 and 3 this Air Waybill are originals and have the same validity
		It is agreed that goods described herein are accepted in apparent good order and condition (except as noted) for carriage SUBJECT TO THE CONDITIONS OF CONTRACT ON THE REVERSE HEREOF. ALL GOODS MAY BE CARRIED BY ANY OTHER MEANS INCLUDING ROAD OR ANY OTHER CARRIER UNLESS SPECIFIC CONTRARY INSTRUCTIONS ARE GIVEN HEREON BY THE SHIPPER, AND SHIPPER AGREES THAT THE SHIPPMENT MAY BE CARRIED VIA INTERMEDIATE STOPPING PLACES WHICH THE CARRIER DEEMS APPROPRIATE. THE SHIPPER'S ATTENTION IS DRAWN TO THE NOTICE CONCERNING CARRIER'S LIMITATION OF LIABILITY. Shipper may increase such limitation of liability by declaring a higher value for carriage and paying a supplemental charge if required.
Issuing Carrier's Agent Name and City		Accounting Information
Agent's IATA Code	Account No.	

Airport of Departure (Addr. Of First Carrier) and Requested Routing

To	By First Carrier	Routing and Destination	To	By	To	By	Currency	CHGS Code	WT/VAL PPD COLL	Other PPD COLL	Declared Value for Carrier	Declared Value for Customs

Airport of Destination	For Carrier Use Only	Amount of Insurance	If shipper requests insurance in accordance with the conditions thereof indicate amount to be insures in figures in box marked "Amount of Insurance".

Handing Information

No. of place RCP	Gross kg Weight	lb	Rate Class / Commodity Item No.	Chargeable Weight	Rate/Charge	Total	Nature and Quantity of Goods (Incl. Dimensions or Volume)

Prepaid	Weight Charge	Collect	Other Charges
	Valuation Charge		
	Tax		
	Total other Charges Due Agent		Shipper certifies that particular's on the face hereof are correct and agrees THE CONDITIONS ON REVERSE HEREOF:
	Total other Charges Due Carrier		
			.... Signature Shipper or his Agent
Total Prepaid		Total Collect	Carrier certifies that the goods described hereon are accepted for carriage subject to THE CONDITION OF CONTRACT ON THE REVERSE HEREOF. The goods then being in apparent good order and condition except as noted hereon.
Currency Conversion Rate		CC Charges in Dest. Currency	
			Executed on (date)　　　　at (place)　　　　Signature of issuing Carrier
For Carriers Use only at Destination		Charges at Destination	Total Collect Charges

789-3905-0933

3. 航空分运单

AIRPORT OF DEPARTURE		AIRPORT OF DESTINATION			MASTER AIR WAY BILL NUMBER		AIR WAY BILL NUMBER No. 322297
\multicolumn{7}{l	}{ROUTING AND DESTINATION}	NOT NEGOTIABLE **AIR WAYBILL** (AIR CONSIGNMENT NOTE) ISSUED BY 中国对外贸易运输总公司 China National Foreign Trade Transportation Corporation Beijing, China. Member of FIATA
TO	BY FIRST CARRIER	TO	BY	TO	BY		
\multicolumn{2}{l	}{CONSIGNEE'S ACCOUNT NUMBER}	\multicolumn{4}{l	}{CONSIGNEE'S NAME AND ADDRESS}		Copies 1, 2 and 3 of this Air Waybill are originals and have the same validity. It is agreed that the goods described herein are accepted in apparent good order and condition (except as noted) for carriage SUBJECT TO THE CONDITIONS OF CONTRACT ON THE REVERSE HEREOF, THE SHIPPER'S ATTENTION IS DRAWN TO THE NOTICE CONCERNING CARRIERS'LIMITATION OF LIABILITY. Shipper may increase such limitation of liability by declaring a higher value for carriage and paying a supplemental charge if required.
\multicolumn{6}{c	}{ALSO NOTIFY}	\multicolumn{2}{l	}{EXECUTED ON.................AT.................. (Date) (Place) SIGNATURE OF ISSUING CARRIER OR HIS AGENT ....}
\multicolumn{2}{l	}{SHIPPER'S ACCOUNT NUMBER}	\multicolumn{4}{l	}{SHIPPER'S NAME AND ADDRESS}		

CURRENCY	WTNAL		OTHER		DECLARED VALUE FOR CARRIAGE	DECLARED VALUE FOR CUSTOMS	AMOUNT OF INSURANCE	INSURANCE. If Carrier offers insurance, and such insurance is iequested in accordance with conditions on reverse hereof. indicate amount to be insured in figures in box marked amount of insurance
	PPD	COLL	PPD	COLL				

NO. OF PACKAGES RCP	ACTUAL GROSS WEIGHT	Kg/ib	RATE CLASS	CHARGEABLE WEIGHT	RATE	WEIGHT CHARGE	NATURE AND QUANTITY OF GOODS (INCL. DIMENSIONS OR VOLUME)
			COMMODITY ITEM NO.				

SPECIAL HANDLING INFORMATION (INCLUDING MARKS, NUMBERS AND METHOD OF PACKING)

P R E P A I D	WEIGHT CHARGE	OTHER CHARGES	TOTAL OTHER CHARGES	
	VALUATION CHARGE		TOTAL PREPAID	
C O L L E C T	WEIGHT CHARGE	OTHER CHARGES	TOTAL OTHER CHARGES	
	VALUATION CHARGE		TOTAL COLLECT	

The shipper Certifies that the particulars on the face here of are correct and agrees to the Conditions of Carriage of the carrier

No.322297

ORIGINAL 3 (FOR SHIPPER)

4. 承运货物收据

<table>
<tr><td colspan="2" align="center">中国对外贸易运输公司上海分公司
承 运 货 物 收 据
CARGO RECEIPT
第一联　（凭提货物）</td><td>运编 No. _____
发票 No. _____
合约 No. _____</td></tr>
<tr><td colspan="2">委托人：
Shipper</td><td colspan="2">收货人：
Consignee

通知：
Notify</td></tr>
<tr><td colspan="2">自　From</td><td colspan="2">至　To</td></tr>
<tr><td colspan="2">发据装车　日　期：</td><td colspan="2">车号：Car No.</td></tr>
</table>

标　记 Marks & Nos.	件　数 Packages	货物名称 Description of Goods	附　记 Remarks

全程运费在　　付讫 FREIGHT PREPAID AT	请向下列地点接洽提货 For Delivery Apply to:

中国对外贸易运输公司上海分公司

押汇银行签收　　　　收货人签收
Bank's Endorsement　　Consignee's Signature

六、资金单据

1. 汇票

```
                    BILL OF EXCHANGE
DRAWN UNDER _____, L/CNO. _____
DATED: _____, PAYABLE WITH INTEREST @ _____%_____
NO.: _____ EXCHANGE FOR _____ SHANGHAI,CHINA _____
AT _____ SIGHT OF THIS SECOND OF EXCHANGE( FIRST OF EXCHANGE
BEING UNPAI) PAY _____
OR ORDER
THE SUM OF _____
TO: _____
```

2. 支票

| 中国工商银行 支票 | B G / 0 2 28490241 |

出票日期(大写)　　　　年　月　日　　付款行名称：
收款人：　　　　　　　　　　　　　　出票人帐号：**20020209083000690 03**

人民币(大写)　　　　　　　　　　　亿仟百十万千百十元角分

本支票付款期限十天

用途_____
上列款项请从
我账户内支付　　　　　　　　　　　　科目(借)_____
出票人签章　　　　　　　　　　　　　对方科目(贷)_____
　　　　　　　　　　　　　　　　　　复核　　　记账

3. 本票

付款期限 ×个月	××银行		
	本 票 2	地名 本票号码	
	出票日期（大写）	年　月　日	
收款人：		申请人：	
凭票即付 人民币（大写）			
转账	现金		
备注：			
		出票行签章　出纳　复核　记账	
(使用清分机的，此区域供打印磁性字码)			

此联出票行结清本票时作借方凭证

规格：8×17cm（专用水印纸蓝油墨）

七、其他单据

1. 受益人证明

BENEFICIARY'S CERTIFICATE RE: DATE: TO WHOM IT MAY CONCERN:

2. 装船通知

SHIPPING ADVICE

DATE:

RE:

参考文献

[1] 舒红.国际贸易结算实务[M].北京:中国商务出版社,2004.

[2] 刘伟奇.国际商务单证实务[M].上海:复旦大学出版社,2004.

[3] 吴百福.进出口贸易实务[M].上海:上海人民出版社,2005.

[4] 周玮,朱明.国际贸易结算单据[M].广州:广东经济出版社,2003.

[5] 周树玲.外贸单证实务[M].北京:对外经济贸易大学出版社,2002.

[6] 祝卫.出口贸易模拟操作教程[M].上海:上海人民出版社,2004.

[7] 全国国际商务单证培训与考试认证办公室.国际商务单证理论与实务[M].北京:中国商务出版社,2007.

[8] 张芝萍.外贸单证实务[M].上海:上海交通大学出版社,2011.

[9] 张芝萍.服装贸易单证实务[M].北京:中国纺织出版社,2008.

[10] 祝卫,程洁,谈英.国际贸易操作能力实用教程[M].上海:上海人民出版社,2006.

附录一　跟单信用证统一惯例(UCP600)

第一条　UCP 的适用范围

《跟单信用证统一惯例——2007 年修订本,国际商会第 600 号出版物》(简称"UCP")乃一套规则,适用于所有在其文本中明确表明受本惯例约束的跟单信用证(下称信用证)(在其可适用的范围内,包括备用信用证)。除非信用证明确修改或排除,本惯例各条文对信用证所有当事人均具有约束力。

第二条　定义

就本惯例而言

通知行　指应开证行的要求通知信用证的银行。

申请人　指要求开立信用证的一方。

银行工作日　指银行在其履行受本惯例约束的行为的地点正常开业的一天。

受益人　指接受信用证并享受其利益的一方。

相符交单　指与信用证条款、本惯例的相关适用条款以及国际标准银行实务一致的交单。

保兑　指保兑行在开证行承诺之外做出的承付或议付相符交单的确定承诺。

保兑行　指根据开证行的授权或要求对信用证加具保兑的银行。

信用证　指一项不可撤销的安排,无论其名称或描述如何,该项安排构成开证行对相符交单予以承付的确定承诺。

承付　指:a. 如果信用证为即期付款信用证,则即期付款。b. 如果信用证为延期付款信用证,则承诺延期付款并在承诺到期日付款。c. 如果信用证为承兑信用证,则承兑受益人开出的汇票并在汇票到期日付款。

开证行　指应申请人要求或者代表自己开出信用证的银行。

议付　指指定银行在相符交单下,在其应获偿付银行工作日当天或之前向受益人预付或者同意预付款项,从而购买汇票(其付款人为指定银行以外的其他银行)及/或单据的行为。

指定银行　指信用证可在其处兑用的银行,如信用证可在任一银行兑用,则任何银行均为指定银行。

交单　指向开证行或指定银行提交信用证项下单据的行为,或指按此方式提交的单据。

交单人　指实施交单行为的受益人、银行或其他人。

第三条　解释

就本惯例而言

如情形适用,单数词形包含复数含义,复数词形包含单数含义。

信用证是不可撤销的,即使未如此表明。

单据签字可用手签、摹样签字、穿孔签字、印戳、符号或任何其他机械或电子的证实方法为之。

诸如单据须履行法定手续、签证、证明等类似要求,可由单据上任何看似满足该要求的签字、标记、印戳或标签来满足。

一家银行在不同国家的分支机构被视为不同的银行。

用诸如"第一流的"、"著名的"、"合格的"、"独立的"、"正式的"、"有资格的"或"本地的"等词语描述单据的出单人时,允许除受益人之外的任何人出具该单据。

除非要求在单据中使用,否则诸如"迅速地"、"立刻地"或"尽快地"等词语将被不予理会。

"在或大概在(on or about)"或类似用语将被视为规定事件发生在指定日期的前后五个日历日之间,起讫日期计算在内。

"至(to)"、"直至(until,till)"、"从……开始(from)"及"在……之间(between)"等词用于确定发运日期时包含提及的日期,使用"在……之前(before)"及"在……之后(after)"时则不包含提及的日期。

"从……开始(from)"及"在……之后(after)"等词用于确定到期日时不包含提及的日期。

"前半月"及"后半月"分别指一个月的第一～第十五日及第十六日到该月的最后一日,起讫日期计算在内。

一个月的"开始(beginning)"、"中间(middle)"及"末尾(end)"分别指第一～第十日、第十一～第二十日及第二十一日到该月的最后一日,起讫日期计算在内。

第四条　信用证与合同

a. 就其性质而言,信用证与可能作为其开立基础的销售合同或其他合同是相互独立的交易,即使信用证中含有对此类合同的任何援引,银行也与该合同无关,且不受其约束。因此,银行关于承付、议付或履行信用证项下其他义务的承诺,不受申请人基于其与开证行或与受益人之间的关系而产生的任何请求或抗辩的影响。

受益人在任何情况下不得利用银行之间或申请人与开证行之间的合同关系。

b. 开证行应劝阻申请人试图将基础合同、形式发票等文件作为信用证组成部分的做法。

第五条　单据与货物、服务或履约行为

银行处理的是单据,而不是单据可能涉及的货物、服务或履约行为。

第六条　兑用方式、截止日和交单地点

a. 信用证必须规定可在其处兑用的银行,或是否可在任一银行兑用。规定在指定银行兑用的信用证同时也可以在开证行兑用。

b. 信用证必须规定其是以即期付款、延期付款、承兑还是议付的方式兑用。

c. 信用证不得开成凭以申请人为付款人的汇票兑用。

d.

i. 信用证必须规定一个交单的截止日。规定的承付或议付的截止日将被视为交单的截止日。

ii. 可在其处兑用信用证的银行所在地即为交单地点。可在任一银行兑用的信用证,其交单地点为任一银行所在地。除规定的交单地点外,开证行所在地也是交单地点。

e. 除非如第二十九条 a 款规定的情形,否则受益人或者代表受益人的交单应在截止日当天或之前完成。

第七条 开证行责任

a. 只要规定的单据提交给指定银行或开证行,并且构成相符交单,则开证行必须承付,如果信用证为以下情形之一:

i. 信用证规定由开证行即期付款、延期付款或承兑;

ii. 信用证规定由指定银行即期付款,但其未付款;

iii. 信用证规定由指定银行延期付款,但其未承诺延期付款,或虽已承诺延期付款,但未在到期日付款;

iv. 信用证规定由指定银行承兑,但其未承兑以其为付款人的汇票,或虽承兑了汇票,但未在到期日付款;

v. 信用证规定由指定银行议付,但其未议付。

b. 开证行自开立信用证之时起即不可撤销地承担承付责任。

c. 指定银行承付或议付相符交单并将单据转给开证行之后,开证行即承担偿付该指定银行的责任。对承兑或延期付款信用证下相符交单金额的偿付应在到期日办理,无论指定银行是否在到期日之前预付或购买了单据。开证行偿付指定银行的责任独立于开证行对受益人的责任。

第八条 保兑行责任

a. 只要规定的单据提交给保兑行,或提交给其他任何指定银行,并且构成相符交单,保兑行必须:

i. 承付,如果信用证为以下情形之一:

- 信用证规定由保兑行即期付款、延期付款或承兑;
- 信用证规定由另一指定银行即期付款,但其未付款;
- 信用证规定由另一指定银行延期付款,但其未承诺延期付款,或虽已承诺延期付款,但未在到期日付款;
- 信用证规定由另一指定银行承兑,但其未承兑以其为付款人的汇票,或虽已承兑汇票,但未在到期日付款;
- 信用证规定由另一指定银行议付,但其未议付。

ii. 无追索权地议付,如果信用证规定由保兑行议付。

b. 保兑行自对信用证加具保兑之时起即不可撤销地承担承付或议付的责任。

c. 其他指定银行承付或议付相符交单并将单据转往保兑行之后,保兑行即承担偿付该指定银行的责任。对承兑或延期付款信用证下相符交单金额的偿付应在到期日办理,无论指定银行是否在到期日之前预付或购买了单据。保兑行偿付指定银行的责任独立于保兑行对受益人的责任。

d. 如果开证行授权或要求一银行对信用证加具保兑,而其并不准备照办,则其必须毫不延误地通知开证行,并可通知此信用证而不加保兑。

第九条　信用证及其修改的通知

a. 信用证及其任何修改可以经由通知行通知给受益人。非保兑行的通知行通知信用证及修改时不承担承付或议付的责任。

b. 通知行通知信用证或修改的行为表示其已确信信用证或修改的表面真实性,而且其通知准确地反映了其收到的信用证或修改的条款。

c. 通知行可以通过另一银行("第二通知行")向受益人通知信用证及修改。第二通知行通知信用证或修改的行为表明其已确信收到的通知的表面真实性,并且其通知准确地反映了收到的信用证或修改的条款。

d. 经由通知行或第二通知行通知信用证的银行必须经由同一银行通知其后的任何修改。

e. 如一银行被要求通知信用证或修改,但其决定不予通知,则应毫不延误地告知自其处收到信用证、修改或通知的银行。

f. 如一银行被要求通知信用证或修改,但其不能确信信用证、修改或通知的表面真实性,则应毫不延误地通知看似从其处收到指示的银行。如果通知行或第二通知行决定仍然通知信用证或修改,则应告知受益人或第二通知行其不能确信信用证、修改或通知的表面真实性。

第十条　修改

a. 除第三十条另有规定外,未经开证行、保兑行(如有的话)及受益人同意,信用证既不得修改,也不得撤销。

b. 开证行自发出修改之时起,即不可撤销地受其约束。保兑行可将其保兑扩展至修改,并自通知该修改之时,即不可撤销地受其约束。但是,保兑行可以选择将修改通知受益人而不对其加具保兑。若然如此,其必须毫不延误地将此告知开证行,并在其给受益人的通知中告知受益人。

c. 在受益人告知通知修改的银行其接受该修改之前,原信用证(或含有先前被接受的修改的信用证)的条款对受益人仍然有效。受益人应提供接受或拒绝修改的通知。如果受益人未能给予通知,当交单与信用证以及尚未表示接受的修改的要求一致时,即视为受益人已作出接受修改的通知,并且从此时起,该信用证被修改。

d. 通知修改的银行应将任何接受或拒绝的通知转告发出修改的银行。

e. 对同一修改的内容不允许部分接受,部分接受将被视为拒绝修改的通知。

f. 修改中关于除非受益人在某一时间内拒绝修改否则修改生效的规定应被不予理会。

第十一条　电信传输的和预先通知的信用证和修改

a. 以经证实的电信方式发出的信用证或信用证修改即被视为有效的信用证或修改文据,任何后续的邮寄确认书应被不予理会。

如电信声明"详情后告"(或类似用语)或声明以邮寄确认书为有效信用证或修改,则该电信不被视为有效信用证或修改。开证行必须随即不迟延地开立有效信用证或修改,其条款不得与该电信矛盾。

b. 开证行只有在准备开立有效信用证或作出有效修改时,才可以发出关于开立或修改信用证的初步通知(预先通知)。开证行作出该预先通知,即不可撤销地保证不迟延地开立或修改信用证,且其条款不能与预先通知相矛盾。

第十二条　指定

a. 除非指定银行为保兑行,对于承付或议付的授权并不赋予指定银行承付或议付的义务,除非该指定银行明确表示同意并且告知受益人。

b. 开证行指定一银行承兑汇票或做出延期付款承诺,即为授权该指定银行预付或购买其已承兑的汇票或已做出的延期付款承诺。

c. 非保兑行的指定银行收到或审核并转递单据的行为并不使其承担承付或议付的责任,也不构成其承付或议付的行为。

第十三条　银行之间的偿付安排

a. 如果信用证规定指定银行("索偿行")向另一方("偿付行")获取偿付时,必须同时规定该偿付是否按信用证开立时有效的 ICC 银行间偿付规则进行。

b. 如果信用证没有规定偿付遵守 ICC 银行间偿付规则,则按照以下规定:

i. 开证行必须给予偿付行有关偿付的授权,授权应符合信用证关于兑用方式的规定,且不应设定截止日。

ii. 开证行不应要求索偿行向偿付行提供与信用证条款相符的证明。

iii. 如果偿付行未按信用证条款见索即偿,开证行将承担利息损失以及产生的任何其他费用。

iv. 偿付行的费用应由开证行承担。然而,如果此项费用由受益人承担,开证行有责任在信用证及偿付授权中注明。如果偿付行的费用由受益人承担,该费用应在偿付时从付给索偿行的金额中扣取。如果偿付未发生,偿付行的费用仍由开证行负担。

c. 如果偿付行未能见索即偿,开证行不能免除偿付责任。

第十四条　单据审核标准

a. 按指定形式的指定银行、保兑行(如果有的话)及开证行须审核交单,并仅基于单据本身确定其是否在表面上构成相符交单。

b. 按指定形式的指定银行、保兑行(如有的话)及开证行各有从交单次日起的至多五个银行工作日用以确定交单是否相符。这一期限不因在交单日当天或之后信用证截止日或最迟交单日截止而受到缩减或影响。

c. 如果单据中包含一份或多份受第十九条、第二十条、第二十一条、第二十二条、第二十三条、第二十四条或第二十五条规制的正本运输单据,则须由受益人或其代表在不迟于本惯例所指的发运日之后的 21 个日历日内交单,但是在任何情况下都不得迟于信用证的截止日。

d. 单据中的数据在与信用证、单据本身以及国际标准银行实务参照解读时,无须与该单据本身中的数据、其他要求的单据或信用证中的数据等同一致,但不得矛盾。

e. 除商业发票外,其他单据中的货物、服务或履约行为的描述,如果有,可使用与信用证中的描述不矛盾的概括性用语。

f. 如果信用证要求提交运输单据、保险单据或者商业发票之外的单据,却未规定出单人或其数据内容,则只要提交的单据内容看似满足所要求单据的功能,且其他方面符合第十四条 d 款,银行将接受该单据。

g. 提交的非信用证所要求的单据将被不予理会,并可被退还给交单人。

h. 如果信用证含有一项条件,但未规定用以表明该条件得到满足的单据,银行将视为未作规定并不予理会。

i. 单据日期可以早于信用证的开立日期,但不得晚于交单日期。

j. 当受益人和申请人的地址出现在任何规定的单据中时,无须与信用证或其他规定单据中所载相同,但必须与信用证中规定的相应地址同在一国。联络细节(传真、电话、电子邮件及类似细节)作为受益人和申请人地址的一部分时将被不予理会。然而,如果申请人的地址和联络细节为第十九条、第二十条、第二十一条、第二十二条、第二十三条、第二十四条或第二十五条规定的运输单据上的收货人或通知方细节的一部分时,应与信用证规定的相同。

k. 在任何单据中注明的托运人或发货人无须为信用证的受益人。

l. 运输单据可以由任何人出具,无须为承运人、船东、船长或租船人,只要其符合第十九条、第二十条、第二十一条、第二十二条、第二十三条或第二十四条的要求。

第十五条 相符交单

a. 当开证行确定交单相符时,必须承付。

b. 当保兑行确定交单相符时,必须承付或者议付并将单据转递给开证行。

c. 当指定银行确定交单相符并承付或议付时,必须将单据转递给保兑行或开证行。

第十六条 不符单据、放弃及通知

a. 当按照指定形式的指定银行、保兑行(如有的话)或者开证行确定交单不符时,可以拒绝承付或议付。

b. 当开证行确定交单不符时,可以自行决定联系申请人放弃不符点。然而这并不能延长第十四条 b 款所指的期限。

c. 当按照指定形式的指定银行、保兑行(如有的话)或开证行决定拒绝承付或议付时,必须给予交单人一份单独的拒付通知。

该通知必须声明：

i. 银行拒绝承付或议付；及

ii. 银行拒绝承付或者议付所依据的每一个不符点；及

iii.
- 银行留存单据听候交单人的进一步指示；或者
- 开证行留存单据直到其从申请人处接到放弃不符点的通知并同意接受该放弃，或者其同意接受对不符点的放弃之前从交单人处收到其进一步指示；或者
- 银行将退回单据；或者
- 银行将按之前从交单人处获得的指示处理。

d. 第十六条 c 款要求的通知必须以电信方式，如不可能，则以其他快捷方式，在不迟于自交单之翌日起第五个银行工作日结束前发出。

e. 按照指定形式的指定银行、保兑行（如有的话）或开证行在按照第十六条 c 款 iii 项前两条发出了通知之后，可以在任何时候将单据退还交单人。

f. 如果开证行或保兑行未能按照本条形式，则无权宣称交单不符。

g. 当开证行拒绝承付或保兑行拒绝承付或者议付，并且按照本条发出了拒付通知后，有权要求返还已偿付的款项及利息。

第十七条　正本单据及副本

a. 信用证规定的每一种单据须至少提交一份正本。

b. 银行应将任何带有看似出单人的原始签名、标记、印戳或标签的单据视为正本单据，除非单据本身表明其非正本。

c. 除非单据本身另有说明，在以下情况下，银行也将其视为正本单据：

i. 单据看似由出单人手写、打字、穿孔或盖章；或者

ii. 单据看似使用出单人的原始信纸出具；或者

iii. 单据声明其为正本单据，除非该声明看似不适用于提交的单据。

d. 如果信用证要求提交单据的副本，提交正本或副本均可。

e. 如果信用证使用诸如"一式两份（in duplicate）"、"两份（in two folds）"、"两套（in two copies）"等用语要求提交多份单据，则提交至少一份正本，其余使用副本即可满足要求，除非单据本身另有说明。

第十八条　商业发票

a. 商业发票：

i. 必须看似由受益人出具（第三十八条规定的情形除外）；

ii. 必须出具成以申请人为抬头（第三十八条 g 款规定的情形除外）；

iii. 必须与信用证的货币相同；且

iv. 无须签名。

b. 按指定形式的指定银行、保兑行(如有的话)或开证行可以接受金额大于信用证允许金额的商业发票,其决定对有关各方均有约束力。只要该银行对超过信用证允许金额的部分未作承付或者议付。

c. 商业发票上的货物、服务或履约行为的描述应该与信用证中的描述一致。

第十九条　涵盖至少两种不同运输方式的运输单据

a. 涵盖至少两种不同运输方式的运输单据(多式或联合运输单据),无论名称如何,必须看似:

i. 表明承运人名称并由以下人员签署:

• 承运人或其具名代理人,或

• 船长或其具名代理人。

承运人、船长或代理人的任何签字,必须标明其承运人、船长或代理人的身份。

代理人签字必须表明其系代表承运人还是船长签字。

ii. 通过以下方式表明货物已经在信用证规定的地点发送、接管或已装船。

• 事先印就的文字,或者

• 表明货物已经被发送、接管或装船日期的印戳或批注。

运输单据的出具日期将被视为发送、接管或装船的日期,也即发运的日期。然而如单据以印戳或批注的方式表明了发送、接管或装船日期,该日期将被视为发运日期。

iii. 表明信用证规定的发送、接管或发运地点以及最终目的地,即使:

• 该运输单据另外还载明了一个不同的发送、接管或发运地点或最终目的地,或者,

• 该运输单据载有"预期的"或类似的关于船只、装货港或卸货港的限定语。

iv. 为唯一的正本运输单据,或者

v. 载有承运条款和条件,或提示承运条款和条件参见别处(简式/背面空白的运输单据)。银行将不审核承运条款和条件的内容。

vi. 未表明受租船合同约束。

b. 就本条而言,转运指在从信用证规定的发送、接管或者发运地点至最终目的地的运输过程中从某一运输工具上卸下货物并装上另一运输工具的行为(无论其是否为不同的运输方式)。

c.

i. 运输单据可以表明货物将要或可能被转运,只要全程运输由同一运输单据涵盖。

ii. 即使信用证禁止转运,注明将要或者可能发生转运的运输单据仍可接受。

第二十条　提单

a. 提单,无论名称如何,必须看似:

i. 表明承运人名称,并由下列人员签署:

• 承运人或其具名代理人,或者

• 船长或其具名代理人。

承运人、船长或代理人的任何签字必须标明其承运人、船长或代理人的身份。

代理人的任何签字必须标明其系代表承运人还是船长签字。

ii. 通过以下方式表明货物已在信用证规定的装货港装上具名船只：

● 预先印就的文字，或

● 已装船批注注明货物的装运日期。

提单的出具日期将被视为发运日期，除非提单载有表明发运日期的已装船批注，此时已装船批注中显示的日期将被视为发运日期。

如果提单载有"预期船只"或类似的关于船名的限定语，则需以已装船批注明确发运日期以及实际船名。

iii. 表明货物从信用证规定的装货港发运至卸货港。

如果提单没有表明信用证规定的装货港为装货港，或者其载有"预期的"或类似的关于装货港的限定语，则需以已装船批注表明信用证规定的装货港、发运日期以及实际船名。即使提单以事先印就的文字表明了货物已装载或装运于具名船只，本规定仍适用。

iv. 为唯一的正本提单，或如果以多份正本出具，为提单中表明的全套正本。

v. 载有承运条款和条件，或提示承运条款和条件参见别处（简式/背面空白的提单）。银行将不审核承运条款和条件的内容。

vi. 未表明受租船合同约束。

b. 就本条而言，转运系指在信用证规定的装货港到卸货港之间的运输过程中，将货物从一船卸下并再装上另一船的行为。

c.

i. 提单可以表明货物将要或可能被转运，只要全程运输由同一提单涵盖。

ii. 即使信用证禁止转运，注明将要或可能发生转运的提单仍可接受，只要其表明货物由集装箱、拖车或子船运输。

d. 提单中声明承运人保留转运权利的条款将被不予理会。

第二十一条　不可转让的海运单

a. 不可转让的海运单，无论名称如何，必须看似：

i. 表明承运人名称并由下列人员签署：

● 承运人或其具名代理人，或者

● 船长或其具名代理人。

承运人、船长或代理人的任何签字必须标明其承运人、船长或代理人的身份。

代理人签字必须标明其系代表承运人还是船长签字。

ii. 通过以下方式表明货物已在信用证规定的装货港装上具名船只：

● 预先印就的文字，或者

● 已装船批注表明货物的装运日期。

不可转让海运单的出具日期将被视为发运日期，除非其上带有已装船批注注明发运日期，此时已装船批注注明的日期将被视为发运日期。

如果不可转让海运单载有"预期船只"或类似的关于船名的限定语，则需要以已装船批注表明发运日期和实际船名。

iii. 表明货物从信用证规定的装货港发运至卸货港。

如果不可转让海运单未以信用证规定的装货港为装货港，或者如果其载有"预期的"或类似的关于装货港的限定语，则需要以已装船批注表明信用证规定的装货港、发运日期和船名。即使不可转让海运单以预先印就的文字表明货物已由具名船只装载或装运，本规定也适用。

iv. 为唯一的正本不可转让海运单，或如果以多份正本出具，为海运单上注明的全套正本。

v. 载有承运条款和条件，或提示承运条款和条件参见别处（简式/背面空白的海运单）。银行将不审核承运条款和条件的内容。

vi. 未注明受租船合同约束。

b. 就本条而言，转运系指在信用证规定的装货港到卸货港之间的运输过程中，将货物从一船卸下并装上另一船的行为。

c.

i. 不可转让海运单可以注明货物将要或可能被转运，只要全程运输由同一海运单涵盖。

ii. 即使信用证禁止转运，注明转运将要或可能发生的不可转让的海运单仍可接受，只要其表明货物装于集装箱、拖船或子船中运输。

d. 不可转让的海运单中声明承运人保留转运权利的条款将被不予理会。

第二十二条　租船合同提单

a. 表明其受租船合同约束的提单（租船合同提单），无论名称如何，必须看似：

i. 由以下人员签署：

- 船长或其具名代理人，或
- 船东或其具名代理人，或
- 租船人或其具名代理人。

船长、船东、租船人或代理人的任何签字必须标明其船长、船东、租船人或代理人的身份。

代理人签字必须表明其系代表船长、船东还是租船人签字。

代理人代表船东或租船人签字时必须注明船东或租船人的名称。

ii. 通过以下方式表明货物已在信用证规定的装货港装上具名船只：

- 预先印就的文字，或者
- 已装船批注注明货物的装运日期。

租船合同提单的出具日期将被视为发运日期，除非租船合同提单载有已装船批注注明发运日期，此时已装船批注上注明的日期将被视为发运日期。

iii. 表明货物从信用证规定的装货港发运至卸货港。卸货港也可显示为信用证规定的港口范围或地理区域。

iv. 为唯一的正本租船合同提单，或如以多份正本出具，为租船合同提单注明的全套正本。

b. 银行将不审核租船合同，即使信用证要求提交租船合同。

第二十三条　空运单据

a. 空运单据，无论名称如何，必须看似：

i. 表明承运人名称，并由以下人员签署：

- 承运人，或
- 承运人的具名代理人。

承运人或其代理人的任何签字必须标明其承运人或代理人的身份。

代理人签字必须表明其系代表承运人签字。

ii. 表明货物已被收妥待运。

iii. 表明出具日期。该日期将被视为发运日期，除非空运单据载有专门批注注明实际发运日期，此时批注中的日期将被视为发运日期。

空运单据中其他与航班号和航班日期有关的信息将不被用来确定发运日期。

iv. 表明信用证规定的起飞机场和目的地机场。

v. 为开给发货人或托运人的正本，即使信用证规定提交全套正本。

vi. 载有承运条款和条件，或提示条款和条件参见别处。银行将不审核承运条款和条件的内容。

b. 就本条而言，转运是指在信用证规定的起飞机场到目的地机场的运输过程中，将货物从一飞机卸下再装上另一飞机的行为。

c.

i. 空运单据可以注明货物将要或可能转运，只要全程运输由同一空运单据涵盖。

ii. 即使信用证禁止转运，注明将要或可能发生转运的空运单据仍可接受。

第二十四条　公路、铁路或内陆水运单据

a. 公路、铁路或内陆水运单据，无论名称如何，必须看似：

i. 表明承运人名称，并且

- 由承运人或其具名代理人签署，或者
- 由承运人或其具名代理人以签字、印戳或批注表明货物收讫。

承运人或其具名代理人的收货签字、印戳或批注必须标明其承运人或代理人的身份。

代理人的收货签字、印戳或批注必须标明代理人系代表承运人签字或行事。

如果铁路运输单据没有指明承运人，可以接受铁路运输公司的任何签字或印戳作为承运人签署单据的证据。

ii. 表明货物在信用证规定地点的发运日期，或者收讫待运或待发送的日期。运输单据的出具日期将被视为发运日期，除非运输单据上盖有带日期的收货印戳，或注明了收货日期或发运日期。

iii. 表明信用证规定的发运地及目的地。

b.

i. 公路运输单据必须看似为开给发货人或托运人的正本，或没有任何标记表明单据开给何人。

ii. 注明"第二联"的铁路运输单据将被作为正本接受。

iii. 无论是否注明正本字样,铁路或内陆水运单据都被作为正本接受。

c. 如运输单据上未注明出具的正本数量,提交的份数即视为全套正本。

d. 就本条而言,转运是指在信用证规定的发运、发送或运送的地点到目的地之间的运输过程中,在同一运输方式中从一运输工具卸下再装上另一运输工具的行为。

e.

i. 只要全程运输由同一运输单据涵盖,公路、铁路或内陆水运单据可以注明货物将要或可能被转运。

ii. 即使信用证禁止转运,注明将要或可能发生转运的公路、铁路或内陆水运单据仍可接受。

第二十五条 快递收据、邮政收据或投邮证明

a. 证明货物收讫待运的快递收据,无论名称如何,必须看似:

i. 表明快递机构的名称,并在信用证规定的货物发运地点由该具名快递机构盖章或签字;并且

ii. 表明取件或收件的日期或类似词语。该日期将被视为发运日期。

b. 如果要求显示快递费用付讫或预付,快递机构出具的表明快递费由收货人以外的一方支付的运输单据可以满足该项要求。

c. 证明货物收讫待运的邮政收据或投邮证明,无论名称如何,必须看似在信用证规定的货物发运地点盖章或签署并注明日期。该日期将被视为发运日期。

第二十六条 "货装舱面"、"托运人装载和计数"、"内容据托运人报称"及运费之外的费用

a. 运输单据不得表明货物装于或者将装于舱面。声明货物可能被装于舱面的运输单据条款可以接受。

b. 载有诸如"托运人装载和计数"或"内容据托运人报称"条款的运输单据可以接受。

c. 运输单据上可以以印戳或其他方式提及运费之外的费用。

第二十七条 清洁运输单据

银行只接受清洁运输单据。清洁运输单据指未载有明确宣称货物或包装有缺陷的条款或批注的运输单据。"清洁"一词并不需要在运输单据上出现,即使信用证要求运输单据为"清洁已装船"的。

第二十八条 保险单据及保险范围

a. 保险单据,例如保险单或预约保险项下的保险证明书或者声明书,必须看似由保险公司或承保人或其代理人或代表出具并签署。

代理人或代表的签字必须表明其系代表保险公司或承保人签字。

b. 如果保险单据表明其以多份正本出具,所有正本均须提交。

c. 暂保单将不被接受。

d. 可以接受保险单代替预约保险项下的保险证明书或声明书。

e. 保险单据日期不得晚于发运日期,除非保险单据表明保险责任不迟于发运日生效。

f.
  i. 保险单据必须表明投保金额并以与信用证相同的货币表示。
  ii. 信用证对于投保金额为货物价值、发票金额或类似金额的某一比例的要求,将被视为对最低保额的要求。

如果信用证对投保金额未做规定,投保金额须至少为货物的 CIF 或 CIP 价格的 110%。

如果从单据中不能确定 CIF 或者 CIP 价格,投保金额必须基于要求承付或议付的金额,或者基于发票上显示的货物总值来计算,两者之中取金额较高者。

  iii. 保险单据须表明承保的风险区间至少涵盖从信用证规定的货物接管地或发运地开始到卸货地或最终目的地为止。

g. 信用证应规定所需投保的险别及附加险(如果有)。如果信用证使用诸如"通常风险"或"惯常风险"等含义不确切的用语,则无论是否有漏保之风险,保险单据将被照样接受。

h. 当信用证规定投保"一切险"时,如保险单据载有任何"一切险"批注或条款,无论是否有"一切险"标题,均将被接受,即使其声明任何风险除外。

i. 保险单据可以援引任何除外条款。

j. 保险单据可以注明受免赔率或免赔额(减除额)约束。

第二十九条 截止日或最迟交单日的顺延

a. 如果信用证的截止日或最迟交单日适逢接受交单的银行非因第三十六条所述原因而歇业,则截止日或最迟交单日,视何者适用,将顺延至其重新开业的第一个银行工作日。

b. 如果在顺延后的第一个银行工作日交单,指定银行必须在其致开证行或保兑行的面函中声明交单是在根据第二十九条 a 款顺延的期限内提交的。

c. 最迟发运日不因第二十九条 a 款规定的原因而顺延。

第三十条 信用证金额、数量与单价的伸缩度

a. "约"或"大约"用于信用证金额或信用证规定的数量或单价时,应解释为允许有关金额或数量或单价有不超过 10% 的增减幅度。

b. 在信用证未以包装单位件数或货物自身件数的方式规定货物数量时,货物数量允许有 5% 的增减幅度,只要总支取金额不超过信用证金额。

c. 如果信用证规定了货物数量,而该数量已全部发运及如果信用证规定了单价,而该单价又未降低,或当第三十条 b 款不适用时,则即使不允许部分装运,也允许支取的金额有 5% 的减幅。若信用证规定有特定的增减幅度或使用第三十条 a 款提到的用语限定数量,则该减幅不适用。

第三十一条 部分支款或部分发运

a. 允许部分支款或部分发运。

b. 表明使用同一运输工具并经由同次航程运输的数套运输单据在同一次提交时,只要显示相同目的地,将不视为部分发运,即使运输单据上表明的发运日期不同或装货港、接管地或发送地点不同。如果交单由数套运输单据构成,其中最晚的一个发运日将被视为发运日。

含有一套或数套运输单据的交单,如果表明在同一种运输方式下经由数件运输工具运输,即使运输工具在同一天出发运往同一目的地,仍将被视为部分发运。

c. 含有一份以上快递收据、邮政收据或投邮证明的交单,如果单据看似由同一快递或邮政机构在同一地点和日期加盖印戳或签字并且表明同一目的地,将不视为部分发运。

第三十二条 分期支款或分期发运

如信用证规定在指定的时间段内分期支款或分期发运,任何一期未按信用证规定期限支取或发运时,信用证对该期及以后各期均告失效。

第三十三条 交单时间

银行在其营业时间外无接受交单的义务。

第三十四条 关于单据有效性的免责

银行对任何单据的形式、充分性、准确性、内容真实性、虚假性或法律效力,或对单据中规定或添加的一般或特殊条件,概不负责;银行对任何单据所代表的货物、服务或其他履约行为的描述、数量、重量、品质、状况、包装、交付、价值或其存在与否,或对发货人、承运人、货运代理人、收货人、货物的保险人或其他任何人的诚信与否、作为或不作为、清偿能力、履约或资信状况,也概不负责。

第三十五条 关于信息传递和翻译的免责

当报文、信件或单据按照信用证的要求传输或发送时,或当信用证未作指示,银行自行选择传送服务时,银行对报文传输或信件或单据的递送过程中发生的延误、中途遗失、残缺或其他错误产生的后果,概不负责。

如果指定银行确定交单相符并将单据发往开证行或保兑行,无论指定银行是否已经承付或议付,开证行或保兑行必须承付或议付,或偿付指定银行,即使单据在指定银行送往开证行或保兑行的途中,或保兑行送往开证行的途中丢失。

银行对技术语的翻译或解释上的错误,不负责任,并可不加翻译地传送信用证条款。

第三十六条 不可抗力

银行对由于天灾、暴动、骚乱、叛乱、战争、恐怖主义行为或任何罢工、停工或其无法控制的任何其他原因导致的营业中断的后果,概不负责。

银行恢复营业时,对于在营业中断期间已逾期的信用证,不再进行承付或议付。

第三十七条 关于被指示方行为的免责

a. 为了执行申请人的指示,银行利用其他银行的服务,其费用和风险由申请人承担。

b. 即使银行自行选择了其他银行,如果发出的指示未被执行,开证行或通知行对此亦不负责。

c. 指示另一银行提供服务的银行有责任负担被指示方因执行指示而发生的任何佣金、手续费、成本或开支("费用")。

如果信用证规定费用由受益人负担,而该费用未能收取或从信用证款项中扣除,开证行依然承担支付此费用的责任。

信用证或其修改不应规定向受益人的通知以通知行或第二通知行收到其费用为条件。

d. 外国法律和惯例加诸于银行的一切义务和责任,申请人应受其约束,并就此对银行负补偿之责。

第三十八条　可转让信用证

a. 银行无办理信用证转让的义务,除非其明确同意。

b. 就本条而言:

可转让信用证系指特别注明"可转让(transferable)"字样的信用证。可转让信用证可应受益人(第一受益人)的要求转为全部或部分由另一受益人(第二受益人)兑用。

转让行系指办理信用证转让的指定银行,或当信用证规定可在任一银行兑用时,指开证行特别如此授权并实际办理转让的银行。开证行也可担任转让行。

已转让信用证指已由转让行转为可由第二受益人兑用的信用证。

c. 除非转让时另有约定,有关转让的所有费用(诸如佣金、手续费、成本或开支)须由第一受益人支付。

d. 只要信用证允许部分支款或部分发运,信用证可以分部分地转让给数名第二受益人。

已转让信用证不得应第二受益人的要求转让给任何其后受益人。第一受益人不视为其后受益人。

e. 任何转让要求须说明是否允许及在何条件下允许将修改通知第二受益人。已转让信用证须明确说明该项条件。

f. 如果信用证转让给数名第二受益人,其中一名或多名第二受益人对信用证修改的拒绝并不影响其他第二受益人接受修改。对接受者而言该已转让信用证即被相应修改,而对拒绝修改的第二受益人而言,该信用证未被修改。

g. 已转让信用证须准确转载原证条款,包括保兑(如果有的话),但下列项目除外:
- 信用证金额,
- 规定的任何单价,
- 截止日,
- 交单期限,或
- 最迟发运日或发运期间。

以上任何一项或全部均可减少或缩短。

必须投保的保险比例可以增加,以达到原信用证或本惯例规定的保险金额。

可用第一受益人的名称替换原证中的开证申请人名称。

如果原证特别要求开证申请人名称应在除发票以外的任何单据中出现时,已转让信用证必须反映该项要求。

h. 第一受益人有权以自己的发票和汇票(如果有)替换第二受益人的发票和汇票,其金额不得超过原信用证的金额。

经过替换后,第一受益人可在原信用证项下支取自己发票与第二受益人发票间的差价(如果有)。

i. 如果第一受益人应提交其自己的发票和汇票(如果有),但未能在第一次要求时照办,或第一受益人提交的发票导致了第二受益人的交单中本不存在的不符点,而其未能在第一次要求时修正,转让行有权将从第二受益人处收到的单据照交开证行,并不再对第一受益人承担责任。

j. 在要求转让时,第一受益人可以要求在信用证转让后的兑用地点,在原信用证的截止日之前(包括截止日),对第二受益人承付或议付。本规定并不损害第一受益人在第三十八条 h 款下的权利。

k. 第二受益人或代表第二受益人的交单必须交给转让行。

第三十九条　款项让渡

信用证未注明可转让,并不影响受益人根据所适用的法律规定,将该信用证项下其可能有权或可能将成为有权获得的款项让渡给他人的权利。本条只涉及款项的让渡,而不涉及在信用证项下进行履行行为的权利让渡。

《跟单信用证统一惯例关于电子交单的附则》(eUCP,版本 1.1)

第 e1 条　eUCP 的范围

a.《跟单信用证统一惯例关于电子交单的附则》(eUCP)是对《跟单信用证统一惯例》(2007 年修订本,国际商会出版物 No.600)(UCP)的补充,以适应单独提交或与纸单据混合提交电子记录的情形。

b. 当信用证表明受 eUCP 约束时,eUCP 作为 UCP 的附则适用。

c. 本文本版本号为 1.1。信用证必须表明适用的 eUCP 版本,否则即受开证日的有效版本约束,或如果信用证因受益人接受的修改而受 eUCP 约束,则受在该修改日期有效的版本约束。

第 e2 条　eUCP 与 UCP 的关系

a. 受 eUCP 约束的信用证(eUCP 信用证)也适用 UCP,而无须将 UCP 明确纳入信用证。

b. 当 eUCP 适用时,如其与适用 UCP 产生不同结果,应以 eUCP 规定为准。

c. 如果 eUCP 信用证允许受益人在提交纸单据或电子记录两者之间进行选择,而其选择了只提交纸单据,则该笔交单仅适用 UCP。如果 eUCP 信用证只允许提交纸单据,则仅适用 UCP。

第 e3 条　定义

a. UCP 使用的下列词语,为了将 UCP 适用于 eUCP 信用证项下提交的电子记录的目的,解释为:

ⅰ."表面看似(appear on their face)"以及类似用语适用于审核电子记录的数据内容。

ⅱ."单据(document)"应包括电子记录。

ⅲ. 电子记录的"交单地点(place for presentation)"意指一电子地址。

ⅳ."签署(sign)"及类似用语应包括电子签名。

ⅴ."添加的(superimposed)"、"批注(notation)"或"盖印戳的(stamped)"意指在电子记录中其增补特征明显的数据内容。

b. 在 eUCP 中使用的下列用语应具有以下含义：

ⅰ."电子记录"意指

· 以电子方法创建的、产生的、发送的、传送的、收到的或储存的数据。

· 其发送人的表面身份、其包含的数据的表面来源及其是否保持完整和未被更改,可以被证实。

· 并且能够根据 eUCP 信用证条款审核其相符性。

ⅱ."电子签名"意指附加于或与一份电子记录有逻辑关联的数据过程,被签字人完成或采用以表明签字人身份及其对电子记录的证实。

ⅲ."格式"意指表达电子记录的数据组织形式或电子记录提到的数据组织形式。

ⅳ."纸单据"意指传统的纸面形式的单据。

ⅴ."收到"意指电子记录以系统可接受的形式进入相关收件人信息系统的时间。任何对收到的确认并不意味着在 eUCP 信用证下对该电子记录的接受或拒绝。

第 e4 条　格式

eUCP 信用证必须指定应提交的电子记录的格式。如未指定,则可以任何格式提交。

第 e5 条　交单

a. eUCP 信用证：

ⅰ. 允许提交电子记录者,必须注明提交电子记录的地点。

ⅱ. 允许提交电子记录和纸单据者,还必须注明提交纸单据的地点。

b. 电子记录可以分别提交,并且不需要在同一时间提交。

c. 如果 eUCP 信用证允许提交一份或多份电子记录,受益人有责任向接受交单的银行提供表明交单结束的通知。该结束通知可以电子记录或纸单据方式做出,必须注明其所关联的 eUCP 信用证。如果未收到受益人的通知,将被认为未曾交单。

d.

ⅰ. 在 eUCP 信用证下提交的每份电子记录以及提交的纸单据,必须注明据以交单的 eUCP 信用证。

ⅱ. 未如此注明的交单可被视为未曾收到。

e. 如果将接收交单的银行在营业中,但在规定的截止日及/或发运日后的最迟交单日(视何种情形适用),其系统不能接收传来的电子记录,则视其为歇业,最迟交单日及/或截止日应延展至银行能够接收电子记录的下一个银行工作日。如果尚待提交的电子记录只剩下结束通知，则可以用电讯方式或纸单据提交，并被视为及时，只要其在该银行能够接收电子记录之前发出。

f. 不能被证实的电子记录将被视为未曾提交。

第 e6 条　审核

a. 如果电子记录包含一个与外部系统的超级链接，或指明电子记录可参照一外部系统审核，则超级链接中的或参照的外部系统中的电子记录应被视为是需要审核的电子记录。在审核时，如指明的系统不能提供所需电子记录的读取条件，则构成不符点。

b. 指定银行按指定转递电子记录的行为表明其已确信电子记录的表面真实性。

c. 开证行或保兑行(如有的话)无法审核 eUCP 信用证所要求格式的电子记录，或当未要求格式时，无法审核提交的电子记录，这一情形不构成拒付的依据。

第 e7 条　拒付通知

a.

i. 审单时限自收到受益人的结束通知之银行工作日的下一个银行工作日起算。

ii. 如果提交单据或结束通知的时间被延展，审单时限自接收交单的银行能够接收结束通知的第一个银行工作日起算。

b. 如果开证行、保兑行(如有的话)或按其指定行事的指定银行对包含电子记录的交单发出了拒付通知，在发出拒付通知后 30 天内未收到被通知方关于电子记录的处理指示，银行应退还交单人以前尚未退还的任何纸单据，但可以其认为合适的任何方式处理电子记录而不承担任何责任。

第 e8 条　正本与副本

UCP 或 eUCP 信用证要求提供一份或多份电子记录正本或副本时，提交一份电子记录即满足此要求。

第 e9 条　出具日期

除非电子记录载有具体的出具日期，则看似出单人发出电子记录的日期即被视为出具日期。如果没有显示其他日期，则电子记录的收到日期将被视为发出日期。

第 e10 条　运输

如果证明运输的电子记录没有表明货物发运或发送日期，电子记录的发出日期将被视为货物发运或发送日期。但如果电子记录载有证明发运或发送日期的批注时，该批注日期将被视为发运或发送日期。显示附加数据内容的批注无须另行签名或以其他方式证实。

第 e11 条　电子记录在提交后变损

a. 如果开证行、保兑行或其他指定银行收到的电子记录看似已经变损，银行可通知交单人，也可要求再次提交电子记录。

b. 如果银行要求再次提交电子记录

i. 则审单时限中止，待交单人再次提交电子记录时恢复。

ii. 如果指定银行不是保兑行，则必须将其关于再次交单的要求知会开证行和任何保兑

行,并告知时限中止;但是

　　iii. 如果该电子记录在 30 天内未被再次提交,该银行可以将该电子记录视为未提交过,并且

　　iv. 任何限期不得延展。

第 e12 条　根据 eUCP 提交电子记录时的额外免责

除通过使用商业上可接受的用于接收、证实和识别电子记录的数据过程即可发现者外,银行审核电子记录的表面真实性的行为并不使其对发送人身份、信息来源、完整性或未被更改性承担更多责任。

附录二 信用证常见条款及短语（英汉对照）

一、Kinds of L/C

1. revocable L/C /irrevocable L/C
2. confirmed L/C /unconfirmed L/C
3. sight L/C /usance L/C
4. transferable L/C /non-transferable L/C
5. revolving L/C
6. back to back L/C /reciprocal L/C
7. L/C with T/T reimbursement clause
8. without recourse L/C /with recourse L/C
9. documentary L/C /clean L/C
10. deferred payment L/C /anticipatory L/C

二、Names of Parties Concerned

1. opener
    - （1）applicant
    - （2）principal
    - （3）accountee
    - （4）accreditor
    - （5）opener
    - （6）for account of Messrs.
    - （7）at the request of Messrs.
    - （8）on behalf of Messrs.
    - （9）by order of Messrs.
    - （10）by order of and for account of Messrs.
    - （11）at the request of and for account of Messrs.

一、信用证类别

1. 可撤销信用证/不可撤销信用证
2. 保兑信用证/不保兑信用证
3. 即期信用证/远期信用证
4. 可转让信用证/不可转让信用证
5. 循环信用证
6. 背对背信用证/对开信用证
7. 带电汇条款信用证
8. 无追索权信用证/有追索权信用证
9. 跟单信用证/光票信用证
10. 延付信用证/预支信用证

二、有关当事人

1. 开证人
    - （1）开证人（开证申请人）
    - （2）开证人（委托开证人）
    - （3）开证人
    - （4）开证人（委托开证人）
    - （5）开证人
    - （6）以（某人）账户支付
    - （7）应（某人）请求
    - （8）代表某人
    - （9）奉（某人）之命
    - （10）奉（某人）之命并以其账户支付
    - （11）应（某人）的要求并以其账户支付

（12）in accordance with instruction received from accreditors

2. beneficiary
   (1) beneficiary
   (2) in favor of
   (3) in one's favor
   (4) favoring yourselves
3. drawee
   (1) to drawn on (or upon)
   (2) to value on
   (3) to issued on
4. drawer
5. advising bank
   (1) advising bank
   (2) the notifying bank
   (3) advised through…bank
   (4) advised by airmail/cable through…bank
6. opening bank
   (1) opening bank
   (2) issuing bank
   (3) establishing bank
7. negotiation bank
   (1) negotiation bank
   (2) negotiating bank
8. paying bank
9. reimbursing bank
10. the confirming bank

三、Amount of the L/C

1. amount CNY…
2. up to an aggregate amount of HONGKONG Dollars…
3. for a sum (or: sums) not exceeding a total of GBP…
4. to the extent of HKD…
5. for the amount of U.S.D…

（12）根据已收到的委托开证人的指示

2. 受益人
   (1) 受益人
   (2) 以（某人）为受益人
   (3) 以……为受益人
   (4) 以你本人为受益人
3. 付款人（或称受票人，指汇票）
   (1) 以（某人）为付款人
   (2) 以（某人）为付款人
   (3) 以（某人）为付款人
4. 出票人
5. 通知行
   (1) 通知行
   (2) 通知行
   (3) 通过××银行通知
   (4) 通过××银行航空信/电报通知
6. 开证行
   (1) 开证行
   (2) 开证行
   (3) 开证行
7. 议付行
   (1) 议付行
   (2) 议付行
8. 付款行
9. 偿付行
10. 保兑行

三、信用证金额

1. 金额为……人民币
2. 累计金额最高为……港币
3. 总金额不得超过……英镑
4. 总金额为……港币
5. 金额为……美元

6. for an amount not exceeding total of EUR…

四、The Stipulations for the Shipping Documents

1. available against surrender of the following documents bearing our credit number and the full name and address of the opener
2. drafts to be accompanied by the documents marked(×)below
3. accompanied against to documents hereinafter
4. accompanied by following documents
5. documents required
6. accompanied by the following documents marked(×)in duplicate
7. drafts are to be accompanied by…

五、Draft(Bill of Exchange)

1. the kinds of drafts
   (1)available by drafts at sight
   (2)draft(s)to be drawn at 30 days sight
   (3)sight drafts
   (4)time drafts
2. drawn clauses
   (1)all drafts drawn under this credit must contain clause "Drafts drawn under Bank of…credit No…dated…"
   (2)drafts are to be drawn in duplicate to our order bearing the clause "Drawn under United Malaysian Banking Corp. Bhd. irrevocable Letter of Credit No…dated July 12,2006"
   (3)drawn under this credit to be marked "Drawn under…Bank L/C No…dated…(issuing date of credit)"
   (4)drafts in duplicate at sight bearing the clauses "Drawn under…L/C No…dated…"

6. 金额的总数不得超过……欧元的限度

四、单据条款

1. 凭交出下列注明本证号码和开证人的全称及地址的单据付款
2. 汇票须随附下列注有(×)的单据
3. 随附下列单据
4. 随附下列单据
5. 单据要求
6. 随附下列注有(×)的单据一式两份
7. 汇票要随附(指单据)……

五、汇票

1. 汇票种类
   (1)凭即期汇票付款
   (2)汇票开立为见票后30天付款
   (3)即期汇票
   (4)远期汇票
2. 出票条款(即出具汇票的法律依据)
   (1)本证项下开具的汇票须注明"本汇票系凭……银行××年××月××日第××号信用证项下开具的条款"
   (2)汇票的一式两份,以我行为抬头,并注明"根据马来西亚联合银行2006年7月12日第××号不可撤销信用证项下开立"
   (3)根据本证开出的汇票须注明"凭××银行××年××月××日(按开证日期)第××号不可撤销信用证项下开立"
   (4)即期汇票一式两份,注明"根据××银行信用证××号××日期开具"

(5) draft(s) so drawn must be indicated with number and date of this L/C

(6) draft(s) bearing the clause "Drawn under documentary credit No…(shown above) of …Bank"

六、Invoice

1. signed commercial invoice

   in duplicate

   in triplicate

   in quadruplicate

   in quintuplicate

   in sextuplicate

   in septuplicate

   in octuplicate

   in nonuplicate

   in decuplicate

2. beneficiary's original signed commercial invoices at least in 8 copies issued in the name of the buyer indicating (showing/ evidencing /specifying /declaring) the merchandise, country of origin and any other relevant information

3. signed attested invoice combined with certificate of origin and value in 6 copies as required for imports into Nigeria

4. beneficiary must certify on the invoice "Have been sent…to the accountee"

5. 4% discount should be deducted from total amount of the commercial invoice

6. invoice must be showed "Under A/P No…dated of expiry 19th Jan. ,1981"

7. documents in combined form are not acceptable

8. combined invoice is not acceptable

七、Bill of Lading

1. full set of shipping(company's) clean on board

(5) 开具的汇票须注上本证的号码和日期

(6) 汇票注明"根据××银行跟单信用证×× 号(如上所示)项下开立"

六、发票

1. 已签署的商业发票

   一式二份

   一式三份

   一式四份

   一式五份

   一式六份

   一式七份

   一式八份

   一式九份

   一式十份

2. 以买方的名义开具,注明商品名称、原产国(地区)及其他有关资料,并经受益人签署的商业发票正本至少一式八份

3. 已签署的,连同产地证明和货物价值的,输入尼日利亚的联合发票一式六份

4. 受益人须在发票上证明,已将……寄交开证人

5. 商业发票的总金额须扣除4%的折扣

6. 发票须表明"根据第××号购买证,到期日为1981年1月19日

7. 不接受联合单据

8. 不接受联合发票

七、提单

1. 全套装船(公司的)提单洁净,已装船提

bill(s) of lading marked "Freight Prepaid" to order of shipper endorsed to…Bank and notifying buyers

2. bills of lading made out in negotiable form

3. clean shipped on board ocean bills of lading to order and endorsed in blank marked "Freight Prepaid" and notifying importer (opener, accountee)

4. full set of clean "on board" bills of lading/cargo receipt made out to our order/to order and endorsed in blank and notifying buyers M/S…Co. calling for shipment from China to Hamburg marked "Freight prepaid" "Freight Payable at Destination"

5. bills of lading issued in the name of…

6. bill of lading must be dated not before the date of this credit and not later than Aug. 15, 2006

7. bill of lading marked notifying buyers "Freight Prepaid", Liner terms "Received for shipment B/L not acceptable"

8. non-negotiable copy of bills of lading

八、Insurance Policy (or Certificate)

1. the stipulations for insurance

　（1）marine insurance policy

　（2）specific policy

　（3）voyage policy

　（4）time policy

　（5）floating Policy (of Open Policy)

　（6）ocean marine cargo clauses

　（7）ocean marine insurance clauses (frozen products)

　（8）ocean marine cargo war clauses

　（9）ocean marine insurance clauses (wood oil in bulk)

　（10）overland transportation insurance clauses

单应注明"运费预付"，作成以装船人指示为抬头，背书给××银行，并通知买方

2. 作成可议付形式的提单

3. 洁净且已装船的提单作空白抬头并空白背书，注明"运费预付"，并通知进口人（开证人）

4. 全套洁净"已装船"提单/货运收据作成以我（行）为抬头/空白抬头，空白背书，并通知买方××公司，要求货物自中国运往汉堡，注明"运费预付"/"运费在目的港付"

5. 提单以××名称为抬头

6. 提单日期不得早于本证的日期，也不得迟于2006年8月15日

7. 提单注明通知买方"运费预付"，接班轮条件："备运提单不接受"

8. 不可议付的提单副本

八、保险单（或凭证）

1. 保险条款

　（1）海运保险单

　（2）单独保险单

　（3）航程保险单

　（4）期限保险单

　（5）流动保险单

　（6）海洋运输货物保险条款

　（7）海洋运输冷藏货物保险条款

　（8）海洋运输货物战争险条款

　（9）海洋运输散装桐油保险条款

　（10）陆上运输货物保险条款（火车、汽

(train, trucks)

(11) overland transportation insurance clauses (frozen products)

(12) air transportation cargo insurance clauses

(13) air transportation cargo war risk clauses

(14) parcel post insurance clauses

(15) parcel post war risk insurance clauses

(16) livestock & poultry insurance clauses (by sea, land or air)

(17) … risks clauses of the PICC subject to CIC

(18) marine insurance policies or certificates in negotiable form for 110% full CIF invoice covering the risks of war & WA as per the People's Insurance Company of China dated Jan. 01, 1981. with extended cover up to Kuala Lumpur with claims payable in(at) Kuala Lumpur in the currency of draft(irrespective of percentage)

(19) insurance policy or certificate settling agent's name is to be indicated, any additional premium to cover uplift between 10%~17% may be drawn in excess of the credit value

(20) Name of Assured in insurance policy (certificate) to be showed: ABC Co., Ltd.

(21) insurance policy or certificate covering WA (or FPA) and war risks as per ocean marine cargo clause and ocean marine cargo war risk clauses of the People's Insurance Company of China dated Jan. 01, 1981

(22) insurance policy/certificate covering all,

车)

(11)陆上运输冷藏货物保险条款

(12)航空运输货物保险条款

(13)航空运输货物战争险条款

(14)邮包保险条款

(15)邮包战争险条款

(16)活牲畜、家禽的海上、陆上、航空保险条款

(17)根据中国人民保险公司的保险条款投保××险

(18)做成可议付格式的海运保险单或凭证按照到岸价的发票金额的110%投保中国人民保险公司1981年1月1日的战争险和基本险,负责到吉隆坡为止,按照汇票所使用的货币在吉隆坡赔付(无免赔率)

(19)保险单或凭证须表明理赔代理人的名称,保险费如增加10%~17%可在本证金额以外支付

(20)保险单(凭证)须做成以ABC有限公司为被保险人

(21)保险单或凭证根据中国人民保险公司1981年1月1日的海洋运输货物保险条款和海洋运输货物战争险条款投保水渍险(或平安险)和战争险

(22)保险单/凭证投保一切险、战争险、地

risks war and mines risks	雷险
(23) WA this insurance must be valid for period of 60 days after the discharge of goods	(23) 水渍险在货物卸船后60天有效
(24) in triplicate covering all risks and war risk including WA and breakage in excess of five percent on the whole consignment and including W/W up to buyer's go down in Penang	(24) 投保一切险和战争险包括水渍险,破碎损失有5%绝对免赔率,按全部货物计算,包括仓至仓条款,负责到买方在槟城的仓库为止(的保险单)一式三份
(25) insurance policy issued or endorsed to order of … for the face value of the invoice plus 10% covering including war with 15 days after arrival of goods at destination, only against FPA and TPND	(25) 一按发票面值加10%投保战争险,货物到达目的地后15天有效,仅以负责平安险和盗窃提货不着险保险单开给或背书给……
(26) insurance policy or certificate issued by an insurance company with WPA clause covering the merchandise for about 10% above the full invoice value including unlimited transshipment with claims payable at Singapore	(26) 由保险公司签发的保险单或凭证按发票总金额另加10%投保水渍险,包括非限定转船的损失,在新加坡赔付
(27) covering all eventual risks	(27) 投保一切意外风险
(28) covering all marine risks	(28) 投保一切海运风险
(29) marine insurance policy including "both to blame collision clauses" and fully covering the shipment	(29) 海运保险单包括"船舶互撞条款"和全部载货
(30) insurance including deviation clauses	(30) 保险包括绕道条款
(31) covering overland transportation all risks as per overland transportation cargo insurance clauses (train, trucks) of the People's Insurance Company of China dated…	(31) 按照中国人民保险公司××年××月××日陆上运输货物保险条款(火车、汽车)投保陆上运输一切险
(32) covering air transportation all risks as per air transportation cargo insurance clauses of PICC dated…	(32) 按照中国人民保险公司××年××月××日航空运输货物保险条款投保航空运输一切险
(33) insurance policy or certificate covering	(33) 保险单或凭证按照中国人民保险公

parcel post all risks including war risk as per parcel post insurance and parcel post war risk insurance of the People's Insurance Company of China dated…

(34) covering all risks including war risk as per ocean marine cargo clauses and air transportation cargo insurance clauses and ocean marine cargo war risk clauses and air transportation cargo war risk clauses of the People's Insurance Company of China dated…

(35) covering all risks as per ocean marine cargo clauses and overland transportation cargo insurance clause (train, truck) of PICC dated…

(36) covering all risks including war risk as per overland transportation cargo insurance clauses (train, truck) and air transportation cargo insurance clauses and air transportation cargo war risk clause and war clauses (for cargo transportation by rail) of the People's Insurance Company of China dated…

(37) including shortage in weight inexcess of 0.5% (with 0.5% franchise) on the whole consignment

(38) including risks of breakage and clashing

(39) including risks of chipping & denting

(40) including risk of bad odour

(41) including damage by hooks, oils, muds and contact with other cargo (insured value)

(42) including damage caused by rain fresh and/or water, internal combustion (total or partial loss)

司××年××月××日邮包保险条款和邮包战争保险条款投保邮包一切险和邮包战争险

(34) 按照中国人民保险公司××年××月××日海洋运输货物保险条款和航空运输货物保险条款以及海洋运输货物战争险条款和航空运输货物战争险条款投保海空联运一切险包括战争险

(35) 按照中国人民保险公司××年××月××日海洋运输货物保险条款和陆上运输货物保险条款(火车、汽车)投保海联运一切险

(36) 按照中国人民保险公司××年××月××日陆运货物保险条款(火车、汽车)和空运货物保险条款以及空运货物战争险条款和铁路货运战争险条款投保陆空联运一切险包括战争险

(37) 包括短量损失有0.5%绝对免赔率(0.5%相对免赔率),按全部货物计算

(38) 包括破裂或凹瘪险

(39) 包括碎裂或凹弯险

(40) 包括恶味险

(41) 包括钩损、油污、泥污以及和他物接触所致的损失(以保险价值为限)

(42) 包括淡水雨淋、自然所致的损失(包括全部或部分损失)

(43) including loss and/or damage caused by sea water, fresh water, acid, grease

(43) 包括海水、淡水、酸蚀、油脂所致的损失

(44) including TPND loss and/or damage caused by heat, ship's sweat and odour, hoop-rust, breakage of packing

(44) 包括偷窃提货不着，受热、船舱发汗、串味、铁箍锈损、包装破裂所致的损失

(45) including damage caused by infestation mould

(45) 包括虫蛀霉烂的损失

(46) including damage due to rough handling during transit subject to CIC

(46) 按照中国保险条款包括运输途中操作不当所致的损失

(47) including loss and/or damage from any external cause as per CIC

(47) 按照中国保险条款包括外来原因所致的损失

(48) including damage by slings, stains, grease, acids

(48) 包括吊具、斑污、油脂、酸蚀造成的损失

(49) excluding risk of breakage

(49) 不包括破碎险

(50) including the breakage does not cover the goods remarked in the invoice as originally amage

(50) 包括破碎险，但不负责发票所示之货物的原残损失

(51) excluding natural loss in weight

(51) 不包括途耗短量的损失

(52) including 60 days after discharge of the goods at port of destination (or at station of destination) as per CIC

(52) 按照中国保险条款货物在目的港卸船（或在目的地车站卸车）后60天为止

(53) including WA & risk of fire for 60 days in customs warehouse after discharge of the goods at port of destination subject to CIC

(53) 按照中国保险条款投保水渍险和火险，在目的港卸货后存入海关仓库60天为止

(54) this insurance must be valid for a period of 60 days after arrival of merchandise at inland destination

(54) 本保险扩展到货物到达内地的目的地后60天有效

(55) insurance policy or certificate covering FPA including the risk of war and risks of SRCC as per ICC dated … and institute war clauses dated … and institute SRCC clauses dated…

(55) 按照××年××月××日伦敦保险协会条款和××年××月××日协会战争险条款以及××年××月××日协会罢工、暴动、民变险条款投保平安险、战争险和罢工、暴动、民变险

(56) the People's Insurance Company of China investment insurance (political risks) clau-

(56) 中国人民保险公司投资保险（政治风险）条款

ses
　　(57) property insurance clauses
　　(58) the People's Insurance Company of China erection all risks clauses
　　(59) the People's Insurance Company of China contractors all risks clauses

2. Risks & Coverage
　　(1) free from particular average (FPA)
　　(2) with particular average (WA)
　　(3) all risks
　　(4) total loss only (TLO)
　　(5) war risk
　　(6) cargo (extended cover) clauses
　　(7) additional risk
　　(8) from warehouse to warehouse clauses
　　(9) theft pilferage and non-delivery (TPND)
　　(10) rain fresh water damage
　　(11) risk of shortage
　　(12) risk of contamination
　　(13) risk of leakage
　　(14) risk of clashing & breakage
　　(15) risk of odour
　　(16) damage caused by sweating and/or heating
　　(17) hook damage
　　(18) loss and/or damage caused by breakage of packing
　　(19) risk of rusting
　　(20) risk of mould
　　(21) strike, riots and civil commotion (SRCC)
　　(22) risk of spontaneous combustion
　　(23) deterioration risk
　　(24) inherent vice risk
　　(25) risk of natural loss or normal loss
　　(26) special risk

　　(57) 财产保险条款
　　(58) 中国人民保险公司安装工程一切险条款
　　(59) 中国人民保险公司建筑工程一切险条款

2. 险别
　　(1) 平安险
　　(2) 水渍险（基本险）
　　(3) 一切险（综合险）
　　(4) 全损险
　　(5) 战争险
　　(6) 货物（扩展）条款
　　(7) 附加险
　　(8) 仓库至仓库条款
　　(9) 盗窃提货不着险
　　(10) 淡水雨淋险
　　(11) 短量险
　　(12) 沾污险
　　(13) 渗漏险
　　(14) 碰损破碎险
　　(15) 串味险
　　(16) 受潮和/或受热险
　　(17) 钩损险
　　(18) 包装破裂险
　　(19) 锈损险
　　(20) 发霉险
　　(21) 罢工、暴动、民变险
　　(22) 自燃险
　　(23) 腐烂变质险
　　(24) 内在缺陷险
　　(25) 途耗或自然损耗险
　　(26) 特别险加险

(27) failure to delivery	(27) 交货不到险
(28) import duty	(28) 进口关税险
(29) on deck	(29) 舱面险
(30) rejection	(30) 拒收险
(31) aflatoxin	(31) 黄曲霉素险
(32) fire risk extension clause for storage of cargo at destination Hongkong, including Kowloon, or Macao	(32) 出口货物到香港(包括九龙在内)或澳门存仓火险责任扩展条款
(33) survey in customs risk	(33) 海关检验险
(34) survey at jetty risk	(34) 码头检验险
(35) institute war risk	(35) 学会战争险
(36) overland transportation risk	(36) 陆运险
(37) overland transportation all risks	(37) 陆运综合险
(38) air transportation risk	(38) 航空运输险
(39) air transportation all risks	(39) 航空运输综合险
(40) air transportation war risk	(40) 航空运输战争险
(41) parcel post risk	(41) 邮包险
(42) parcel post all risks	(42) 邮包综合险
(43) parcel post war risk	(43) 邮包战争险
(44) investment insurance (political risks)	(44) 投资保险(政治风险)
(45) property insurance	(45) 财产保险
(46) erection all risks	(46) 安装工程一切险
(47) contractors all risks	(47) 建筑工程一切险

九、Certificate of Origin

九、产地证书

1. certificate of origin of China showing stating
   evidencing
   specifying
   indicating
   declaration of

1. 中国产地证注明证明
   列明
   说明
   表明
   声明

2. certificate of Chinese origin

2. 中国产地证明书

3. certificate of origin, shipment of goods of … origin prohibited

3. 产地证,不允许装运……的产品

4. declaration of origin

4. 产地证明书(产地声明)

5. certificate of origin separated

5. 单独出具的产地证

6. certificate of origin Form A

6. 格式 A 产地证明书

7. generalized system of preference certificate of origin Form A

十、Packing List and Weight List

1. packing list detailing the complete inner packing specification and contents of each package
2. packing list detailing…
3. packing list showing in detail…
4. weight list
5. weight notes
6. detailed weight list
7. weight and measurement list

十一、Inspection Certificate

1. certificate of weight
2. certificate of inspection certifying quality & quantity in triplicate issued by CIQ
3. phytosanitary certificate
4. plant quarantine certificate
5. fumigation certificate
6. certificate stating that the goods are free from live weevil
7. sanitary certificate
8. health certificate
9. analysis certificate
10. tank inspection certificate
11. certificate of aflatoxin negative
12. non-aflatoxin certificate
13. survey report on weight issued by CIQ

十二、Other Documents

1. full set of forwarding agents' cargo receipt
2. airway bill for goods consigned to … quoting our credit number
3. parcel post receipt
4. parcel post receipt showing parcels addressed to…a/c accountee

7. 普惠制格式A产地证明书

十、装箱单与重量单

1. 载明每件货物之内包装的规格和内容的装箱单
2. 详注……的装箱单
3. 注明……细节的装箱单
4. 重量单
5. 磅码单(重量单)
6. 明细重量单
7. 重量和尺码单

十一、检验证书

1. 重量证明书
2. 由中国出入境检验检疫局出具的品质和数量检验证明书一式三份
3. 植物检疫证书
4. 植物检疫证明书
5. 熏蒸证明书
6. 无活虫证明书(熏蒸除虫证明书)
7. 卫生证书
8. 卫生(健康)证书
9. 分析(化验)证书
10. 油仓检验证明书
11. 黄曲霉素检验证书
12. 无黄曲霉素证明书
13. 中国出入境检验检疫局签发的重量检验证明书

十二、其他单据

1. 全套运输行所出具之货物承运收据
2. 以××为收货,注明本证号码的空运货单
3. 邮包收据
4. 邮包收据注明收件人通过××转交开证人

5. parcel post receipt evidencing goods consigned to…and quoting our credit number
6. certificate customs invoice on Form 59A combined certificate of value and origin for developing countries
7. pure food certificate
8. combined certificate of value and Chinese origin
9. a declaration in terms of Form 5 of New Zealand forest produce import regulations 1966 or a declaration Form the exporter to the effect that no timber has been used in the packing of the goods, either declaration may be included on certified customs invoice
10. Canadian customs invoice (revised form) all signed in ink showing fair market value in currency of country of export
11. Canadian import declaration form 111 fully signed and completed

十三、The stipulation for shipping terms
1. loading port and destination
   (1) despatch/shipment from Chinese port to…
   (2) evidencing shipment from China to…C & F by steamer in transit Saudi Arabia not later than 15th July, 2006 of the goods specified below
2. Time of shipment
   (1) bills of lading must be dated not later than August 15, 2006
   (2) shipment must be effected not (or no) later than July 30, 2006
   (3) shipment latest date…
   (4) evidencing shipment/despatch on or before…
   (5) from China port to…not later than 31st August, 2006

5. 以××为收货人并注明本证号码的邮包收据
6. 适用于发展中国家的包括价值和产地证明书的格式59A海关发票证明书
7. 纯食品证书
8. 价值和中国产地联合证明书
9. 依照1966年新西兰林木产品进出口法格式5条款的声明或出口人关于货物非用木器包装的声明,该声明也可以在海关发票中作出证明
10. 用出口国货币标明本国市场售价,并进行笔签的加拿大海关发票(修订格式)
11. 以格式111完整签署和填写的加拿大进口声明书

十三、装运条款
1. 装运港与目的港
   (1) 从中国港口发送/装运往……
   (2) 列明下面的货物按成本加运费价格用轮船不得迟于2006年7月15日从中国通过沙特阿拉伯转运到……
2. 装船期
   (1) 提单日期不得迟于2006年8月15日
   (2) 货物不得迟于(或于)2006年7月30日装运
   (3) 最迟装运日期……
   (4) 列明货物在××年××月××日或在该日以前装运/发送
   (5) 不迟于2006年8月31日从中国港口至……

3. partial shipments and transshipment

 (1) partial shipments are (not) permitted

 (2) partial shipments are (not) allowed

 (3) without transshipment

 (4) transshipment at HongKong allowed

 (5) partial shipments are permissible, transshipment is allowed except at…

 (6) partial/prorate shipments are permitted

 (7) transshipment are permitted at any port against through B/L

3. 分运与转运

 (1)(不)允许分运

 (2)准许(不准)分运

 (3)不允许转运

 (4)允许在香港转船

 (5)允许分运,除在……外允许转运

 (6)允许分运/按比例装运

 (7)凭联运提单允许在任何港口转运

十四、Date & Place of Expiry

1. valid in…for negotiation until…

2. draft(s) must be presented to the negotiating (or drawee) bank not later than…

3. expiry date for presentation of documents

4. draft(s) must be negotiated not later than…

5. this L/C is valid for negotiating in China (or your port) until 15th July, 2006

6. bills of exchange must be negotiated within 15 days from the date of bills of lading but not later than August 8, 2006

7. this credit remains valid in China until 23rd May, 2006 (inclusive)

8. expiry date August 15, 2006 in country of beneficiary for negotiation

9. draft(s) drawn under this credit must be presented for negotiation in China on or before 30th August, 2006

10. this credit shall cease to be available for negotiation of beneficiary's drafts after 15th Aug., 2006

11. expiry date 15th Aug., 2006 in the country of the beneficiary unless otherwise

12. draft(s) drawn under this credit must be negotiated in China on or before August 12,

十四、有效日期与地点

1. 在……议付至……止

2. 汇票不得迟于……交议付行(付款行)

3. 交单到期日

4. 汇票要不迟于……议付

5. 本证于 2006 年 7 月 15 日止在中国议付有效

6. 汇单须在提单日起 15 天内议付,但不得迟于 2006 年 8 月 8 日

7. 本证到 2006 年 5 月 23 日为止(包括当日在内)在中国有效

8. 于 2006 年 8 月 15 日在受益人国家议付到期

9. 根据本证项下开具的汇票须在 2006 年 8 月 30 日或该日前在中国交单议付

10. 本证将在 2006 年 8 月 15 日以后停止议付受益人之汇票

11. 除非另有规定,(本证)于 2006 年 8 月 15 日在受益人国家到期

12. 凭本证项下开具的汇票在 2006 年 8 月 12 日或该日以前在中国议付,该日以后

2006 after which date this credit expires	本证失效
13. expiry(expiring) date	13. 到期日
14. if negotiation on or before…	14. 在××日或该日以前议付
15. negotiation must be on or before the 15th day after shipment	15. 自装船日后第15天或之前议付
16. this credit shall remain in force until 15th August, 2006 in China	16. 本证到2006年8月15日为止在中国有效
17. the credit is available for negotiation or payment abroad until…	17. 本证在国外议付或付款的日期到……为止
18. documents to be presented to negotiation bank within 15 days after shipment	18. 单据需在装船后15天内交给议付行
19. documents must be presented for negotiation within…days after the on board date of bill of lading/after the date of issuance of forwarding agents' cargo receipts	19. 单据需在已装船提单/运输行签发之货物承运收据日期后……天内提示议付

十五、The Guarantee of the Opening Bank

十五、开证行付款保证

1. we hereby engage with you that all drafts drawn under and in compliance with the terms of this credit will be duly honored

1. 我行保证及时对所有根据本信用证开具,并与其条款相符的汇票兑付

2. we undertake that drafts drawn and presented in conformity with the terms of this credit will be duly honored

2. 开具并交出的汇票,如与本证的条款相符,我行保证按时付款

3. we hereby engage with the drawers, endorsers and bona-fide holders of draft(s) drawn under and in compliance with the terms of the credit that such draft(s) shall be duly honored on due presentation and delivery of documents as specified (if drawn and negotiated within the validity date of this credit)

3. 凡根据本证开具与本证条款相符的汇票,并能按时提示和交出本证规定的单据,我行保证对出票人、背书人和善意持有人承担付款责任(须在本证有效期内开具汇票并议付)

4. provided such drafts are drawn and presented in accordance with the terms of this credit, we hereby engage with the drawers, endorsers and bona-fide holders that the said drafts shall be duly honored on presentation

4. 凡根据本证的条款开具并提示汇票,我们担保对其出票人、背书人和善意持有人在交单时承兑付款

5. we hereby undertake to honor all drafts drawn

5. 所有按照本条款开具的汇票,我行保证

in accordance with the terms of this credit

十六、Special Conditions

1. for special instructions please see overleaf
2. at the time of negotiations you will be paid the draft amount less 5% due to…
3. which amount the negotiation bank must authorise us to pay
4. if the terms and conditions of this unacceptable, please contact the openers for necessary amendments
5. negotiations unrestricted/restricted to advising bank
6. (the price) including packing charges
7. all documents must be separated
8. beneficiary's drafts are to be made out for 95% of invoice value, being 5% commission payable to credit opener
9. drafts to be drawn for full CIF value less 5% commission, invoice to show full CIF value
10. 5% commission to be remitted to credit openers by way of bank drafts in sterling pounds drawn on…this commission not to be shown on the invoice
11. freight and charges to be shown on bill of lading, etc.
12. cable copy of shipping adivce despatched to the accountee immediately after shipment.
13. one copy of commercial invoice and packing list should be sent to the credit openers 15 days before shipment
14. the beneficiary is to cable Mr. ×× stating L/C No., quantity, name & ETD of vessel within 5 days after shipment, a copy of this cable must accompany the documents for negotiation

兑付

十六、特别条款

1. 特别事项请看背面
2. 议付时汇票金额应少付5%给……(这种条款是开证行对议付行的指示)
3. 该项金额须由议付行授权我行支付(指佣金的金额)
4. 如你方不接受本证条款,请与开证人联系以作必要修改
5. 不限制议付行/限于通知行
6. (价格)包括包装费用
7. 各种单据须分开(即联合单证不接受)
8. 受益人的汇票按发票金额95%开具,5%佣金付给开证人
9. 汇票按CIF总金额减少5%开具,发票须表明CIF的全部金额
10. 5%佣金用英镑开成以……为付款人的银行汇票汇付给开证人,该佣金勿在发票上表明
11. 提单等(单据)须标明运费及附加费
12. 装船后立即将装船通知电报副本寄交开证人
13. 商业发票和装箱单各一份须在装船前15天寄给开证人
14. 受益人应在装船后5天内将信用证号码、装船数量、船名和预计开航日期电告××先生,该电报的副本须随同单据一起议付

15. all documents except bills of exchange and B/L and to be made out in name of ABC Co., Ltd. and which name is to be shown in B/Lading as joint, notifying party with the applicant

15. 除汇票和提单外，所有单据均须做成以 ABC 有限公司为抬头，并以该公司和申请人作为提单的通知人

16. signed carbon copy of cable required

16. 要求(提供)经签署的电报副本

17. both shipment and validity dates of this credit shall be automatically extended for 15 days at the date of expiry

17. 本证的装船及有效期均于到期日自动延长 15 天

18. amount of credit and quantity of merchandise …% more or less acceptable

18. 证内金额与货物数量均可增减____%

19. credit amount and shipment quantity …% more or less allowed

19. 证内金额与装运数量允许增减____%

20. shipment to be sent directly by airmail to buyer before shipment

20. 装运前须将装船货样(船样)直接航寄买方

21. cable accountee name of steamer, carriage number, quantity of goods and shipment date (or ETA)

21. 将船名、车号、货物数量及装船期(或预抵期)电告开证人

22. all banking charges outside Hongkong are for account of accountee

22. 香港以外的全部银行费用由开证人承担

23. drawee Bank's charges and acceptance commission are for buyer's account

23. 付款行的费用和承兑费用由买方承担

24. port congestion surcharge, if any, is payable by openers in excess of this documentary credit amount against evidence

24. 如果有港口拥挤费，超过本证金额部分凭证明由开证人支付

25. amount of this credit may be exceeded by cost of insurance

25. 本证金额可以超过保险费部分

26. this letter of credit is transferable in China only, in the event of transfer, a letter from the first beneficiary must accompany the documents for negotiation

26. 本信用证权在中国可转让，如实行转让，由第一受益人发出的书面(证明)须连同单据一起议付

27. letter of guarantee and discrepancies are not acceptable

27. 保函和不符单据均不接受

28. admixture 5% max. including organic matter (such as weed) and inorganic

28. 杂质最高 5%，包括有机物(如杂草)和无机物

29. include this symbol "丹" in the shipping marks on each side of the carton (that is four markings in one carton)

29. 包含有"丹"字记号的装船唛头刷在纸箱的每一面(即每个纸箱要刷四个唛头)

十七、In Reimbursement

1. instruction to the negotiation bank

   (1) the amount and date of negotiation of each draft must be endorsed on reverse hereof by the negotiation bank

   (2) this copy of credit is for your own file, please deliver the attached original to the beneficiaries

   (3) without your confirmation thereon

   (4) documents must be sent by consecutive airmails

   (5) all original documents are to be forwarded to us by airmail and duplicate documents by sea mail

   (6) please dispatch the first set of documents including three copies of commercial invoices directly to us by registered airmail and the second set by following airmail

   (7) original documents must be sent by registered airmail, and duplicate by subsequent airmail

   (8) documents must be sent by successive (or succeeding) airmails

   (9) all documents made out in English must be sent to our bank in one lot

2. method of reimbursement

   (1) in reimbursement, we shall authorize your Beijing Bank of China head office to debit our head office RMB Yuan account with them, upon receipt of relative documents

   (2) in reimbursement draw your own sight drafts in sterling on…Bank and forward

十七、索偿文句

1. 议付行注意事项

   (1) 每份汇票的议付金和日期必须由议付行在本证背面签注

   (2) 本证副本供你行存档,请将随附之正本递交给受益人

   (3) (本证)无须你行保兑

   (4) 单据须分别由连续航次邮寄(即不要将两套或数套单据同一航次寄出)

   (5) 全部单据的正本须用航邮,副本用平邮寄交我行

   (6) 请将包括3份商业发票在内的第一套单据用挂号航邮直接寄我行,第二套单据在下一次航邮寄出

   (7) 单据的正本须用挂号航邮寄送,副本在下一班航邮寄送

   (8) 单据要由连续航邮寄送

   (9) 用英文缮制的所有单据须一次交我行

2. 索偿办法

   (1) 偿付办法,我行收到有关单据后将授权你北京总行借记我总行在该行开立的人民币账户

   (2) 偿付办法,由你行开出英镑即期汇票向××银行支取。在寄送汇票给我行

them to our London Office, accompanied by your certificate that all terms of this letter of credit have been complied with

(3) available by your draft at sight payable by us in London on the basis to sight draft on New York

(4) in reimbursement, please aim from our ¥ account held with your banking department Bank of China head office beijing with the amount of your negotiation

(5) upon presentation of the documents to us, we shall authorize your head office banking department by airmail to debit the proceeds to our foreign business department account

(6) after negotiation, you may reimburse yourselves by debiting our RMB ¥ account with you, please forward all relative documents in one lot to us by airmail

(7) all bank charges outside UK are for our principals accout, but must claimed at the time of presentation of documents

(8) negotiating bank may claim reimbursment by TT on the…bank certifying that that credit terms have been complied with

(9) negotiating bank are authorized to reimburse themselves to amount of their negotiation by redrawing by airmail at sight on…bank attaching to the reimbursement draft their certificate stating that all terms of the credit have been complied with and that the original

and duplicate drafts and docu ments have been forwarded to us by consecutive airmail

伦敦办事处时,应随附你行的证明,声明本证的全部条款已经履行

(3) 凭你行开具之即期汇票向我行在伦敦的机构索回票款,票款在纽约即期兑付

(4) 偿付办法,请在北京总行我行 RMB 人民币账户中索回你行议付之款项

(5) 一旦向我行提交单证,我行将用航邮授权你总行借记我行国外营业部账户

(6) 议付后请借记我行在你行开立的人民币账户,并将全部有关单据用航邮一次寄给我行

(7) 在英国境外发生的所有银行费用,应由开证人负担,但须在提交单据时索取

(8) 议付行须证明本证条款已履行,并按电汇条款向××银行索回货款

(9) 授权议付行用航邮向××银行重开一份即期汇票索取议付之货款。索偿汇票须附上证明,声明本证所有条款已履行,汇票及单据的正、副本已由连续航次寄交我行

十八、The Stipulations for "Uniform Customs and Practice for Documentary Credits"

1. except as otherwise stated herein
2. except so far as otherwise expressly stated
3. this credit is subject to…
4. Uniform Customs and Practice for Documentary Credits
5. International Chamber of Commerce brochure No. 600
6. 2007 Revision
7. except as otherwise expressly stated herein, this credit is subject to Uniform Customs and Practice for Documentary Credits(2007 Revision), International Chamber of Commerce, Publication No. 600

十八、《跟单信用证统一惯例》文句

1. 除本证另有规定外
2. 除非另有明确表示
3. 本证根据……解释
4. 《跟单信用证统一惯例》
5. 国际商会第600号手册
6. 2007年修订本
7. 除另有规定外,本证根据国际商会第600号手册《跟单信用证统一惯例》2007年修订本解释

附录三 外贸单证常用(缩)语和词汇

A

a(@)	at 按(价格)
AA	automatic approval 自动许可证
A. A. R.	against all risks 保一切险
a. a.	after arrival 到达以后
A/B	aktiebolaget 股份公司(瑞典文)
abt.	about 大约
A/C, acct.	account 账户　入……账
Acc.	acceptance 承兑
accountee	开证人(记入该户帐下)
accreditor	开证人(委托开证人)
actual weight	实际重量
advising bank	通知行
advanced B/L	预借提单
advance payment	预付货款
A. D.	Anno Domini(拉丁文)公元(后)
a. d.	after date 期后
add.	address 地址
Adval.	ad valoren 从价(计算运费)
Adv.	advance/advice 预付/通知
A. F.	advanced freight 预付运费
Agrt.	agreement 协定
agt.	agent 代理人
A. H.	after hatch 后舱
	air transportation policy 空运保险单
	air transportation risk 空运险

A1	A1 at Lloyd's 英国劳埃德商船协会商船注册第一级
amt.	amount 数额金额
amdt.	amendment 修改
anti dated B/L	倒签提单
A. N.	arrival notice 到货通知
A/O	account of…由……付账
A. P.	additional premium 额外保费
A/P	authority to purchase 委托购买证
approx.	approximate 大约
A. R.	all risks 一切险
arr.	arrival 到达
art.	article 条款、货号
arbitration	仲裁
Art. No.	article number 货号
assured	被保险人
a. s.	at(after)sight 见票后(……天付款)
at the request of…	应(某人)请求
A. T. L.	actual total loss 实际海损
att.	attached 附
atten.	attention 注意
A. V.	ad valoren 从值(从价)
av.	average 平均海损
Ave.	avenue 大街
A/W	actual weight 实际重量;净重
AWB	air way bill 空运提单
available by drafts at sight	凭即期汇票付款

B

B/b(s)	bag(s),bale(s)包,袋
BAF	bunker adjustment factor 燃油附加费
Bal.	balance 余额;平衡
basket	篓
bay(Hatch or Hold)	舱位,舱口,舱内

B. B. C.	bareboat charter 光船租赁
B. B. Clause	both to blame collision clause 船舶互撞条款(险)
B/C	bill for collection 托收汇票
B/D	1. Bank draft 银行汇票
	2. bill discounted 贴现汇票
b. d. i.	both days inclusive 包括头尾两天
bdl(s)	bundle(s) 捆、把
B/E	1. bill of exchange 汇票
	2. bill of entry 进口报告书
beneficiary	受益人
berth	泊位
b/f	brought forward 承前页
bg.	bag 袋
B/G	bonded goods 保税货物
B/H	bill of health 健康证明书
Bk.	bank 银行
bkt.	basket 篮,筐
bl.	bale 包
B/L	bill of lading 提单
black list	黑名单
bldg.	building 大楼
blvd.	boulevard 大街
B/O	1. buyer's option 买方选择
	2. branch office 分公司
BOC	Bank of China 中国银行
BOM	beginning of month 月初
bonded warehouse	关栈
bot.	bottle 瓶
BOY	beginning of year 年初
B/P	1. bill of payable 付票据
	2. bill purchased 出口押汇
	3. bill purchased 银行议付汇票
br.	branch 分行、分支机构
brkge.	breakage 破碎
brl.	barrel 桶

breakbulk	散装货
b(s)	bags, bales 袋, 包(复数)
BSC	bunker surcharge 燃油附加费
B. T.	berth terms 班轮条款
btl.	bottle 瓶
B. T. N.	Brussels Tariff Nomenclature 布鲁塞尔税则分类
bulk cargo	散装货
bu.	bushel 蒲式耳
bx(s)	box(es) 箱、盒
by order of Messrs…	奉(某人)之命
by airplane	飞机装运
by parcel post	邮包装运
by seafreight	海运
by train	火车装运
by truck	卡车装运

C

c/c(s)	case(s) 箱
ca.	circa 大约(拉丁文)
CAAC	General Administration of Civil Aviation of China 中国民航
C. A. D.	cash against documents 凭单据付款
CAF	currency adjustment factor 货币附加费
capacity	容积
canc.	cancelled, cancellation 取消
Capt.	captain 船长
cargo Board	托板
cardboard box	纸盒箱
cargo receipt	货物承运收据
Caricom	Caribbean Community 加勒比海共同体
carrier	承运人
catalogue	目录
cartons	纸盒箱

cat.	catalogue 目录
C. B. D.	cash before delivery 付现交货
C. C.	carbon copy 付本印送
CCCN	Customs Co-operative Council 海关合作理事会税则目录
AQSIQ	General Administration of Quality Supervision Inspection and Quarantine of the People's Republic of China 国家质量监督检验检疫总局
CCPIT	China Council for the Promotion of International Trade 中国国际贸易促进委员会
C. C. V. O.	combined certificate of value and origin 价值、产地联合证明书(海关发票)
C/D	cash against documents 凭单据付款
Cert.	certificate 证明书
Certificate of Age of Vessel	船龄证明
Certificate of Registry	注册证明(船泊)
Certificate of Quantity	数量证明
Certificate of Origin	产地证明
c/f	carried forward 续后页
CFR	cost and freight 成本加运费价
C&I	cost and insurance 成本加保险价
CFS	container freight station 集装箱货运站
cft.	cubic feet 立方英尺
cgo.	cargo 货物
C. H.	custom house 海关
cheeks(Tally Men)	理货员
chg.	charge 费用
circuitous routing	迂回航线
C/I	1. certificate of inspection 检验证书 2. certificate of insurance 保险证明书
C. I.	Consular Invoice 领事发票
C. I. A.	cash in advance 预付现款
C. I. C.	China Insurance Clause 中国保险条款
CIF	cost, insurance, freight 成本、保险加运费价

CIFC	cost, insurance, freight, commission 成本保险运费加佣金价
C.I.O.	cash in order 订货时付款
CIP	carriage and insurance paid to… 运费保险费付至……
ck.	1. check 支票
	2. cask 桶
CL	container load 集装箱装载
Claim	索赔
Clean bill collection	光票托收
Clean bill of lading	清洁提单
Clearance of goods	结关
CLP	Container Load Plan 集装箱装箱单
cm	centimeter 公分，厘米
C/N	1. case No. 箱号
	2. contractNO. 合同号
	3. cover note 暂保单
	4. credit note 贷记通知单
CNCC	China National Chartering Corp. 中国租船公司
Co.	Company 公司
C/O	1. certificate of origin 产地证书
	2. Care of 由……转交
	3. cash order 本票
C.O.D.	cash on delivery 货到付款
COFC	container on flatcar 铁路运集装箱
commercial invoice	商业发票
combined invoice	联合发票
Comm.	commission 佣金
confirming bank	保兑行
confirmed L/C/unconfirmed	L/C 保兑信用证/不保兑信用证
Congested	拥挤
Conference (Steamship)	航运公会
Cont.	contract 合同
Contd.	continued 继续、未完
container seal number	集装箱铅封号

Consignee	收货人
Cost	成本
COSA	China Ocean Shipping Agency 中国外轮代理公司
COSCO	China Ocean Shipping Company 中国远洋运输公司
C/P	charter party 租船契约、租船合同
C. Q. D.	customary quick dispatch 习惯快速装卸
Cr.	credit 贷方
C/R	cargo receipt 货物承运收据
CR	current rate 现行费率
crate	板条箱
c(s)	cases 箱
CSC	container service charges 集装箱服务费
Csk	Cask 木桶
ct.	centiliter 毫升
C. T. B/L	combined transport bill of lading 联运提单
ctn.	carton 纸箱
current price	时价
customs broker	报关行
customs duty	关税
Customs Invoice	海关发票
CWS	currency weakly surcharge 货币软化附加费
CY	container yard 集装箱堆场
CY to CY	container yard/container yard 集装箱堆场至集装箱堆场
C. Z.	canal zone 运河地带

D

D/A	1. documents against acceptance 承兑交单 2. documents attached 随附单据 3. …days after acceptance 承兑后……天(付款)
D. A.	direct additional 直航附加费
d/d	1. dated 日期是…… 2. …days after date 开票日后……天(付款)

D. D.	1. demand draft 即期汇票(银行汇票)
	2. documentary draft 跟单汇票
DESTN.	destination 目的地
description of goods	商品名称
deferred payment L/C	延付信用证
d. f.	dead freight 空舱费
D. G.	dangerous goods 危险货物
direct routing	最短航线
direct port	直达港
divisible L/C	可分割信用证
discharge	卸货
distribution center	分配(运销)中心
direct additional	直航附加费
Disc.	discount 折扣,贴现
D/N	debit note 借项账单
documents	单据
door to door	门到门(集装箱运输)
Documentary L/C	跟单信用证
dock	码头
dockage rate	停泊费、码头费
dockmen	码头工人
D/P	1. documents against payment 付款交单
	2. delivery against payment 付款交货
	3. deferred payment 延期付款
D/P T/R	documents against payment with trust receipt 付款交单凭信托收据借贷
drum	桶
drawee	受票人、付款人
drawer	出票人、收款人
draft	船的吃水,汇票
drawn on(or:upon)…	以(某人)为付款人
drayage or cartage	本地运费或运费
D/S	deviation surcharge 绕航附加费
D/W	deadweight 总载重量
D. W. T.	deadweight tonnage 载重吨位
DZ.	dozen 打

E

E. A. O. N.	except as otherwise noted 除非另有记载
E. C.	East Coast 东海岸(指美国)
E/D	export declaration 出口申报书
EEC	European Economic Community 欧洲经济共同体
e. g.	exempligratia = for example 例如
E/L	export license 出口许可证
Encl.	Enclosure 附件
endorsement	背书,保险批单
endorsement in black	空白背书
E. &. O. E.	errors and omissions excepted 有错当查
E. O. M.	end of the month 月底
E. O. S.	end of the season 季底
E. O. Y.	end of the year 年底
E. S. C.	Economic and Social Council 联合国经济社会理事会
establishing bank	开证行
ETA	estimated time of arrival 预定到达时间
etc.	et cetera = and others, 等等
ETD	estimated time of departure 预定开航时间
ETS	estimated time of sailing 预定开航时间
Ex	1.(合同、运输上)表示"出自"、"在……(交货)"
	2.(证券、股票上)表示"没有"、"免除"
export duties	出口税
exceptions	溢短残损;除外
expenses	费用

F

F. A.	freight agent 货运代理行
FAK	rates freight all kind rates 不分品种运价
FAS	free alongside ship 船边交货

FCR	forwarder's cargo receipt 运输行货物收据
F. I.	free in 船方不负担装货费
F. I. O. S	free in and out and stowed 船方不负担装卸费和理舱费
F. I. O.	free in and out 船方不负担装卸货费
flatcar	铁路平车
FMC	Federal Maritime Commission 美国联邦海运委员会
F/O	in favor of 以……为受益人
F. O.	free out 船方不负担卸货费
F. O. C.	free of charge 免费
FOB	free on board 离岸价格
for account of…	付……人账
for the amount of USD…	金额为美元……
force majeure	不可抗力
FPA	free from particular average 单独海损不赔,平安险
freight forwarder	运输行
fragile	易碎商品
freight	运费
free port	自由港
free trade zone	自由贸易区
free perimeter	自由过境区
freight prepaid	运费付讫
FTL	full truck load 整车货
FTZ	foreign-trade zone 对外贸易区
F. Y. I.	for your information 供你参考
F. Z.	free zone 自由区

G

G. A. G/A	1. general agent 总代理 2. general average 共同海损
gang	装卸班
GATT	General Agreement On Tariff and Trade 关税与贸易协定

general terms and conditions	一般贸易条款
GMT	Greenwich Mean Time 格林尼治标准时间
GPO	general post office 邮政总局
Gr. Wt.	gross weight 毛重
Gross for net	以毛作净
G. S. P.	generalized system of preference 普遍优惠制

H

handle with care	小心轻放
HAWB	house air way bill 空运代理提单/分提单
H/H	house to house 厂到厂（集装箱运输）
H. O.	head office 总公司
hold men	舱内装卸工

I

IATA	International Air Transport Association 国际航空运输协会
I. B.	In Bond 保税仓库
ICC	1. International Chamber of Commerce 国际商会 2. Institute Cargo Clause 伦敦学会货物保险条款
ID	idem the same 同前
i. e.	idest = that is 即是
I/E	import-export 进出口
I/L	import license 进口许可证
IMF.	International Monetary Fund 国际货币基金
IMP	international market price 国际市场价格
in duplicate	一式两份
INCOTERMS	International Rules for the Interpretation of Trade Terms 国际贸易术语解释通则
including packing charges	包括包装费
Inland	内陆

inland transportation agent	内陆运输代理商
inspection certificate	检验证明书
insurance	保险
Inst.	instant(this month)本月
interchange point	联运交接点
interline freight	内陆货运
insurance declaration	保险声明
in triplicate	一式三份
I. O. P.	irrespective of percentage 无免赔率
I. P. I.	Interior Point Intermodal 内陆城市海陆联运(美国)
I. Q.	import quota 进口配额
issuing bank	开证行

J

JMP	Japan's main ports 日本主要港口

K

Kg. Kilo	kilogram 千克、公斤
Keep dry	切勿受潮
Keep upright	切勿倒置
Keep cool	放在凉处
Keep on deck	甲板装运
Keep in hold	装在舱内
Keep flat	必须平放

L

LASH	lighter-aboard-ship 载驳船,子母船
Lb.	libra = Pound 磅(重量单位)
L/C	Letter of Credit 信用证
LCL	less than container load 拼装货(集装箱)
L/G	letter of guarantee 担保书

L. H.	lower hold 底舱
L/I	letter of indemnity 赔段保证书，拍楼根借书
Lkge	leakage 渗漏
L. M. C.	Lloyd's Machinery Certificate 劳氏船机证书
L/T	long ton 长吨
LTL	less than truck load 拼装货
leakage and breakage	漏损和破损
longshoreman	码头搬运工人
loading	装货，装载

M

Max.	Maximum 最高
Mfst	Manifest 舱单
Min.	Minimum 最低，起码
M. I. P.	Marine insurance policy 海运保险单
M. L. B.	Mini-Land Bridge Service 小陆桥运输
modes of transportation	运输方式
M/R	mate's receipt 大副收据
M/S	moter ship 轮船
W/T	1. metric ton 公吨
	2. mail transfer 信汇
	3. multimodal transport 多式联运
M. V.	motor vessel 机动船、轮船
measurement list	尺码单
microbridge	微型陆桥运输
more or less clause	溢短装条款
most favoured nation treatment	最惠国待遇

N

N. A. , N/A	1. not applicable 不适用
	2. not available 无供
	3. no acceptance 拒绝承兑

N. B.	nota bene = note well 注意
N. C. V.	No commercial value 无商业价值
N/M	no mark 无标记
N/N	non-negotiable, not negotiable 不可转让,不可议付
n. o. s.	not otherwise specified 未列名
negotiation bank	议付行
negotiation	议付
NO turning over	切勿倾倒
NO dumping	切勿投掷
number	数,数目,号码

O

O/C	outward collection 出口托收
O. C. P.	overland common point 陆上共同点
O. P.	open policy 预约保单
on behalf of …	代表某人
On Board B/L	已装船提单
on deck B/L	甲板提单
on deck risk	舱面险
opener	开证人
opening bank	开证银行
optional	可选择的
optional charge	选港费
order B/L	指示提单
origin	原产地,起运点
original B/L	正本提单
outer packing	外包装
overland transportation policy	陆运保险单

P

p. a.	per annum 每年,按年

P/A	1. particular average 单独海损
	2. Payment on arrival 货到付款
pcl	parcel 包,包裹
pct.	percent 百分比
P. D.	port dues 港务费
PICC	people's Insurance Co. of China 中国人民保险公司
P&I. PIA	protection and Indemnity Association 保险及赔偿协会
pkg.	package 包,件
p. m.	post meridian = afternoon 下午
PMA	Pacific Maritime Association 太平海运协会
P. O. C.	port of call 停靠港
P. O. B.	Post office box 邮政信箱
P. O. D.	paid on delivery 交货时付讫
p. p.	picked ports 选定港
pr.	pair 双,对
P. R. C.	People's Republic of China 中华人民共和国
prox.	Proximo = next month 下月
ppt	prompt 即时的
P. S.	postcript 附言 再启
P. T. O.	please turn over 请阅后页
pallet	托盘
palletize	货托盘化
partial shipment allowed	允许分批装运
payment	支付
payee	受款人
payer	付款人
packed in cases	装入箱内
parcel post risk	邮包险
parcel Receipt	邮包收据
paying bank	付款行
plywood case	胶合板箱
port congestion charge	港口拥挤费

prompt shipment	即装
premium	保险费
principal	开证人, 委托开证人
price	价格
proforma invoice	形式发票

Q

Qlty.	quality 品质、质量
Quty.	quantity 数
Qy.	quay 码头
quantity discount	数量折扣

R

re	with reference 关于
Rev.	revocable 可撤销的
R. F. W. D.	rain and/or fresh water damage 雨淋淡水险
Ro-Ro	roll-on/roll-off 滚装船
RR	rail road 铁路
railroad trailer	铁路拖车
railway bill	铁路运单
ream	令(500 sheets)
rebate	回佣
reimbursing bank	偿付行
retail price	零售价
revocable L/C	可撤销信用证
revolving L/C	循环信用证
risk of contamination	沾污险
risk of mold(mould)	发霉险
risk of Shortage	短缺险
risk of rusting	锈损险
river barging	内河驳运
roll	卷

routing	运输路线

S

S. A.	Societe Anonyme(Fr.) = Corp. 公司
	Societa Anonima(Italy) = Corp. 公司
	Sociedade Anonima(Spanish) = Corp. 公司
scheduled service	定期班轮
S/C	1. sales contract 销货合同
	2. service charge 服务费
	3. sales confirmation 销货确认书
SCI	special customs invoice 美国特别海关发票
S/D	1. short delivery 交货短缺
	2. sight draft 即期汇票
	3. sea damage 海上损失
SDR	special drawing right 特别提款权
sea-worthy packing	适合海运包装
S/F	Stowage factor 积载因素
S. G.	ship and goods 船与货
Sgd.	Signed 签字
sheet	张
shpt	Shipment 装
shipper(consigner, consignor)	托运人
shipping company's certificate	船公司证明
shipping space	舱位
shipping order	装货单
sig	signature 签字
sight L/C	即期信用证
Usance L/C	远期信用证
SINOTRANS	China National Foreign Trade Transportation Corporation 中国外运公司
Sk.	sack 袋
S. L. & C.	shipper's Load and Count 托运人装载和点件(集装箱)
S. N.	shipping note 装船通知书

S/O	1. shipping order 装货单
	2. seller's option 卖方选择
	3. shout out 退关
specification	规格
space charter	订船
special additional risk	特别附加险
special preference	优惠关税
specification list	规格明细表
spot price	现货价
S. R. C. C.	strike, riot and civil commotion 罢工险
S. S.	steamship 轮船
St.	street 街
S/T	short ton 短吨
S. T. C	said to contain 据称包括
Stg.	sterling 英镑
Std.	standard 标准
stuffing	装箱
supercargo	押运员
S. W. D.	sea water damage 海水损失险

T

T. A. T/A	1. telegraphic address 电报挂号
	2. transhipment additional 转船附加费
tare	皮重
tariff	运费表,税则
TAT	train-air-truck 陆空陆联运
terminal	码头,水陆交接点 终点站
TEU	twenty equivalent of unit
	相当于20米标准集装箱
T. C.	Travellers Cheque 旅行支票
T. D.	Tween deck 二层舱
T. E. U.	Twenty feet equivalent 20米标准箱单元
tgm.	telegram 电报
This Side Up	此端向上

through B/L	联运提单
time charter	定期租轮
time drafts	远期汇票
time of delivers	交货时间
time of payment	付款期限
time of shipment	装运日期
time policy	期限保险单
T. L. O.	total loss only 全损险
Tlx.	telex 电传
T. M. O.	telegraphic money order 电汇单
TOFC	trailer on flatcar 铁路平车拖运
total value	总价
total amount	总金额
to insure	投保
T. P. N. D.	theft pilferage and non-delivery 偷盗及提货不着险
T/R	trust receipt 信托收据
transferable L/C	可转让信用证
transshipment allowed	允许转船
transshipment B/L	转船提单
transloading	交接转运
transship	转船,转运
transit zone	自由贸易区
tr. wt.	tare weight 皮重
T. T.	telegraphic transfer 电汇
TTL.	total 总计

U

UCP	uniform customs & practice 统一惯例
U/D	under deck 甲板下
U. K.	United Kingdom 联合王国(英国)
ULT	ultimo = last month 上月
U/M	under-mentioned 下述

unconfirmed L/C	不保兑信用证
undivisible L/C	不可分割信用证
unit	单位
unitize	成组化(运输)
unscheduled service	不定期班轮
untransferable L/C	不可转让信用证
use no hooks	切勿用钩
usual practice	习惯做法
U/T	unlimited transshipment 无限制转船

V

V.	vide 参阅
val.	value 价值
via.	by way of 经由
viz.	namely 即是
volume	容量
voy.	voyage 航程
voyage charter	定程租轮
V. V.	vice versa 反过来

W

W. A.	with average 水渍险、单独海损赔偿
W. C.	West Coast 西海岸
westbound	西向运输
wharfage	码头费
wharfage rate	码头收费率
Whf.	wharf 码头
Whse	warehouse 仓库、栈房
W/M	weight or measurement 重量或体积(按高者计算运费)
W. O.	washing overboard 浪击落海
wooden case	木箱

W. P. A.	with particular average 水渍险
W. R.	war risks 战争险
Wt.	weight 重量
wtd.	warranted 保证
wty.	warranty 保证条款
W/T	with transshipment at…在……转船
w. w	warehouse warrant 栈单
W/W	warehouse to warehouse clause 仓至仓条款

Y

Y. A. R.	York-Antwerp rules 约克——安特卫普规则(国际共同海损规则)
Yd(s)	yard(s) 码

Z

Z.	zone 地区